書山有路勤為徑

學海無崖苦作舟

文經閣

書山有路勤為徑

學海無崖苦作舟

文經閣

三國演義的人生64個感悟

秦漢唐◎著

《三國演義》是華人社會中最受歡迎的書。

與其說《三國演義》是一部描寫戰爭的兵書，不如說它是一部智謀全書。因為戰爭是間斷的而不是延續的。在每場戰爭的背後，都或多或少需要運用到一些智謀。從大到軍隊的實力，小到令敵方忽視的小計策。

在這種變幻莫測的大環境下，不要說建功立業，就連保身都是難以做到的。只有大智慧才能夠在惡劣的環境中保身。如今雖然戰爭已經成為過去，但三國中的智慧同樣能夠被今人借鑑。

序

戰火紛飛的三國時代已經遠去，但這個時代發生的故事卻深深刻在了無數人的腦海中。集真知與實踐為一體的偉大作者羅貫中嘔心瀝血，以滿腔的熱忱、生動的筆觸將這個時代發生的故事活靈活現地展現在了讀者的面前。

捧起這本記載著百年歷史的《三國演義》，細心閱讀後，很少有人會無動於衷。因為讀者都有著一定的思想，能夠透過無數戰爭的「熱鬧」場面來思索那些歷史人物的命運。於是，有人感慨，有人長嘆，有人扼腕，也有人柔腸寸斷；有人豔羨，有人讚美，有人熱淚盈眶，也有人高歌一曲。

悲也好，喜也罷，最好不要耽溺其中。因為，讀三國的目的不是為了用古人的悲劇來花費自己的精力和眼淚，也不是為了用古人的喜劇來使自己得到片刻的滿足或快樂。我們應該做的是立足現實，從這些故事中來領悟各種各樣的智慧，然後將這些智慧巧妙地運用到生活中。

與其說《三國演義》是一部描寫戰爭的兵書，不如說它是一部智謀全書。因為戰爭是間斷的，而不是一直延續下去的。在任何一場戰爭的背後，都或多或少、或深或淺地需要運用到一些智謀。戰爭的勝利往往包含著多方面的原因，大到軍隊的實力，小到令敵方忽視的小計策。不過，最為根本的因素還要回歸到人為因素上。於是，如何做人便成了一個值得關注的問題。

在那個風起雲湧的時代，要想成就一番事業，往往舉步維艱，因為時時都有危難，處處都是險象。在這種變幻莫測的大環境下，如果不懂得如何做人，不要說建功立業，就連保身都是難以做到的。只有深諳做人之道，才能夠在惡劣的環境中保身，然後運用智慧去團結更多的人，做成更多的事，累積更多的資本，從而成就更大的事業。

戰爭年代是水深火熱的年代，也是沉重的年代。而沉重的東西往往能夠給人留下深刻的印記，比如三國戰爭背後的人生智慧。如今，環境已趨於和諧，人們不用擔心生命安全，因此也不需要去算計他人。不過，人人都有理想，都想成就一番屬於自己的事業。要心想事成，同樣需要學會做人。一個能夠成就一番事業的人，一定是一個擅長做人的人。雖然戰爭已經成為過去，但三國中的智慧同樣能夠被今人借鑑。

為了讓讀者從《三國演義》中更透徹地領悟人生智慧，本書結合《三國演義》中的典型故事，將其中人物形象簡略而生動地展現在讀者面前，然後結合社會現實來揭示做人的方法和技巧，給讀者耳目一新的感覺。

本書以《三國演義》為引子，或以全局為立足點，提綱挈領，或以局部為落腳處，小中見大，剖析出了較為全面的做人智慧，希望能夠拋磚引玉，給讀者帶來更有價值的啟迪。

序 7

第一章：運籌帷幄，以思考引導行動 17

盲目的行動最終帶給人們的是失敗的苦果，只會導致愈來愈多的沮喪和無奈。要想在人生之路上一帆風順，必須要學會思考、善於思考，用思考的光芒引導自己前進的步伐。

1 思路決定出路／18
2 嘆氣不如爭氣／23
3 急於求成反倒一事無成／27
4 有大志方能成大器／32
5 在危機中尋找轉機／37
6 用知識改變命運／41
7 分清不能與不為／46
8 看透時勢，不通則變／52
9 高瞻遠矚，深謀遠慮／59
10 利益是永恆的／63

第二章：韜光養晦，再圖來時路 69

在人的一生中，存在各種的境遇。正所謂：三十年河東，三十年河西，世事滄桑，誰都不能料到自己在以後的日子會有什麼樣的經歷。但無論以後的情況有多麼糟糕或多麼輝煌，只要能夠根據外界的環境靈活運用剛柔術，便可在厄運到來時求得一份安寧，在好運到來時開創一番事業。

11 隱介藏形，不露心跡／70
12 麻痹對手，以實擊虛／77
13 就算有天大的才氣也該謙虛待人／84
14 掩飾鋒芒，妥善保身／88
15 多嘴多麻煩，少說少危險／92
16 忍中蓄勢，待時而發／96
17 靜觀其變，後發制人／101
18 進退自然，收放自如／105
19 知己知彼，有備而戰／112
20 同窗之情不容忽視／119

第三章：廣播人情種子，厚植人脈存摺 125

順風而呼聞者遠，登高而招見者彰。當個人能力相仿時，善假於物的人常常能夠脫穎而出。如今，人脈資源是最有價值的憑藉。誰擁有了人脈資源，誰就能夠在人牛路上走得更遠。不過，要想獲得充足的人脈資源，沒有付出是不可能的。

21 借出人情儲蓄人脈／126

22 為納賢才，屈尊降貴／132
23 巧藉關係，解決難題／136
24 集合眾力加快成功的步伐／142
25 榮耀不能獨享均分才是上策／148
26 結識同鄉，藉梯登高／153
27 急人所急，得己所需／157
28 站在對方的立場看問題／163
29 雪中送炭情更長／168
30 慎選朋友，重質不重量／171

第四章：修身自省，累積自身實力 175

每個人的命運都掌握在自己手中，平庸一生也好，輝煌一世也罷，全由自己做主。不過，既然人們來到世上，就不應該荒廢這彌足珍貴的生命。與其怨天尤人無所事事，不如砥礪自我實現價值。

31 吃得苦中苦，方為人上人／176
32 認識自我，量力而為／181
33 樂觀豁達，笑對人生／186
34 經一事必長一智／191
35 盛怒中仍舊保持清醒／196

36 廣納人言切勿剛愎自用／201
37 信心常在，傲骨長存／204
38 認錯能將大事化小／209
39 修才之餘別忘養德／214
40 誠以待人，金石為開／219

第五章：洞察微末，把握細節 225

老子曰：「天下難事，必作於易；天下大事，必作於細。」在某些時候，細節具有足夠的影響力，甚至會影響到一個人的成敗。注重細節的人，常常能夠從細微處發現為數不多的機會，將事業不斷地推向頂峰。

41 誤解帶給人的常是悔恨／226
42 小地方中蘊藏大玄機／231
43 勝利就在放棄背後／235
44 等機會不如創造機會／239
45 不要授人以柄，為人所制／243
46 看清利弊，取捨有道／247
47 攻城沒有一定的順序／252
48 適時放棄可以得到更多／258
49 不要輕忽小人物／261

50 那來這麼多面子問題／264
51 打破常規，出奇制勝／267

第六章：攻心為上，展現領導風範 273

一個扮演監督角色的管理者，是不能夠與具有精神領袖作用的領導者相提並論的。因為，管理是一門藝術，而領導藝術則是管理藝術的極致。一位優秀的管理者會處處用自己的個人魅力來牽動下屬的心思，從而將下屬的能力發揮到極致。

52 稱讚，代表著認可／274
53 以身作則，樹立威信／278
54 體恤讓人心存感念／282
55 賞不計賤，罰不避親／286
56 請將還有激將法／289
57 無信不立，令出必行／291
58 唯才是舉，不存定見／296
59 用人好惡不能全憑第一印象／302
60 不計小怨，以德服人／308
61 用人不疑，疑人不用／312
62 拒絕他人有技巧／315

63 情緒的感染／319
64 知人善任，宏觀調控／322

第一章：運籌帷幄，以思考引導行動

盲目的行動最終帶給人們的是失敗的苦果，只會導致愈來愈多的沮喪和無奈。

要想在人生之路上一帆風順，必須要學會思考、善於思考，用思考的光芒引導自己前進的步伐。

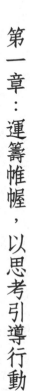

1 思路決定出路

無論做任何事情，都不能忽略思考這一環節。只有透過思考，才能夠找到最好的做事方法；只有透過思考，才能確保前一件事和後一件事的承接性和連貫性。

一部《三國演義》，洋洋灑灑幾十萬字，將近一個世紀的戰爭描繪成一幅幅生動而又形象的畫面，淋漓盡致地展現在人們面前。它不僅僅是一部軍事著作，更是一部謀略精粹。

在那個戰火紛飛、刀光劍影的年代，要想獲得長久的生存並成就一番事業，就必須要勇敢面對血肉橫飛的戰爭場面。然而，匹夫之勇是遠遠不夠的。只有不斷地思索，靈活運用各種各樣的謀略，才能夠在當時那種弱肉強食的環境中保存實力，然後一步步強大起來。

思路決定出路，無論是諸葛亮草船借箭，周瑜縱火燒曹操，關羽水淹七軍，郭嘉遺計定遼東，還是曹操割鬚棄袍避追殺，司馬懿裝病奪政權，無不是智慧的結晶，無不是思考的結果。儘管魏、蜀、吳三方各有成敗，但最終能夠各自佔有一片領地。

固然，思路並不能決定一切。但沒有思路，即使有再多的額外優勢和憑藉，也會一步步走向衰落。與劉備、曹操、孫權相比，袁紹、袁術、劉表、劉璋等人有的佔據著廣闊的領土，有的擁有很高的聲望，或者佔據著明顯的地理優勢，最終卻被蠶食。

三國時期是個競爭的年代，而二十一世紀同樣是個競爭的年代。雖然競爭的表現形式有很大的變化，但有一點是共同的，這就是需要人們有一顆會思考的頭腦。

成功人士一般都養成了勤於思考的習慣，在思考的過程中，他們常常能夠發現問題、解決問題，不讓問題成為人生難題。可以說，任何一個有意義的構想和計畫都出自於思考，而且思考得愈透徹，收益就會愈大。一個不善於思考的人，會遇到許多取捨不定的問題；而一個善於思考的人卻能夠將問題中的不穩定因素一個個排除，從而有效地將問題解決。

據有關資料報導，中國在松遼平原發現大慶油田時，日本的行家僅憑報紙上的幾張照片就基本上估計出了大慶油田的規模。

更有趣的是發生在第二次世界大戰中的一個故事：

有一次，蘇軍與德軍相持不下。一天，在兩軍陣地交界處不遠的地方，一位正在值勤的蘇聯紅軍無意中發現德軍陣地上有一隻貓，他馬上想到了這個地方有可能是德軍司令部。於是，他把這一情況立即報告給了上級。經過追蹤觀察，他發現那隻貓一連幾天都在同一個地方出現，這使他更加確定了那裡就是德軍司令部。接著，蘇軍方面迅速調集砲兵，向那個地方猛然轟擊。戰役結束後，那位蘇聯紅軍的推斷得到了證實。

一名普通士兵從一隻貓的行為中推斷出德軍司令部的位置，這就是思考的結果。在那種殘酷的戰爭下，普通士兵是沒有條件養貓的，因此養貓的人必定是一位高級軍官；而家裡養的貓是不會走遠的，既然這隻貓一連幾天都出現在那個地方，這就說明此地很有可能是高級軍官的駐地，也就是說此地極有可能是德軍的作戰指揮部或司令部。其實，這位蘇聯紅軍的這種帶有邏輯性的思維並不特殊，很多人經過思考都能夠得到和他一樣的結論。而問題的關鍵是，很多人沒有養成分析問題的習慣，對很多有價值的東西視而不見，聽而不聞。

有人說，行動是最主要的，沒有行動便沒有任何成就。這種說法無疑是偏激的，因為它忽視了思維的巨大作用。因為，行動是需要用思維來引導的。積極思考是現代成功學非常強調的一種智慧力量。如果一個人不經過思考就貿然行動，便會為自己的魯莽付出代價，或是徒勞無功，或是事倍功半。

俗話說，磨刀不誤砍柴工。思考的過程便是磨刀的過程，一旦思考成熟，就能夠在同樣的時間內做成更大的事業。

有兩個小夥子，一個叫「實」，一個叫「新」，他們住在同一個鎮上，兩人均在家待業。很快，兩人透過不同的方式同時打聽到了一個工作消息：離鎮較遠的一個村子出現了飲水問題，需要招兩位年輕人給村裡送水。兩人興致勃勃地去參加應徵，表現都不錯，於是同時與村裡達成了協定。這樣，兩人便開始負責村裡的送水工作。

「實」是個實在人，他覺得工作來之不易，一定得好好努力。他買了一套工作服和兩隻大桶開始了工作。每天，他都早早起床，拎著兩只水桶去距離村子一公里左右的湖邊提水，然後挨家挨戶地送水。憑著結實的身體和踏實的工作態度，實每天都能夠賺到不少錢，心裡覺得很滿足。唯一覺得不舒服的，就是有些累，畢竟每天做的都是賣體力的工作。不過，實就是比較實在，他認為，只要能賺到錢，累也無所謂，反正自己還年輕嘛。

「新」的工作方式與實的差別很大。接到工作後，他並沒有像實那樣立即去買工作用品。新在琢磨，如果單靠體力賺錢，即使再怎麼賣力，每天的收穫也不會有大幅度的增加。既然是工作，就該有進步，這樣做起來才能鼓舞人。於是，他想到了修渠。因為有了渠後，就可以把水引入村裡，然後透過輸水管道就可以送到各家門前了。在一番思索和計畫後，新從鎮上找到了一組工人，開始了修渠工作。

一個多月後，渠便修好了，輸水管也很快安裝完畢。他向該村村民們保證，自己送的水不僅乾淨，而且量足。另外，還十分方便，什麼時候需要用水，打開水龍頭就可以了。新的計畫成功了，村民們紛紛裝上了水龍頭。水源源不斷地流向村民家中，錢也在不斷地湧向新的口袋裡。

新並沒有滿足眼前的這些小成績，他接著打聽該村附近有沒有存在飲水問題的村子。一旦有消息，就前往洽談。很快，新便在這些村之間形成了一個小規模的送水系統。

有了送水系統，新即使不工作也能夠賺到很多錢，生活自然過得輕鬆自在；與新相比，實的工作方式已經不能滿足村民的需求，他所賺的錢也就愈來愈少，生活依舊忙碌和辛苦。

愛默生說過：「當上帝釋放一位思想家到這個星球上時，大家就得小心了，因為所有事物將瀕臨危險，就像在一座大城市裡發生火災一樣，沒有人知道哪裡才是安全的地方，也沒有人知道火什麼時候才會熄滅。科學的神話將會發生變化；所有的文學名聲以及所有所謂永恆的聲譽，都可能會被修改或指責；人類的希望、人類的思想、民族宗教以及人類的態度和道德，都將受下一代擺佈。普遍化將成為神力注入思想的新匯流口，因此悸動也跟著而來。」

思想家是思想的化身，他們將思考作為了自己的一項事業。從愛默生的話中可以看出，思想家的力量是巨大的。他們之所以會有如此大的影響力，關鍵還是在於他們透過了最深層次的思考，從而能夠用強大的說服力來征服眾人、征服世界。雖然我們不能成為思想家，但我們也可以向思想家們學習，懂得用思維來引導自己的行動，從而盡可能地實現自己的人生價值。

2 嘆氣不如爭氣

法拉第曾說：「拚命去爭取成功，但不要期望一定成功。」一個成大事者總是能善加處理拚搏和成功之間的關係，他們的心是敞亮的，總是能夠迎接陽光，把陰影驅趕到荒閉的角落；總是能及時地擺脫困擾，並愉快地適應新的環境。

袁紹、曹操等人剷除朝中十常侍後，董卓很快把持了朝政。董卓欲「廢帝為弘農王，立陳留王為帝」，遭到袁紹的強烈抗議，並且在大堂上拔刀相向。董卓雖有除掉袁紹之心，但考慮到袁紹的實力不可小覷後，封他為渤海太守。

袁紹在渤海任職後，聽說董卓在朝中飛揚跋扈、肆意弄權，於是派人攜帶密信趕往洛陽見司徒王允，希望王允能夠把握時機，然後與他裡應外合剷除董卓。王允見信後，手足無措。為了掩人耳目，他以為自己祝壽將朝中舊臣請入家中。酒過幾巡後，王允忽然「掩面大哭」。眾官驚訝，問其緣由。王允說道：「今天並不是我壽辰之日，因想與諸位一敘，又擔心董卓起疑心，所以才以此為託辭。董卓欺主弄權，國家岌岌可危。想到高帝好不容易得到天下，如今卻要毀在董卓的手裡，忍不住便哭了起來。」眾官聽了王允這一番話後，不禁紛紛哭泣。這時候，曹操卻「撫掌大笑」，他高聲說道：「滿朝公卿，夜哭到明，明哭到夜，還能哭死董卓否？」

隨後，曹操向王允獻了一計：藉獻刀之名刺殺董卓。

一哭一笑，形成了鮮明的對比。這種對比更加突出了曹操的觀點：董卓是哭不死的。的確，哭並不能發揮什麼作用，只能說明一個人的懦弱無能。與其花費時間和精力浪費眼淚，不如積極想辦法解除困難。

無論遇到什麼樣的困難，都要用積極的心態去面對。

在我們周圍，有著無數的成大事者。雖然他們的成就各有千秋，但他們的奮鬥過程卻有著驚人的相似之處：每個人都保持一種積極的心態去工作。一個人一旦擁有了積極的心態，在遇到困難的時候，就會積極面對，從而有效地解決困難。

如果想要有所發展，就必須面對現實世界。雖然我們沒有選擇的權利，但也絕不能向它屈服。為了防止受到周圍力量的壓制和阻礙，唯一的辦法就是尋找自己的中心，相信自己，不去理睬周圍攻擊性的言語。一個人只有聽從內心深處的聲音，才能真正做到和外界互動，並且滿懷信心，充滿信念，向著明確的目標前進。

哲學家莫里絲．弗雷德曼說，「那是一種生活姿態，那是一片可以站立的土地，從那兒我們可以走出去，應對這個地球的大變革時代，以及不斷變化的現實和荒謬。」如果我們隨意放任變化的發生，而沒有積極主動去參與、迎合，不論是從社會角度還是個人角度，其結果都是對外部的退讓。一旦我們失去獨立自主和自由選擇的權利，那麼挫敗、侵入將是必然結果。如果一個人不能掌握自己，那麼由於自己的這種疏忽，將導致自己不是被環境控制就是被別人控制。

拿破崙．希爾說：「把你的心放在你所想要的東西上，使你的心遠離你所不想要的東西。對於那些有積極心態的人來說，每一種逆境都含有等量或更大利益的種子。有時，那些似乎是逆境的東西，其實隱藏著良機。」他這樣說，也是這樣做，這句話一直促使著他把自己的全心投入到人生的目標之中，積極地排除萬難，堅持不懈地向著自己的目標邁進，直到獲得成功為止。

擁有積極心態的第二個特徵是自覺。積極的人生就是一種自覺的人生，我們每個人都自覺地享受著生活的樂趣，充分發揮自己的想像，使生活過得更好。因為有了自覺，我們就可以少受到一些限制，在各種環境下尋找生活的快樂。「世上無難事，只怕有心人」正是自覺的體現。

擁有積極心態的第三個特點是投入。似乎每一個成大事者都在人生的戰場上投入大量的精力、財力，他們從來就沒有對自己的投入產生過太多的懷疑，因為他們已經懂得了只有付出才有回報的道理。

人活在世上，不可能事事都一帆風順，其中的困難會像熔爐一樣鍛鍊我們的品質。當一個人接受了生活的考驗，並挖空心思去克服逆境或迎接挑戰的時候，他很有可能會以一個有主見、機智、心情愉快的形象出現在人群中；反之，如果他總是生活得無憂無慮，未經過任何的磨練和考驗，或者一遇到困難就退避三舍，那麼，他將會變得十分懦弱。

擁有積極的心態，你就會在成功之路上快速馳騁，一路過關斬將，締造一個又一個神話。

3 急於求成反倒一事無成

急於求成是難以獲得成功的。即使偶爾獲得了成功的果實，也不過是暫時的。無論做什麼事情，都要有足夠的耐心和毅力，把事情做得盡善盡美。只有這樣，才能夠取得最終的勝利。

曹操在山東站穩腳跟後，派人把在琅琊郡避難的父親接至兗州安住。其父曹嵩一行途經徐州時，徐州刺史陶謙盡地主之宜，熱情款待了他們。臨走時，又吩咐人護送他們前往兗州。不料都尉張闓在護送曹嵩一行時，覬覦曹家財物，遂將曹操一家殺害。曹操大怒，不分青紅皂白地攻打徐州。

陶謙本想藉機討好曹操，卻惹來如此大的麻煩，不知如何是好。與眾將商議後，他一面派人去北海求救於孔融，一面派人去青州求救於田楷。

這時，孔融遇到黃巾賊寇的圍攻，得到劉備的援助。孔融趁機說服劉備前往徐州救助。

孔融、田楷兩人率部到達徐州後，不敢輕舉妄動，於是在城外依山下寨。曹操見陶謙的兩路援軍一到，不敢輕易攻城，於是在城外附近分軍駐紮。不久，劉備從公孫瓚處借來趙子龍和兩千步兵，然後連同本部的三千兵馬趕往徐州。到了徐州後，劉備將趙子龍、關羽留在孔融處相助，自己帶著張飛殺過曹寨，入城與陶謙商議。

接著，陶謙三讓徐州的故事就展開了。

第一次，陶謙見劉備「儀表軒昂，語言豁達」，於是將徐州牌印讓給劉備，劉備以「今為大義，故來相助」為由，拒不接受。因形勢危急，陶謙不再強求。劉備休書一封送往曹操處，希望曹操修兵罷戰。曹操本想發兵攻打，但此時呂布乘曹操攻徐州之際攻破了兗州，然後據守濮陽。曹操見後方有難，不得不班師返回。在這種情況下，他賣了個人情給劉備，答應拔寨退兵。

第二次，陶謙從來使口中得知曹兵退了以後，派人請孔融、田楷、關羽、趙雲等到城中相聚。宴罷，陶謙說自己年邁，兩個兒子難以勝任國家重負，稱劉備「乃帝室之胄，德廣才高，可領徐州」，再次請劉備接任。劉備仍然不答應，同樣表示自己前來救徐州，「為義也。今無端據而有之，天下將以備為無義人矣。」陶謙見劉備堅決不願意接任徐州刺史，又懇求劉備屯兵在徐州城附近一個名為小沛的縣城，以便保護徐州。在眾人的勸說下，劉備答應了陶謙的請求。

第三次，陶謙染上重病後，派人把劉備從小沛請來商議軍務。陶謙再次提起接任的事情，這時候，劉備先問：「君有二子，何不傳之」，待陶謙解釋後再問：「備一身安能當此大任」，陶謙推薦了孫乾和糜竺兩人輔佐他。劉備仍然推託，陶謙病死。眾軍都很悲傷，將牌印交給劉備。劉備仍然不受，直到徐州百姓哭拜「劉使君若不領此郡，我等皆不能安生矣」時，才接受印牌。

在當時那種環境下，要想建功立業，必須先要有一處根本基地。劉備是一個有大志向的人，既不甘心永遠在並無大才的公孫瓚手下做事，更不甘心長期做一個小小的平原相，因此，徐州對他來說有相當大的誘惑力。然而，劉備並沒有表現出自己的渴望，不僅沒有爽快地答應接受徐州牧一職，反而連續推讓了兩次。劉備之所以要這樣做，自然有他的原因。

陶謙一讓徐州時，劉備之所以不接受，是因為當時的緊迫形勢。當時，曹軍兵臨城下，能不能保住徐州還是一個問題。如果在此時他接受陶謙的讓位，很難保證徐州軍士能夠聽從號令。如果在這時因讓位而自亂陣腳，即使他成為了徐州牧，也不過是曇花一現，最多只能夠滿足一下自己的虛榮心。另外，他一向講究以仁義服眾，不願意背上「趁人之危」的罵名。

陶謙二讓徐州時，劉備仍然沒有接受，這同樣是因為時機不成熟。首先，要想真正佔有一個地方，一定要得到軍民的認同。劉備初來乍到，毫無寸功，在當地根本沒有什麼威望。如果此時接受徐州，很難保證得到徐州軍民的擁護和愛戴。其次，陶謙年邁也好，病重也好，畢竟還是活著。如果在此時接受讓位，多少有些不合時宜。再者，劉備同樣提到了仁義，不想讓其他人認為自己打著仁義的旗號來做一些苟且之事。

陶謙三讓徐州時，劉備雖有推辭之意，但語氣已經明顯沒有前兩次強烈了，他的一句「備一身安能當此大任」足夠證明這一點。在他看來，接受徐州的時機已經成熟了。首先，劉備在沛縣「修葺城垣，撫諭居民」，做出了很好的政績，在沛縣百姓中樹立了威望，並漸漸在徐州城有了一定的知名度。其次，陶謙行將就木，是接受徐州的好時機。不過，劉備仍然沒有直接接受，而是假裝拒絕，待徐州百姓哭拜後才接受。

劉備的這種智慧是值得借鑑的。在面對自己想要得到的東西時，他不動聲色，而是靜靜地等待時機，暗暗地積蓄力量，然後將自己想要的東西穩穩抓在手中。

要想做一個成功的人，就必須要摒棄急於求成的激進心理，而應該以一種平和的心態踏踏實實地走好每一步。只有做到這一點，才不會在打造事業大廈時出現「踩空」現象。

對很多人來說，美國西部是一個充滿誘惑的地方。為此，很多人都跑到那裡打工，夢想從那裡得到一筆財富，闖出一片天地，艾倫與泰斯也不例外。

艾倫與泰斯在前往美國西部的路上偶然相遇了，兩人提起去打工的事情，雙雙勾勒起未來美好的藍圖。到了美國西部後，他們就開始不斷地尋找機會。

有一天，兩人同行時，發現地上有一枚硬幣。艾倫看也不看抬著頭徑直走過去了，而泰斯卻低下頭將硬幣撿了起來。艾倫用鄙夷的目光看著泰斯想：「一個硬幣都要撿，真沒出息，這樣的人怎麼能成大事？」而泰斯卻這樣想：「看著錢在自己的腳下溜走，這樣的人怎麼能成就事業呢？」

一次偶然的機會，兩人同時被一家公司錄用了。由於公司規模不是很大，所以分工也就沒有那麼細，時常一個人要做三個人的事情。可是，他們的薪資待遇卻不高。艾倫對這份工作不太滿意，不屑繼續做下去，於是就離開了；而泰斯卻快樂地接受了，並且努力地工作著。

艾倫走後又進了一家公司，他依然在不斷地努力尋找機會。兩年後，艾倫與泰斯在街上邂逅了。這時的泰斯已經闖出了自己的一片天地，擁有了屬於自己的公司，但艾倫仍然一事無成，兩年來沒有一個固定的工作。

艾倫不理解地問泰斯：「你連一個硬幣都撿，我認為很沒出息，但為什麼你能闖出一片天來呢？」

泰斯只說了一句話：「路要一步一步地走。」

不肯從小事做起的人注定不能成功。看不起小錢，只是一味地盯著大錢。可是大錢從何而來呢？還不是靠小錢的累積嗎？小錢都抓不住，如何掌控大錢？每個人都希望在事業上取得成功，做出一番「驚天動地」的大事。然而，希望雖然美好，但在實現它的時候還需要付出一些艱苦的努力，一步一步地實現目標。

另外，在一步步實現目標的過程中，需要有一種堅持不懈的精神。

伏爾泰說得好：「要在這個世界上獲得成功，就必須堅持到底——劍至死都不能離手。」

4 有大志方能成大器

如果只想為了混口飯吃，小目標已經足夠；但如果想要成就一番事業，必須要有鴻鵠之志。

東漢末年，朝綱腐敗，百姓生活在水深火熱之中。再加上接連不斷的地震、洪災、蝗災等自然災害，百姓對漢朝政府更加失望。

此時，巨鹿郡的張角、張寶、張梁三兄弟充分利用了百姓們的憤怒和不滿，以收徒傳道為名義，暗暗聚結民眾。張氏三兄弟的隊伍在短短的時間內得到了膨脹式的壯大，遍佈青州、幽州、徐州、冀州、荊州、揚州、兗州、豫州等八個州。不僅如此，張角還用重金收買了朝中官吏，以便在起義之時能夠裡應外合。張氏三兄弟見民心已順，立即商定了揭竿而起的日期。後因叛徒出賣，朝廷得知此事，開始派兵鎮壓。張角見事機敗露，不得不提早行動。於是，一場大規模的農民起義爆發了，這就是歷史上的「黃巾之亂」。

張氏三兄弟兵分三路，分別向三個方向進擊。其中，張角一軍進犯幽州。幽州太守見起義軍人數眾多，隨即張榜招募義兵。在這種形勢下，劉備、關羽、張飛結合在一起。

劉備是涿縣人，幼年喪父，家境貧寒，以販賣草鞋、編織草席為生；關羽是外地人，因殺家鄉豪強而逃至外地，聽說涿縣招兵，於是趕來應募；張飛世代居住在涿縣，家境富裕，以賣酒、殺豬為業。

劉、關、張三人志同道合，而且一見如故，遂商定在張飛莊後的桃園中結為兄弟。三人燒香後共同立誓：「念劉備、關羽、張飛，雖然異姓，既結為兄弟，則同心協力，救困扶危；上報國家，下安黎庶……」

隨後，他們聚集了五百多名鄉勇，開始了多年的征戰生涯。雖然在征途中有勝有敗，但他們矢志不移，並最終在群雄並爭的局勢中脫穎而出，成為三足之鼎的一足。

劉、關、張三人雖然身分低微、職業卑賤，他們是憑藉什麼成大器的呢？

西晉元康年間，吳郡人蔡洪奔赴洛陽，欲在朝中謀一職位。洛陽有人問他：「如今幕府初開，朝中大臣依照皇帝的命令去偏遠的地方招納賢才異士。你不過是一個亡國奴，憑什麼在京城謀職？」蔡洪回答說：「夜光珠不必出於孟津河，盈握璧不必採於崑崙山。大禹生在東夷，文王生在西羌。聖賢所出，何必常處。當年武王伐紂，把紂國的頑民遷至洛陽城，難道你們都是紂國的後裔？」

蔡洪的話不僅狠狠回擊了瞧不起他的京城人，而且說明了一個真理：聖賢所出，何必常處。這個真理也是對劉、關、張三人成大器的最好解釋。正所謂「王侯將相寧有種乎」，他們根本不在乎自己的出身如何、家境如何、職業如何，而是以「救困扶危，上報國家，下安黎庶」為終身大志，成就了一番驚天動地的事業。

有志者事竟成，有大志者方能成大器。威廉·皮特便是一個胸懷大志、終成大器的典範。

小時候的威廉·皮特就已經立定了一個專一而又長遠的目標，並且意志非常堅定。他認為接受教育的主旨就是在將來成就一番偉業，這樣才不辜負父親對他的期望。隨著年齡的增長和知識的豐富，威廉·皮特的目標逐漸明確，他要成為一位公正、睿智、有影響力的政治家。有了這個目標，他就有了動力。這個遠大的目標如同一粒生命力旺盛的種子般在他的身體中生根、發芽，鼓勵著他堅忍不拔、鍥而不捨地奮鬥與拚搏。終於，他創造了一次又一次的奇蹟。二十二歲時，他憑著自己的出色才華順利進入英國國會；二十三歲時，他又憑藉自己的實力成為了英國的財政大臣；二十五歲時，他已經成為了受人敬仰的英國首相。

談到威廉·皮特時，他的一位競爭對手不無欽佩地評價道：「這個人既不會冒進，也不會退縮，他一直都在飛翔。」顯然，這是對他執著追求目標的讚美。正是由於他的志向遠大，他才會馬不停蹄地去追求，去奮鬥。

當然，劉備三兄弟與威廉·皮特的例子比較特殊。不過，從他們的經歷當中，人們可以看出：志存高遠，有益無害。

首先，高遠之志能夠讓前途多些明朗、少些疑惑。

俗語云：「有志者，立長志；無志者，常立志。」這裡提到的長志，便是高遠之志。而「常立志」則包括兩層含義：一層含義是指有些人根本不知道自己究竟要幹什麼，於是不斷改變自己的志向，最終一事無成；另一層含義是指有些人總喜歡訂立一些小的目標，當個目標實現後，再去訂立下一個目標，結果難成大器。

為什麼常立志的人會出現這些現象呢？其實原因很簡單，可以從兩個方面解釋。其一，歲月如梭，一個人如果總是遲遲不能立下志向，便會淺嘗輒止、常換常新，落得一場空；其二，如果不斷設立小目標，已實現的目標和將要實現的目標之間難免會出現裂縫，從而不會對個人發展有什麼幫助，比如從一個行業跨入另一個行業，正所謂「隔行如隔山」。

如果能夠立下長志，便能夠堅定不移地向前進。每邁出一步，都是在向目標靠近，而不是偏離目標甚至背離目標。在相同的時間裡，就會比常立志的人取得更大的成就。

其次，高遠之志能夠激發人的進取心。

古人云：「取法於上，僅得其中，取法於中，僅得其下。」正如高爾基所說：「目標愈高遠，人的進步愈大。」

人們在趕路的時候常常會有這樣的體會：當確定只走十公里的路程時，走到七、八公里處便會因鬆懈而感到疲累；但如果目的地在二十公里以外的地方，同樣是走到七、八公里處，此時卻會感到鬥志昂揚。

歌德說：「就最高目標本身來說，即使沒有達到，也比那完全達到了的較低目標更有價值。」目標必須給心智留有較大的空間，我們才不會因自我設限而窒息，才可以追求更大的成功和幸福。

人生目標可以改變一個人的生活，同時會影響一個人的動機和行為方式，甚至決定一個人的命運。每個人的生活都是在人生目標的指引下進行的。如果思想淺薄、格調低下，生活品質也就會趨於低劣；反之，生活則會多姿多采，讓你盡享人生的樂趣。

5 在危機中尋找轉機

當危機到來時，絕對不要坐以待斃。只要能夠勇敢面對，就會有「絕處逢生」的機會。

官渡之戰中，袁紹興兵七十萬趕往官渡，攻打駐守在官渡的曹軍。曹操收到將領夏侯惇的告急文件後，立即率七萬大軍前來支援。曹軍剛到官渡，就被袁紹大軍的陣勢給嚇住了。於是曹操召集眾謀士商議對策。荀攸建議道：「袁紹大軍雖人數眾多，但不足為懼。我軍人數雖少，但全都是精兵，無不以一當十。我軍的優勢在於急戰，若有拖延，糧草將接濟不上，難以成事。」

曹操聽取了荀攸的建議，立即傳令向袁紹進軍。然而，曹操的計畫沒有成功，初戰大敗，損失慘重。在接著的幾次交鋒中，形勢雖然有些好轉，但始終不能克敵制勝。如此一來，雙方出現了僵持狀態。在官渡苦苦守了兩個月後，曹軍「軍力漸乏，糧草不繼」。於是，曹操打算放棄官渡並退回許昌。在猶豫不決之際，他寫信徵求駐守許昌的荀彧的意見。

荀彧以「袁紹悉眾聚於官渡，欲與明公決勝負，公以至弱當至強，若不能制，必為所乘」為由，勸曹操不要放棄官渡，他在信中對曹操說：「袁紹大軍雖然浩浩蕩蕩，但並不是一條心；而主公神武明哲，所向披靡，馬到成功！如今，雖然我軍數量甚少，但形勢還沒有當年楚漢之爭時滎陽和成皋之間的對峙情形嚴峻。主公可以牢牢守住官渡，卡住袁紹大軍的喉嚨，讓他們進不得半步……」

曹操接受了荀彧的建議，然後令眾將士全力死守官渡。在此期間，紹軍大將韓猛負責接濟糧草事宜。有一次，韓猛押運數千車糧草前往前線軍寨，結果被曹軍所劫。糧草丟失引起了紹軍的重視，謀士審配建議道：「行軍以糧草為重，不可不用心提防。」當時，紹軍的糧草囤積在烏巢。於是，袁紹派遣大將淳于瓊和部領督將眭元進、韓莒子、呂威璜、趙睿等人率領兩萬人馬嚴守烏巢。然而，淳于瓊性情剛烈，喜好飲酒，軍士大都害怕他。駐守烏巢後，他更是放肆，整日與各位將領飲酒。

曹軍這邊，在苦苦守了兩個月後，幾乎沒有了軍糧。曹操無奈，於是秘密派人火速趕往許昌讓荀彧趕緊籌辦軍糧事宜。不巧的是，曹操派出的使者在趕往許昌的途中被袁軍捉住，並被帶到了袁紹的謀士許攸那裡。

許攸知道曹軍毫無糧草的實情後，以「今若不取，後將反受其害」勸袁紹立即出擊。袁紹對許攸的計策毫不理會，反而偏聽偏信、胡亂猜疑，將許攸逐出軍中。許攸退出後，長嘆道：「忠言逆耳，豎子不足與謀！吾子姪已遭審配之害，吾何顏復見冀州之人乎！」隨後便要拔劍自刎，幸好被左右攔下。左右勸他投奔曹操，他立即前往曹營。

經一番試探後，曹操確信許攸不是袁紹派來的間諜，於是與其深談。許攸獻計道：「袁紹的軍糧輜重主要集中在烏巢，如今淳于瓊把守此地，此人嗜酒成性，毫無防備。公可以挑選出一路精兵，然後詐稱袁將蔣奇奉命領兵到烏巢護糧，趁機燒掉紹軍的糧草輜重。不出三日，紹軍將會不戰自亂。」

曹操採用了許攸的計策，率領五千人馬，於黃昏時分向烏巢方向進發。經過袁紹別寨時，曹軍打著紹軍旗號順利通過。到了烏巢後，四更已盡。淳于瓊與眾將醉臥帳中，曹軍輕而易舉毀掉了紹軍的糧草輜重。

袁紹得知後，兵分兩路，一路由蔣奇率領，前去支援烏巢；一路由張郃、高覽率領，趕往官渡去襲擊曹營。結果袁軍大敗，蔣奇被殺，張郃、高覽投靠了曹操。

至此，許攸、張郃、高覽已入曹營，烏巢糧草又盡被燒毀，袁紹軍中人心惶惶。第二天晚上，曹操又採用許攸計謀，與張郃、高覽兵分三路去劫紹寨，紹軍損失大半。

許攸再次獻計，曹操仍然虛心採納。他派人四處揚言：曹軍兵分兩路，一路取鄴郡，一路取黎陽。袁紹聽後，立即從軍中調兵五萬去救鄴郡。曹操知道袁紹動兵後，立即八路出擊。紹軍毫無鬥志，遇到如此陣勢，四處逃命。紹軍潰敗，袁紹逃脫。至此，官渡之戰告一段落。

當然，官渡之戰能獲勝的原因有很多。不過，最重要的一點是，面對袁紹的七十萬大軍，曹操沒有退縮。他敢於正視危機，最終從危機中找到了轉機——火燒烏巢，取得了以少勝多的輝煌戰績。

當危機到來的時候，只有勇敢面對，才能夠從中找到生機。星星之火，可以燎原，一線生機在有些時候便能夠解決一場危機。

對於實力弱小的競爭者來說，激烈的競爭環境便是一場大危機。要想生存下去，必須要正視這場競爭危機，找到適合自我生存的一片空間。

危機是客觀存在的，不會隨著某個人的主觀意願而消失。退縮是毫無意義的，只有鼓足勇氣，敢於立足於眾多的競爭對手中，才能夠找出解除危機的辦法。

6 用知識改變命運

隨著時代的進步，新技術、新產品和新服務項目層出不窮，學習顯得愈來愈重要。只有不斷學習的人，才能夠跟上時代的步伐。為了適應現代社會的要求，必須有意識地強化知識更新，樹立「終身受教育」的觀念，堅持隨時隨地學習。

周瑜見諸葛亮料事如神，怕他日後會成為東吳的大患，總想藉機除掉他。於是，他以軍中缺箭為由，請諸葛亮在十日之內造好十萬支箭。諸葛亮卻說三日便可造好，並與周瑜立下了軍令狀。

諸葛亮領命後，私下向魯肅借了二十艘船，在每艘船的兩側擺上千餘個草人，然後用青布做成帳幕將束草蓋住。諸葛亮已經算定第三天有大霧，於是在第一天、第二天按兵不動。到了第三天的四更時分，諸葛亮令人將二十艘船用長索連在一起，每艘船上分佈三十名軍士，然後邀請魯肅一起去取箭。

五更時分，諸葛亮帶領的船隻已經接近曹操水寨。諸葛亮令人把船橫向擺開，然後在船上擂鼓吶喊。曹操得知後，擔心諸葛亮有埋伏，於是令人在江邊放箭。頓時，萬餘弓弩手開始向江中放箭。諸葛亮待船的一頭插滿箭後，令人掉轉船頭並靠近水寨繼續受箭。

就這樣，諸葛亮利用天時輕而易舉地從曹操那裡取得十萬餘支箭。當魯肅問諸葛亮如何料到當天有大霧時，諸葛亮說道：「為將而不通天文，不識地利，不知奇門，不曉陰陽，不看陣圖，不明兵勢，是庸才也……」

從這個故事中可以看出，真才實學是多麼重要。真才實學不是擺設，而是能夠用在實處的工具。如果諸葛亮不通天文，他是不可能答覆得那麼乾脆的。

知識的作用是巨大的，「知識改變命運」這句話也是放諸四海而皆準的真理。

德田先生從大阪大學醫學系畢業後，在一家醫院擔任醫生。在醫院工作期間，德田對醫療界的弊端感觸尤為深刻。他認為要想改革日本醫療事業的現狀，就必須建立不受宗派勢力支配的新型醫院，並以此體現醫療的真正作用。於是，德田先生決定自己開辦醫院。

目標一定下來，他就立刻行動起來。他既沒有資金，也沒有抵押品和保證人，一切都要從零開始。但是，德田先生沒有被困難嚇住，空手開始了奮鬥。

一九七一年一月，德田先生開始有了正式創辦醫院的設想。從那時起，他用了三個月的時間，完成了對建築用地的調查，德田不僅從數字上掌握了大阪的單位人口與醫療院所及病床的比例、護救車的市郊出動率、住宅患者的循環週期等實際狀況，而且還認真地聽取了居民的需求。

經過詳細的調查，他發現大阪府管轄的松原市與大東市是醫療網點最稀少的兩個地區。最後他把交通較為方便的松原市定為第一院址，開始徵尋建地。為此，他利用值夜班後的休息日和下班後的時間到處奔走。到了五月份，他在靠近鐵南大阪線的河內天美車站的對面找到了一處非常適宜的建地。這不是準備出售的土地，而是一塊農地。它位於鐵路沿線，而且離火車站很近，人們在火車站就可以看見這個地方，是個適合蓋醫院的好地點，條件很好，土地的主人也很通情達理，願意把土地賣給他蓋醫院。

可是，德田就連買地的定金都沒有，現在最緊要的問題就是籌措資金。在德田的建院計畫裡，土地、建築、設備、醫療器械等在內，預算總額為一億六千萬日圓。可是德田既沒有私人資金，也沒有可抵押的東西，連個有錢的保證人也沒有。他到銀行貸款，沒有一家願意貸給他。這時他才恍然大悟，原來銀行只把錢借給有錢人，不為沒錢人提供貸款。怎麼辦？如果貸不到款，雖然好不容易得到農田主人的首肯，但一切仍將化為泡影。「我要辦醫院，我要辦醫院」，德田一邊想，一邊從這家銀行跑到那家銀行，四處奔波。但哪家銀行都不願貸款給他。德田深感挫折，但他想到或許有一家銀行會貸款給他。於是他就抱著上線希望詳詳細細地擬定了一份建院所需一億六千萬日圓資金的收支計畫，一直忙到深夜。

或許是德田誠心感動了天地吧。八月的一天，當他無意中翻開報紙時，突然有一則消息映入了他的眼簾，內容是關於「尼克森衝擊」問題，彷彿只是這則消息使用特大鉛字排印似的，它緊緊地吸引著他的視線。報紙上說，這個「尼克森衝擊」將使金融界也發生急劇變化，用戶對資金的需求，可望有所緩和。由於設備過剩，大企業不太可能繼續向銀行借款，銀行方面認為將資金借給中小企業不太保險。這樣一來，貸款的對象就會大大減少。

「這是個極好機會！」於是德田又開始去銀行貸款，連新設的分行都找遍了。因為新成立的相關行業較少，說不定對德田的計畫感興趣。德田終於在新設的分行中，找到了一家似乎有點指望的銀行。他立即把建院的收支計畫遞了過去。在計畫裡不僅註明了單位人口所需床位數，包括現有床位數、不足床位數、外地患者住院人數，還註明了請求保險單的單價、設備、償還等籌款項，連當地居民生活的生活狀況也寫得詳細具體。「就算銀行調查也沒有這麼詳細的。」對於德田那詳盡的資料，銀行方面也感到驚訝。因為對方所需要的各種資料，在德田那份隨手提出的計畫裡，可以說是應有盡有，綽綽有餘。於是同意了這份貸款計畫。也就是說，那時，德田抱著一線希望，毫不灰心地制定的計畫發揮了作用。到了該年年底，德田終於得到了購買建地用的一千八百萬日圓的貸款。

德田的成功用事實證明了知識的重要性。如果他在向銀行貸款的時候忽視了詳細的調查，就不可能寫出一份周密而又全面的計畫書。沒有足以讓銀行信服的計畫書，即使貸款的難度降低了，他也很難得到銀行的認可。而且，只有掌握了一個地方的詳細情況，才能夠保證醫院的建築規模和開放後的效益。

知識就是力量，十分鐘的時間你也可以利用來讀一些書籍。在自修上下一份功夫，可以助你在事業上得到一份上進。許多志在成功的人，在初期，薪資很低，工作很辛苦，但他們利用閒暇的時間，不斷學習以求上進，比之他們在白天的工作更為努力。在他們看來，追求知識更進一步才是真正的大事，而非薪水。

求知，使你富有知識，知識使人多一份生命。一個人愈能儲蓄便愈易致富，零星的努力、些許的進步在日積月累的過程中可以使你更為充實，使你更能笑對人生。

一個人「優越」的記號與「勝利」的徵兆便是孜孜以求的進步精神。

有的人或許以為，利用閒暇的時間來讀書得不到多大的成效，其成績總不能與學校教育相比，因而不想在閒暇的時間讀書。這無異於一個人因為自己收入不多，以為即使儘量儲蓄，也不能致富，所以一有錢，盡數揮霍，不屑儲蓄！

知識的高價值和對我們人生歷程的重要性在今天同樣適用。在日趨激烈的生活競爭和日益複雜的生存環境中，你必須用充分的學識來武裝自己。這一切，只有透過讀書方可實現。

7 分清不能與不為

不要勉強自己做自己做不到的事情，也不要將自己有能力做的事情視為難以勝任的困境。只有這樣，才能夠充分運用自己已經具備的能力創造出更多的價值。

呂蒙英勇善戰，得到孫權、周瑜的器重。不過，呂蒙十五、六歲就從軍打仗，沒讀過什麼書，也沒什麼學問。為此，魯肅很看不起他，認為他不過草莽之輩，四肢發達頭腦簡單，不足與謀事。

有一次，孫權派呂蒙去鎮守一處重地，臨行前囑咐他說：

「你現在很年輕，應該多讀些史書、兵書，懂的知識多了，才能不斷進步。」

呂蒙一聽，忙說：「我帶兵打仗忙得很，哪有時間讀書學習呀！」

孫權笑了笑說：「你這樣就不對了。我主掌國家大事，比你忙得多，可是仍然得抽出時間讀書，收穫很大。漢光武帝帶兵打仗，在緊張艱苦的環境中，依然手不釋卷，你為什麼就不能刻苦讀書呢？」

呂蒙聽了孫權的話十分慚愧，從此後便開始發憤讀書，利用軍旅閒暇，遍讀詩、書、史及兵法戰策，如飢似渴。漸漸地，呂蒙官職不斷升高，當上了偏將軍，還做上了尋陽令。

周瑜死後，魯肅代替周瑜駐防陸口。大軍路過呂蒙駐地時，一謀士建議魯肅說：「呂將軍功名日高，您不應怠慢他，最好去看看。」

魯肅也想探個究竟，便去拜會呂蒙。

呂蒙設宴熱情款待魯肅。席間呂蒙請教魯肅說：「大都督受朝廷重託，駐防陸口，與關羽為鄰，不知有何良謀以防不測，能否讓晚輩長點見識？」

魯肅隨口應道：「這事到時候再說嘛……」

呂蒙正色道：「這樣恐怕不行。當今吳蜀雖已聯盟，但關羽如同熊虎，險惡異常，怎能沒有預謀，做好準備呢？對此，晚輩我倒有些考慮，願意奉獻給您作個參考。」

呂蒙於是獻上五條計策，見解獨到精妙，全面深刻。

魯肅聽罷又驚又喜，立即起身走到呂蒙身旁，撫拍其背，讚嘆道：「真沒想到，你的才智進步如此之快……我以前只知道你一介武夫，現在看來，你的學識也十分廣博啊，遠非昔日的『吳下阿蒙』了！」

呂蒙笑道：「士別三日，當刮目相待。」

呂蒙的前後變化說明了一個問題：有些事情是我們能夠做到的，只是我們沒有去做。其中，存在著不能與不為的問題。什麼是不能與不為呢？

孟子曾經用移泰山和折樹枝來解釋兩者的關係。沒有人能夠移動泰山，即使有人願意實踐也不可能成功，這就叫「不能」；任何一個人都能輕而易舉地折斷一根樹枝，但很多人沒有去做，這就叫「不為」。

生活中，不能和不為之間的關係並不會像移泰山和折樹枝這麼簡單。正是因為如此，常常有人會混淆不能和不為，而且偏重於把自己有能力做的事情看成了做不到的事情。

一九二〇年，美國田納西州的一個小鎮上有個小女孩出生了。她是一名私生子，媽媽給她取名叫小芳。小芳長大之後，慢慢懂事了。她發現自己與其他孩子不一樣：沒有爸爸。很多人都對她投以歧視的目光，小夥伴們都不願意跟她玩。對於這些，她不知道為什麼，她感到很迷茫。她雖然是無辜的，但世俗卻是很殘酷的。每個人都很清楚，在一個人的一生中，我們可以做出很多選擇，但是任何人都不能選擇自己的父母。

而小芳連自己的父親是誰都不知道，只好跟媽媽一起生活。

上學後，她受到的歧視並未因此減少，老師和同學還是以那種冰冷、鄙夷的眼光看她。她變得愈來愈懦弱，開始逃避現實……

小芳十三歲那年，鎮上來了一名牧師，從此小芳的一生改變了。

剛開始的時候，小芳總是躲在教堂的遠處，透過聆聽教堂莊嚴神聖的鐘聲和偷看人們臉上高興的神情去想像教堂裡的神奇。

有一天，她鼓起了勇氣，等別人都進入教堂以後，偷偷溜進了教堂，躲在後排注意傾聽。

牧師講道：「過去不等於未來。過去成功了，並不代表還會成功；過去失敗了，也不代表未來就要失敗。過去的成功或失敗，只是代表過去，未來只能靠現在來決定。我們每個人都要面對現實，都應該重視現在。我們現在幹什麼，選擇什麼，就決定了我們的未來是什麼！

「失敗的人不要氣餒，成功的人也不要驕傲。成功和失敗都不是最終結果，只是人生過程的一個事件、一段經歷。在我們這個世界上，不會有永遠成功的人，也沒有永遠失敗的人。」

小芳是一個悟性很強、渴望情感的女孩，牧師的話如同一股暖流衝擊著她冷漠、孤寂的心靈。但是她馬上提醒自己：「我必須馬上離開，趁別人沒有發現自己的時候，趕快走。」

有了第一次，就有了第二次、第三次。她發現，這就是她自己最喜歡做的事情。量的累積終於引起了質的變化：有一次，她聽入迷了，忘記了時間，忘記了自卑和膽怯，直到教堂的鐘聲清脆地敲響，她才驚醒過來，可是已經來不及搶先「逃」走了。

先離開的人們堵住了她迅速出逃的去路，她只得低頭尾隨人群，慢慢朝門外移動……突然，一隻手搭在她的肩上，她驚惶地順著這隻手臂望上去，此人正是牧師。

牧師溫和地問：「妳是誰家的孩子？」

這是她十多年來最最害怕聽到的話！這句話就像一塊通紅的烙鐵，直直地印在小芳那流著血的幼小心靈上。牧師的聲音雖然不大，卻具有很強的穿透力。人們停下了腳步，幾百雙驚愕的眼睛一齊注視著小芳：教堂裡安靜得連根針掉在地上都聽得見。

小芳看到眼前的情景後，不知所措，淚水在她的眼眶中打轉。

這位牧師是一個大好人，他的臉上立即浮起慈祥的笑容，說：「噢——我知道了，我已經知道妳是誰家的孩子——妳是上帝的孩子。」

他撫摸著小芳的頭，親切地說道：「這裡所有的人和妳一樣，都是上帝的孩子！過去的不等於未來，不論妳過去怎麼不幸，這都不重要。重要的是妳對未來必須充滿希望。現在就做出決定，做妳想做的人。孩子，人生最重要的不是妳從哪裡來，而是妳要到哪裡去。只要妳對未來充滿希望，妳現在就會充滿力量。不論妳過去怎樣，那都已經過去了。只要妳調整心態、明確目標，樂觀積極的去行動，那麼成功就是妳的。」

牧師話音一落，教堂裡頓時就爆出熱烈的掌聲！

這些上帝的孩子們沒有說一句話，掌聲就是理解，就是歉意，就是承認，就是歡迎！

整整十三年了，壓抑在小芳心靈上的陳年冰封被「博愛」瞬間融化，她終於抑制不住內心的激動，眼淚奪眶而出。

小芳的心態從此發生了巨大的變化：

四十歲那年，她當選美國田納西州州長；屆滿卸任之後，棄政從商，成為全球五百大企業之一的公司總裁，成為全球赫赫有名的成功人物。

六十七歲時，她出版了自己的回憶錄《攀越巔峰》在書的扉頁上寫下了這樣一句話：過去不等於未來！

要想擺脫「自我設限」，首先要像故事中的小芳一樣，將過去的一切不順心的事情統統抹掉，正確衡量自己的能力，用能力來證明自己的實力。

8 看透時勢，不通則變

環境很難改變，與其徒勞無功地改變環境，不如與環境融合在一起。當環境發生變化時，一定要及時改變自己的狀態來適應它，而不能夠與其抵觸。只有適應了環境，才能夠從環境中脫穎而出。只有成為環境中的最強者，才能夠有能力改變環境。

曹操是亂臣賊子，似乎是歷史定論，就連京劇舞台上，曹操也被演繹成奸臣，高唱：「世人害我奸，我笑世人偏。為人少機變，富貴怎雙全？」仔細想想，這句話的確有些道理。

世人口中的「奸雄」，京劇裡的白臉，《三國演義》中的無數典故，都把曹操說成是奸詐的國賊。正所謂「功首罪魁非兩人，遺臭流芳本一身」，好像這才是對曹操公正的評價。但是，他所宣稱的「如國家無孤一人，真不知幾人稱帝，幾人稱王」的直率坦言又不能不使人重新認識曹操。

其實，曹操一開始並不想做挾天子以令諸侯的亂臣賊子，而是想做一位經世報國的能臣。曹操二十歲被舉為孝廉，擔任郎官。孝廉就是品德高尚，又有文化的貴族子弟，做了郎中令，經人推薦就能到外地為官，比如做個知縣或縣丞、縣尉之類的官。不過到了東漢後期，這種舉薦方式全都是一種過場，就看有沒有後台。不可否認，曹操有後台，祖父曹騰、父親曹嵩都是朝中高官。所以曹操不久就被授予洛陽北部尉的官職。具體說，這一官職就是負責洛陽的治安工作。

洛陽北部尉這一官職並不好當，如果在別的地方任這一職務還好些，但是洛陽是東漢的都城，達官顯貴、皇親國戚甚多，尤其是東漢末年，沒有哪個權貴把王法放在眼裡。縣尉官職不高，但差事不少，權力不大，卻責任重大，如此小官如何能管得了京城一方的治安，這一職位的任命，給曹操出了一個頗大的難題。

曹操接到命令後，真就上任去了。他一到任，先把官署衙門修繕一新，制定了一連串相關治安規定公諸於眾，於公佈之日起施行。又造五色大棒十幾條，分別掛於大門兩旁，吩咐手下人「有犯禁者，不避豪強，皆棒殺之。」

但是，那些好事的達官顯貴們根本就沒把曹操放在眼裡。果然，沒多久就有不怕死的公然送上門來。

靈帝崇信的宦官蹇碩的叔叔是第一個試法者，這個傢伙仗著姪子有權勢公然違背曹操的禁令。曹操毫不猶豫，立即用五色棒將此人打死，這下還真達到殺一儆百的效果了，治安情況立刻大有好轉，曹操也因此名震朝野。

曹操打死的這個人，曹操也知道他的背景，這樣做無非是想做一位好官，後來他在《讓縣自明本志令》中這樣說：「孤始舉孝廉，年少，自以為本非岩穴知名之士，恐為海內人之所見凡愚。欲為一郡守，好作政教，以建立名譽，使世士明知之。」這段話的大致意思是：自己年紀輕，沒有本錢，為了證明自己有能力是一位好官，就得做出點大事來，讓人們知道自己的名聲和能力。由此可見，曹操的初衷是想做個好官。

其實，據當時情況而言，曹操的能臣之路根本走不通。曹操入仕時是靈帝熹平三年（一七四年），這時候是東漢最為昏暗、最混亂的年代，宦官當道、奸臣横行、外戚專權、軍閥稱雄、貪官撈錢，吏治極其腐敗，買官賣官現象非常嚴重，朝廷賣官明碼標價、公開招標。做官就是一種買賣，哪怕是朝廷所任命的官員，也要交公開價碼的一半。這些錢官員們當然不會自掏腰包，全都是從老百姓那裡盤剝來的。

有個叫司馬直的人，為人正直，被朝廷任命為太守，剛剛上任，就要他交錢，司馬直為官清廉，根本拿不出這麼多錢，最後減免三百萬為七百萬錢。司馬直感嘆說：「為民父母，還要盤剝他們，於心何忍！」於是，他辭官不做，朝廷以為他不肯出錢，就不准辭官，司馬直萬般無奈，只好自殺了。司馬直臨終前留下遺書，痛斥這種做法必然亡國。可見東漢末期朝綱腐敗到極點。

曹操入仕之前當然不知道這些，等入仕之後，曹操還抱著滿腔熱血積極為政，他為官一郡就肅清一方，這只不過是杯水車薪，其結果是「政教大行，一郡清平」。那些被整肅的人找碴告狀，所以曹操被頻繁地調動。這下曹操徹底看透了官場，他深恨報國無門，於是，辭官不做。

這時，靈帝死了，扔下兩個十來歲的孩子劉辯和劉協。時局更加動亂，宦官專權，大將軍何進想除掉宦官，徹底肅清東漢積弱不振的局面，但是怕力量不夠，於是依袁紹之計請西涼太守董卓進京除奸，哪知請神容易送神難，沒想到董卓「以奸易奸」。董卓是一個不折不扣的奸賊，無惡不作、禍國殃民。朝中正直的大臣苦於無有除奸之策，放聲大哭。曹操這時已回到朝廷為官，擔任典軍校尉一職，他卻放聲大笑道：「爾等啼哭能哭死董卓嗎？何不刺殺之？」於是曹操以獻刀為名去刺殺董卓，不料行刺失敗，曹操只好連夜逃走。後來他又積極聯合河北名流「四世三公」袁紹，積極討伐董卓，要為漢朝除去這個毒瘤。

結果，眾人推舉袁紹為盟主，十八路諸侯一同討伐董卓，但是曹操這次又失望了，十八路軍隊各懷心事，都按兵不動，曹操大呼：「舉義兵誅暴亂，諸君何疑？一戰而定天下矣，豈可失也？」仍然無人回應，曹操只好獨自孤軍奮戰，結果自然不是董卓的對手，還險些喪了性命。這時曹操不得不認真審視當今天下的形勢，認定漢朝氣數已盡，所以回鄉募勇，要建立自己的軍事力量。

曹操是一個懂得變通之人，當他看到自己想成為一位治世能臣的夢想不能在分崩離析的東漢末年實現後，立即放棄了這條路，重新規劃自己的人生。如果站在曹操的角度上來分析，他的選擇是明智的。他知道，只有適應了變化的環境，才能夠在亂世中成就一番事業。如果拘泥守舊，不懂得變通，最終結果只會是死路一條。

曹操的智慧是值得我們學習的。有人說「時勢造英雄」，也有人說「英雄造時勢」，這種種說法都有其一定的片面性。因為，一個人之所以成為英雄，是因為受到了當時環境的影響，但沒有自己的努力是行不通的；當他成為了真正的英雄時，便能夠翻手為雲，覆手為雨，改變環境。不過，要想成為英雄，就必須學會適應環境。

有這樣一個故事：

一條小河流從遙遠的高山上流下來，面對無數個村莊與山林，它從來沒有駐足。不過，當面對沙漠的時候，它卻步了。因為它知道，要想穿過沙漠必須付出慘痛的代價，很有可能會破壞原來的自己。

但它不甘心就這樣放棄，它想：「既然我已經越過了重重障礙，這次也應該能夠化險為夷，只要我有足夠的勇氣。」

下定決心後，小河流慢慢進入沙漠，它發現河水漸漸消失在泥沙當中，它試了一次又一次，結果都是一樣。

這種況狀使小河流心灰意冷，它想：「也許我命中注定要葬身在這沙漠中吧！也許我永遠也難以到達傳說中的浩瀚大海。」

正在小河流灰心喪氣的時候，四周響起沙漠低沉的聲音：「小河流，這麼快就失去信心了嗎？這種方法行不通可以選擇另一種方法啊！為什麼不借助微風的力量讓它帶你跨越沙漠呢？」

小河流抱怨地說：「要不是你，我早已經見到浩瀚的大海了，讓微風帶著我過沙漠這不是讓我去送死嗎？我可不願意。」

沙漠繼續說：「我不是讓你去送死。你之所以不能穿過我的身體，是因為你的思維不能靈活變通。要想從這裡通過，你必須讓微風帶著你飛過去，協助你到達目的地。你只要願意放棄你現在的樣子，讓自己蒸發到空氣中，微風就能助你一臂之力。」

小河流從來沒有這樣想過，因為它從來沒有改變過自己的樣子。因此，沙漠的提議讓它無法接受。

沙漠似乎看出了小河流的心思，於是耐心地解釋道：「微風可以帶著水蒸氣越過沙漠，在適當的時間、地點，它又會把水蒸氣以雨水的形式釋放出去。這樣你不就恢復到原來的樣子了嗎？不就可以繼續前進奔向你夢寐以求的浩瀚大海了嗎？」

「那我還是原來的河流嗎？」小河流問。

沙漠回答說：「可以說是，也可以說不是。但是不管你是一條看得見的河流，還是看不見的水蒸氣，你內在的本質卻從來沒有改變，歸結到最後你依然會以一條河流的形式到達你想要去的地方。你之所以會堅持自己是一條河流，是因為你從來沒有認清自己內在的本質。」

聽過沙漠的話後，小河流的思維回到了它變成河流之前。它隱隱約約地想起了自己似乎在變成河流之前，也是由微風把它帶到內陸某座高山的半山腰，以雨水的形式落下，才成了今日的河流。

於是小河流鼓起勇氣，向微風敞開了懷抱，化作蒸氣消失在微風之中，奔向它生命中的歸宿。

在很多人的生命歷程中，往往也會有與小河流一樣的經歷，面對突然改變的環境時不能夠改變自己來適應環境，從而駐足不前，為人生留下遺憾。

9 高瞻遠矚，深謀遠慮

不謀萬世者不足謀一時，不謀全局者不足謀一域。無論做什麼事情，都要有大局觀，善於從長遠利益出發。只有這樣，才能夠將擁有的東西保持永恆，才能夠保證屬於你的東西永遠屬於你。

三國中不乏深謀遠慮之人，在這裡略舉兩例：

其一：

曹操與馬超對陣，初戰便敗。過了幾天後，有細作來報說：「馬超又添兩萬生力兵來助戰，乃是羌人部落。」曹操聽後，不僅沒有感到擔憂，反而面露喜色。三天過後，又有人來報說馬超添兵，曹操同樣喜形於色，還設宴慶祝一番。

戰勝馬超後，眾將問曹操：「丞相每聞賊加兵添眾，則有喜色，何也？」曹操解釋道：「關中邊遠，若群賊各依險阻，征之非一二年不可平復；今皆來聚一處，其眾雖多，人心不一，易於離間，一舉可滅：吾故喜也。」

其二：

赤壁鏖戰後，張遼奉曹操之命在合淝駐守，與孫權打起了持久戰。為了能夠攻破合淝，周瑜派程普前來助戰。孫權輕視張遼，不用程普帶來的援軍，結果被張遼打敗。

張遼此戰勝利後，犒勞三軍，然後傳令：當夜不能解甲休息。身邊的人問道：「今日全勝，吳兵遠遁，將軍何不卸甲安息？」

張遼解釋道：「非也。為將之道：勿以勝為喜，勿以敗為憂。倘吳兵度我無備，乘虛攻擊，何以應之？今夜防備，當比每夜更加謹慎。」正如張遼所料，當夜吳軍來襲。由於準備及時，張遼再次大敗吳軍。

曹操的想法超出了眾將的思維，張遼的想法同樣超出了部將的觀點。曹操和張遼之所以會有這樣的思維方式，這與他們的高瞻遠矚和深謀遠慮是密不可分的。

當困難愈來愈大時，他們沒有像常人那樣擔心無法解決困難，而是笑對困難，因為他們知道多解決一些困難，以後的路就好走許多；當取得了成功後，他們也不像常人那樣只圖安逸，而是看到了成功後面潛藏的危險，於是立即採取了防禦措施，防止剛取得的勝利果實因疏忽而轉眼失去。

正所謂：「不謀萬世者不足謀一時，不謀全局者不足謀一域。」無論做什麼事情，都要具有前瞻性的眼光，從大局上來考慮和分析問題。否則，眼前採取的措施可能會對後來的發展帶來不利影響，或者會導致全局的失敗。

在同一個城市裡，有兩家建設公司。事有湊巧，這兩家公司都想在該市的某處郊區投資建房。為了能夠確保投資的獲利，兩家公司分別派了一位專員去該郊區實際察看周圍的情況。

考察完畢後，甲公司的專員不贊成在該郊區投資，原因很簡單：該郊區道路泥濘，髒亂不堪，住戶甚少，投資環境尚不成熟。於是，甲公司索性打消了在該郊區投資的念頭。

乙公司的專員在經過一番考察後，欣喜地向公司報告：該處的投資環境很好。首先，該郊區是一處清靜之地，很多市民已經被城市的喧鬧折騰得沒有安寧之日，幽靜的居住環境必然會引起一股搶購熱潮。其次，其他建設公司還沒有考慮到這塊寶地，首先涉足者必然能夠獲得豐厚的利潤。專員的分析條條是道，得到了董事會的一致同意。

投資方案確立後，乙公司立即將建築團隊開向了該郊區，工程如火如荼地進行著。一年過後，一座座高樓平地拔起，一條條馬路通向此地。附近區民們高聲歡呼，都希望能夠儘快在這裡買間房子。正如該公司專員所料，搶購熱潮以迅雷不及掩耳之勢掀起了。乙公司上下歡騰，沉浸在喜悅之中。

甲公司此時後悔莫及，只能夠望洋興嘆。事已如此，即使解雇了那位考察的專員，也不能夠解決問題。

甲公司的專員只能看到眼前的情況，於是認識不宜在那個郊區投資建房。與他不同的是，乙公司的專員卻看得更遠。他認為，道路不好可以修整，環境不好可以改善，同時他也看到了該處具有優勢的地理位置。正是因為他的前瞻性眼光，乙公司取得了一次輝煌的戰績。

生活中，在面對各種取捨或抉擇時，我們要學會高瞻遠矚，認真地觀察問題，並善於借助外界環境和內在因素來客觀而全面地分析問題。經過一番嚴密的思維後，我們便能夠穩穩抓住問題的本質並找出解決問題的關鍵點，從而做出正確的取捨，使我們的人生之路更加美好。

10 利益是永恆的

無論做什麼事情，都要掌握事情的本質。在經商時，要善於把物質利益擺在第一位；在交友時，要善於把精神利益擺在第一位。只有這樣，才不會違反一些約定俗成的規則，從而能夠順應環境更好地生存。

董卓見漢室傾頹，乘機作亂，曹操等人發詔討賊，各路諸侯應聲而起。當時，共討董卓的諸侯有：南陽太守袁術、冀州刺史韓馥、豫州刺史孔伷、兗州刺史劉岱、河內郡太守王匡、陳留太守張邈、東郡太守喬瑁、山陽太守袁遺、濟北相鮑信、北海太守孔融、廣陵太守張超、徐州刺史陶謙、西涼太守馬騰、北平太守公孫瓚、上黨太守張楊、烏程侯長沙太守孫堅、祁鄉侯渤海太守袁紹。

各路人馬彙集，可謂浩浩蕩蕩，令人耳目大震。不僅如此，他們還設立盟主，定下盟誓：

「漢室不幸，皇綱失統。賊臣董卓，乘釁縱害，禍加至尊，虐流百姓。紹等懼社稷淪喪，糾合義兵，並赴國難。凡我同盟，齊心戮力，以致臣節，必無二志。有渝此盟，俾墜其命，無克遺育。皇天后土，祖宗明靈，實皆鑑之！」然而，十八路諸侯雖然風風火火聚集在一起，但卻不能滅掉董卓。這是為什麼呢？從《三國演義》中可以找出以下相互承接的原因：

第一，濟北相鮑信貪功。長沙太守孫堅自告奮勇為前部，前去討伐董卓。鮑信擔心他搶了頭功，於是私下派其弟鮑忠率兵從小路先趕至汜水關向董卓挑戰。結果，鮑忠被殺，影響了軍心。

第二，南陽太守袁術與孫堅產生矛盾。孫堅初戰告捷後準備再戰，於是向負責糧草的袁術請求糧草支援。不料袁術擔心孫堅破洛陽後實力大增，不發糧草。結果，孫堅軍中因缺糧自亂，無法與敵抗衡。

第三，盟主袁紹戰略出現問題。呂布在虎牢關被劉備、關羽、張飛三人合力戰敗後，董卓遷帝於長安。曹操建議乘勢追襲董卓，袁紹卻認為「諸兵疲困，進恐無益」，其他諸侯也不想追擊。曹操大怒，孤軍去追董卓，結果中了埋伏，大敗而回。曹操見誅殺董卓無望，遂引兵離去；公孫瓚見袁紹無能，也引兵離去。此時，諸侯聯盟已經開始有所動搖。

第四，孫堅無意得到傳國玉璽，託病撤兵。袁紹得知孫堅拔寨離去後，密令荊州刺史劉表截住孫堅。由此，統一聯盟內部產生了鬥爭，聯盟力量更加被削弱。

第五，兗州刺史劉岱與東郡太守喬瑁發生衝突。此時，其他諸侯各自散去。諸侯聯盟徹底瓦解。

十八路諸侯沒有滅掉董卓，根本的原因在於：利益是根本的。正是為了各自的利益，各路諸侯聚集在了一起，高舉義旗來討伐會給自己利益帶來威脅的董卓；也正是為了各自的利益，出現了鮑信貪功、袁術不給孫堅發糧、袁紹不願意在董卓遷帝時乘勝追擊、孫堅推辭離去等現象。從這個角度來講，董卓倒顯得有些明智。他的離去使得各路諸侯失去了攻擊目標，引起了諸侯間內部的爭鬥。但曹操就顯得有些不理智，他沒有認識到各路諸侯的私心，結果憤憤地去追襲董卓，然後憤憤地離去。

曹操從華容道脫險後，令夏侯惇守襄陽，托曹仁暫領荊州。

劉備在油江口屯兵，準備奪取南郡，周瑜得知後立即前往油江口與劉備交涉。一番商議後，雙方定下協議：周瑜先去取南郡，如果不能奪取南郡，劉備再去奪取。

周瑜回寨後，立即令蔣欽為先鋒，徐盛、丁奉為副將，率五千兵馬渡漢江。不久，周瑜便引兵前來接應。吳兵到來時，曹仁正在南郡。他吩咐曹洪去守彝陵，與南郡形成犄角之勢。

吳軍抵達南郡城下後，初與曹仁交鋒便敗走。於是，甘寧引兵三千攻打彝陵，周瑜繼續攻打南郡。曹仁見周瑜欲先攻取彝陵，令曹純與牛金前去援助。曹洪出城與甘甯交鋒，然後佯敗。甘寧剛奪了彝陵便被曹純、牛金、曹洪圍困。周瑜見甘寧被困，留下萬餘人交付給淩統，自己引大軍趕往彝陵。奪了彝陵後，周瑜連夜趕回南郡，不料與前來援助的曹仁在途中相遇，混戰後各自收兵。

曹仁見彝陵已失，形勢危急，於是拆開了曹操臨走前留下的計策。第二天，雙方再戰，曹仁運用曹操的計謀大敗吳軍，而且用毒箭射傷了吳軍統帥周瑜。隨後，周瑜詐死。曹仁僅留少許軍士守城，然後率眾軍士於當晚去劫寨，結果被周瑜殺得大敗。

周瑜收攏眾軍後趕往南郡城，令他難以相像的是，此時趙雲已經趁他們混戰之時輕鬆奪得南郡城。不僅如此，諸葛亮還乘機利用曹操兵符調取荊州守軍來救南郡，張飛輕鬆奪取了荊州；接著，諸葛亮再次利用兵符誘使夏侯惇引兵前來救曹仁，關羽又輕鬆奪得了襄陽城。

劉備在身處逆境的時候，採取了聯吳抗曹的措施，東吳自然也願意與他聯合。此時，他們這樣做的目的都是為了保護自己的利益不受曹操的侵犯。曹操大敗後，他們的危機解除了。於是，孫劉聯盟也就解體了。於是，劉備毫不猶豫地與孫權爭地盤，以便獲得更大的利益。

生意場上有一句話：沒有永恆的生意，沒有永遠的朋友，只有永恆的利益。其實，無論在生意場上還是在生活中，利益都是永恆的。或許有人會問：難道生活中的朋友也存在利益關係嗎？回答是肯定的。人們之所以沒有意識到這一點，是因為將利益局限化了。利益不僅包括物質方面，還能夠體現在精神方面。人與人之間之所以能夠成為朋友，在於他們之間存在著一種引力，這種引力便是他們之間的黏著劑。一旦失去了這種引力，那麼朋友關係就會慢慢淡化，以至消失。而這種引力便是兩人之間的利益交匯處。

只有認識到利益的永恆本質，才能夠靈活應對各種各樣的人物，處理好各種各樣的事情。在做生意的時候，要看到能否從對方那裡得到實惠；在交朋友的時候，要善於發現對方能否使自己受到良好的薰陶。

第二章：韜光養晦，再圖來時路

在人的一生中，存在各種的境遇。正所謂：三十年河東，三十年河西，世事滄桑，誰都不能料到自己在以後的日子會有什麼樣的經歷。但無論以後的情況有多麼糟糕或多麼輝煌，只要能夠根據外界的環境靈活運用剛柔術，便可在厄運到來時求得一份安寧，在好運到來時開創一番事業。

11 隱介藏形，不露心跡

當自己實力弱小的時候，如果及早地表現出自己欲與強者爭鋒的意圖，就會遭到強者的壓制或打擊。此時，要善於將自己的心機隱藏起來，從而消除強者的疑慮，減少強者對自己的關注，從而便有機會暗暗積蓄自己的力量了。

西元一九八年，劉備被呂布打敗，前往許都投靠曹操。曹操對劉備非常賞識，封他為豫州牧。同年，曹操發兵攻打呂布，劉備立下軍功。曹操將劉備之功上報獻帝，獻帝封其為左將軍。

曹操雖然對劉備十分器重，但還是心存顧慮，擔心劉備影響自己的大業。為此，他事先已經採取了對策。呂布大敗被殺後，曹操班師回許都。路過徐州時，徐州百姓懇求讓劉備擔任徐州牧一職，曹操卻令車騎將軍車冑管理徐州，把劉備留在自己身旁，從而有效控制劉備。

恰恰是在這時，獻帝透過密詔委託車騎將軍董承除掉曹操、匡扶漢室。董承在密結忠義之士共謀大事時找到了劉備，劉備欣然同意，在義狀上簽了字。

如此一來，劉備不得不處處小心謹慎。為了防止曹操謀害自己，劉備採取了韜光養晦的計策，在住所後面的園子裡種菜。關羽、張飛見劉備如此做法，自然不滿。然而劉備並不解釋，於是關羽、張飛兩人遂以為劉備「不留心天下大事，而學小人之事」。

然而，曹操對劉備並不放心，想做進一步的試探，於是就出現了歷史上有名的「曹操煮酒論英雄」。

一天，關羽和張飛去城外射箭，劉備閒來無事，又在後園澆菜。不久，許褚、張遼奉曹操之命請劉備入府。劉備不知曹操何故請他，忐忑不安地跟著許、張兩人去見曹操。曹操見了劉備後，笑著對他說：「你在家還能做大事，真是厲害！」劉備以為事情敗露，頓時嚇得面如土色。曹操拉著劉備的手一直走到後園，然後說道：「玄德學圃不易。」劉備這時候才安下心來，隨口應付了曹操。

兩人走進後園的小亭，對坐後便開始開懷暢飲。喝至半醉的時候，空中烏雲密佈，驟雨將至。隨從興奮地指著天邊的龍掛，曹操與劉備倚著欄杆觀望，只見遠方的烏雲看起來如同一條巨大的烏龍。

曹操順勢說道：「你可知道龍的變化？」劉備回答道：「大致瞭解一些，不知詳盡。」曹操說：「龍能大能小，能升能隱。大的時候可以興雲吐霧，小的時候能夠隱介藏形；升的時候能夠在宇宙間飛騰，隱的時候可以在深海中潛伏。現在正是濃春，龍可以乘時變化，正如人得志後可以縱橫四海。龍雖然是一種動物，但可以與世上的英雄媲美。你走南闖北，一定知道誰是當世英雄。不妨說給我聽聽。」劉備說道：「我不過是個毫無遠見的凡夫俗子，怎麼可能識別英雄呢？」

曹操告訴劉備不要過於謙虛，劉備始終不願意承認自己能識別當今英雄。曹操不再強逼，改口說：「即使你與他們素未謀面，也應該聽說過他們的名字吧。」劉備說道：「淮南的袁術，兵多糧豐，可以稱得上英雄嗎？」曹操笑著說：「我視他如塚中枯骨，早晚一定將其擒住！」劉備又問道：「河北的袁紹，四世三公，門多故吏。如今他虎踞冀州，而且部下有很多能人，能稱得上英雄嗎？」曹操依然笑著說：「袁紹色厲內荏，優柔寡斷；幹大事而惜身，見小利而忘命。也不是英雄。」劉備見曹操否定了袁術和袁紹，又提到名稱八俊、威鎮九州的劉表，曹操說他有名無實，也不是英雄。劉備無法，只得繼續將當時稍有名氣的人一一列舉。他提到血氣方剛、可稱為江東領袖的孫策，曹操說他憑藉其父之名；提到益州的劉璋，曹操說他雖是宗室，但不過是一隻看門狗而已。當劉備提到張繡、張魯、韓遂等人時，曹操竟然鼓掌大笑道：「這些不過是一些碌碌無為的小人，根本不值得一提！」劉備說：「除了這些人外，我再也不知道其他人了。」

曹操不再為難他，開口說道：「能夠稱得上英雄的人，胸中必有大志，腹中必有良謀；既有包藏宇宙的心機，又有吞吐天地的志向。」劉備故作不知地問曹操誰是當世英雄。曹操先用手指了指他，然後指著自己說道：「如今，唯有你和我可以稱得上天下英雄！」劉備聽後，大吃一驚，手中握著的筷子落在了地上。當時大雨剛到，雷聲大作，劉備邊拾筷子邊找藉口說道：「一震之威，乃至於此。」曹操笑著說：「大丈夫也害怕打雷嗎？」劉備答道：「聖人遇到迅雷烈風也會失色，我怎麼可能不害怕呢？」劉備的這一句話巧妙將自己丟筷子的緣故掩飾過去了。此後，曹操對劉備就不再有疑心了。

曹操在朝中一手遮天，並且耳目眾多。劉備稍有疏忽，就有可能被曹操抓住把柄。況且，劉備當時的實力遠遠不如曹操。一旦他無意中顯示出了自己的抱負，就有可能面臨生命的危險。為此，他選擇了韜晦術，將自己的志向牢牢地埋藏在心底，讓曹操感覺不到威脅。

曹操想稱霸天下，劉備要匡扶社稷，他們的目標注定了彼此之間的競爭關係。對當時的劉備來說，曹操是一個實力雄厚的競爭對手。面對強大的對手時，如果盲目地提出挑戰，無疑是自取滅亡。與其以卵擊石，不如在暗中積蓄力量。

劉秀正出生在一個衝突頻仍、動盪不安的時代。自從西漢成帝、哀帝以後，社會衝突就愈來愈尖銳。

王莽建立了國號為「新」的王朝後，使得本來已經大亂的社會更加混亂。各地的反莽戰鬥風起雲湧。王匡、王鳳發動了綠林軍起義；樊崇領導青州飢民發動了赤眉軍起義。

地皇三年（西元二二年）十月，劉縯在舂陵，劉秀與李通的從弟李軼在宛城，同時起兵。由於劉氏為西漢皇族，所以人們把他們領導的起義軍稱為漢軍。不久，漢軍與綠林軍結為聯軍，共同打擊王莽軍。

隨著起義軍的不斷壯大，將領們都主張擁立一位劉姓的皇帝，以此統一號令，順應人心。但在此時，產生了分歧，南陽一帶的豪傑人物，都認為劉縯有威望，治軍嚴明，最為合適，而新市、平林軍的將領們大都習慣了散漫放縱，他們擔心立了劉縯以後沒有自由，認為劉玄懦弱，容易左右，因而策劃擁立劉玄。

劉玄當皇帝後，改元為更始元年，並封了一大批官銜，封劉縯為大司徒，封劉秀為太常偏將軍。

農民起義聯軍建立了「更始」政權後一個月，劉秀與諸將分兵而進，攻下了昆陽（今河南葉縣）、定陵（今河南舞陽縣）、郾城（今河南郾城縣），包圍了宛城（今河南南陽市）。

在與王莽的戰爭中，劉秀有勇有謀，指揮若定，表現出智勇雙全、凜然不可侵犯的大將風度，為推翻王莽政權立下了汗馬功勞。

隨著劉縯、劉秀兄弟的威名日益擴大，新市、平林軍的將領們心中不安，勸劉玄除掉他們。而劉縯手下的人對劉玄當皇帝一開始就不服，公開拒絕劉玄的任命，飛揚跋扈。劉玄擔心劉秀兄弟影響他在更始政權中的地位，於是與農民將領共謀，把劉縯與其部下一同殺了。

劉縯的死，對劉秀來說無疑是一個沉重的打擊。在這種不利的形勢下，劉秀表現出大事臨頭沉著冷靜的胸懷與氣度。劉秀趕緊回到宛城請罪。劉縯部下的官吏去迎接他、慰問他，他只是寒暄幾句，表示過錯在自己，不與來人私下交談，不講昆陽的戰功，不為哥哥服喪，飲食言笑與平常一樣，若無其事。劉玄見劉秀沒有反對自己的意思，便拜他為破虜大將軍，封武信侯。而劉秀每當獨居，總是不喝酒、不吃肉，以此寄託哀傷。

但劉秀明白，儘管暫時的消除了劉玄等人的猜忌與疑慮，卻無法從根本上解決問題。為了避開險惡的環境，尋求更大的發展，劉秀一面隱忍韜晦，一面暗中擴大自己的勢力和影響。

更始元年九月，劉玄的軍隊相繼佔領了長安和洛陽。劉玄準備以洛陽為皇都，命劉秀前往修整官府。

劉秀到任後，嚴肅整頓，他安排僚屬，下達文書，對所有官吏的裝束服飾，全都恢復漢朝舊制，非常莊重威嚴。

更始元年十月，劉秀奉更始帝劉玄的命令，以破虜將軍兼大司馬的名義出使河北，穩定當地的局勢。這時的河北形勢十分複雜且不穩定，劉秀雖然希望早日擺脫更始政權的限制，但也對在河北的發展信心不足。這時，馮異、鄧禹等的建議，使他堅定了信心。

劉秀在河北，每到一處，考察官吏，按其能力升降去取；平反冤獄，釋放囚徒；廢除王莽苛政，恢復漢朝的官吏名稱。當地的官民皆歡喜，非常敬重劉秀，爭相持酒肉慰勞，劉秀一律不接受。

這時，河北的王郎謊稱自己是漢成帝的兒子劉子輿，利用河北地區一些豪強地主為確保自身利益而排擠劉秀的心理，在邯鄲建立了一個新的割據政權。王郎懸賞十萬戶通緝劉秀，劉秀幾經逃難，最終在河北站穩了腳跟。

同年四月，劉秀親自率大軍包圍了邯鄲。王郎軍被消滅，王郎也被殺死於逃跑途中。由此，黃河以北廣大地區基本上為劉秀所有，河北成為他脫離更始政權、創建統一大業的重要基地。

平定王郎後，劉秀發現官吏與王郎勾結一起毀謗劉秀的文書有幾千份，這使許多人惶恐不安。劉秀一律不看，把王郎的官吏召集起來，當面一大把火燒掉。他說：這樣做是「令心懷不安的人放心」。

劉秀在河北的影響引起了更始帝的不安，為了削弱他的影響，奪回他的權力。劉玄派使節趕到河北，封劉秀為蕭王，並命令劉秀停止一切軍事行動，與有功的將領趕到長安去。劉秀明白更始帝的意圖，便以「河北未平」為由拒絕應召去長安。從此，劉秀與劉玄的衝突公開化了。

面對劉玄的猜疑，劉秀沒有硬碰硬，而是以韜晦術巧妙地脫離了生命危險，並在暗中積蓄了足以與劉玄抗衡的力量。

由此可以看出，韜晦術的作用是很大的。當自己實力弱小的時候，不妨善加運用韜晦術。

12 麻痺對手，以實擊虛

要想在競爭中獲勝，除了有強大的實力外，還要有超凡的智慧。有時候，策略比實力更加重要。當自己實力弱小的時候，要想有所成就，必須要善於用自己的力量攻擊對方的虛弱之處。即使對手沒有虛弱之處，也要善於造成對手某方面的虛弱，從而將對手擊垮。

西元二四〇年，明帝曹睿之子曹芳即位，改年號為正始。當時，司馬懿與曹爽共同輔政。此時，軍權掌握在司馬懿手中。曹爽門下有五百多位門客，不乏謀略人物，比如何晏、鄧颺、李勝、丁謐、畢軌等。另外，大司農桓範被人們稱作曹爽的「智囊」。

為了防止司馬懿憑藉手中兵權圖謀不軌，曹爽入奏魏主曹芳，以「司馬懿功高德重，可加為太傅」為由，懇請提拔司馬懿為太傅，得到了曹芳的准許。如此一來，曹爽掌握了兵權。為了能夠徹底削弱司馬懿在朝中的勢力，曹爽採取了更多措施。他封其弟曹羲、曹訓、曹彥分別為中領軍、武衛將軍、散騎常侍，各帶領三千御林軍，在禁宮出入自由；又封何晏、鄧颺、丁謐為尚書，封畢軌為司隸校尉，李勝為河南尹，為其出謀劃策。

司馬懿見此情形，心中已有定數，於是稱病在家休養。不久，他的兩個兒子也都退職閒居。曹爽大權在握，生活奢侈放蕩。除此之外，曹爽酷愛狩獵。每次出外狩獵，他都要在城外待好幾天。

為防遭人暗算，曹羲和桓範先後勸諫，希望曹爽不要經常出城。曹爽雖然不以為意，但一向專權的他還是想摸清司馬懿的底細。當時正值魏主曹芳封李勝為荊州刺史，於是令李勝假託辭別藉口去試探司馬懿。

李勝剛趕到太傅府，門吏立刻上報了司馬懿。司馬懿對他的兩個兒子說：「李勝一定是奉了曹爽的命令，來打聽我到底有沒有生病的事。」接著，他摘去帽子，弄成披頭散髮的樣子，然後抱著被子坐在床上，又令兩名婢女在左右扶著自己，顯得憔悴無比。

一切偽裝好後，司馬懿方請李勝入府。

李勝來到床前行禮後說道：「這段日子沒有見到太傅，沒想到太傅竟病得如此嚴重。如今天子命我為荊州刺史，在上任之前，我特來與您拜別。」

司馬懿假裝聽不清楚，便說道：「并州接近北方，匈奴較為兇猛，一定要好好防備才是。」李勝見司馬懿聽錯了，重複說道：「天子讓我擔任荊州刺史，不是并州刺史。」

司馬懿笑著說：「你剛從并州來？」李勝說道：「我不是從并州來，我要到荊州上任。」

司馬懿大笑著說：「原來你是從荊州來的啊！」李勝見司馬懿如此，向左右問道：「太傅怎麼病成這樣了？」侍從告訴他說司馬懿耳朵聾了。李勝向侍從要了紙筆，把要說的寫在了紙上。

司馬懿看過後笑著說：「我病得耳聾了，此去保重。」說完後，他將手指含在嘴裡。侍婢把藥湯端上來，他直接把嘴伸了過去，結果喝得滿襟都是。然後，他哽咽著對李勝說：「如今我年老力衰，病重體弱，說死就死了。我的兩個兒子沒有什麼才幹，希望你能夠好好教導他們。見到大將軍後，一定要為他們說說好話。」話音剛落便倒在床上，喘著大氣。

李勝剛走，司馬懿立即起身對兩個兒子說：「李勝回去將今天的事告訴曹爽後，曹爽一定不會再猜忌我。一旦他出城狩獵，我們便可行動。」

李勝辭別司馬懿後徑直去見曹爽，將所見所聞詳細告訴了他。曹爽聽後非常高興，不再以司馬懿為患。沒過幾天，曹爽又要出去打獵。他以去高平陵祭祀先帝為由，邀請魏主曹芳同去。當日，曹爽的三位弟弟帶著御林軍護駕，朝中的大小官吏及曹爽的心腹一併隨行。

司馬懿見時機已到，立即聚集人馬謀殺曹爽。不久，司馬懿將曹爽及其三兄弟斬首示眾，朝中大權從此穩穩握在了司馬懿手中。

司馬懿裝病是一種麻痹對手的方法，使得曹爽放鬆了對他的警惕。正當曹爽自認為毫無憂患的時候，司馬懿卻以實擊虛，大敗對方。

無獨有偶，康熙同樣是一位懂得「麻痹大法」的高手。

順治十八年（一六六一年）正月，二十四歲的福臨突然病逝。初九日，年僅八歲的玄燁正式即帝位，改年號為康熙。

玄燁即位的時候，才剛剛懂事，還沒有能力處理繁重的國家政務。由順治安排的以索尼為首的四輔臣，實際掌握著國家的最高權力。

康熙六年六月，索尼因病去世。這一年，十四歲的康熙帝舉行親政大典。但是鰲拜卻不願歸政，企圖繼續把持朝政，如此一來，鰲拜和輔臣之間的衝突逐漸發展成與康熙帝之間的矛盾和衝突。

這個時候，主張政務應歸皇帝的蘇克薩哈與鰲拜衝突愈深。鰲拜由於專權受阻，便懷恨在心，後藉機誣陷蘇克薩哈，準備滅蘇克薩哈的門族。當時，康熙帝認為處分太過，沒有答應鰲拜。但鰲拜非常無禮，他上前抓住康熙的手臂，康熙無奈，只好將蘇克薩哈改判絞刑。

這時，四輔臣就剩下遏必隆和鰲拜了，鰲拜更加為所欲為，肆無忌憚。

他在朝廷內外廣樹黨羽，安插親信，他的弟、姪都佔據了重要的職位，實際上，鰲拜已經完全控制了國家的軍政大權。他的弟弟穆里瑪擔任滿洲都統，康熙二年被授為靖西將軍，後被升為阿思哈尼哈番。他的另一個弟弟巴哈，順治時任議政大臣、領侍衛內大臣，鰲拜的一個兒子被封為和碩額駙，另一個兒子納穆福擔任領侍衛內大臣，後襲封二等公，加太子少師銜。那時候，凡是朝中大事，鰲拜召集他的親信，就在家中做出決定，即使康熙帝不同意，他也強行貫徹執行。

他曾強行頒佈「圈地令」，致使數萬人失業。另一方面，他規定了種種嚴刑峻法，動輒就實行酷刑。鰲拜一面厚植死黨，一面不擇手段地排除異己。許多官員因為違背他的意願，被鰲拜找藉口處死了。朝廷之中人人自危，無人敢說「不」字，即便在康熙面前，鰲拜也毫無顧忌，恣肆妄為，他的權勢已經威脅到了皇帝的絕對權威，他的行為引起了康熙帝和孝莊太后的警惕。

儘管康熙帝還小，但頗有心計，時刻關注朝政，並認真學習處理朝政的方法。對於鰲拜的為所欲為，他時時都保持著清醒的頭腦，同時也對鰲拜的行徑進行了力所能及的抵制和反駁。

康熙帝從親政開始，就有意識地逐步擺脫鰲拜的控制，每當他親臨乾清門聽政理事，總是直接召見滿漢大臣商討，如此一來便使鰲拜的權勢有所下降。與此同時，康熙帝認為，長期任鰲拜胡作非為下去，將難以控制，於是他開始考慮如何除掉鰲拜集團了。

首先，康熙用權勢來迷惑鰲拜。他下令封賞輔臣，把鰲拜授為一等公，鰲拜的二等公爵位，由他的兒子那摩佛承襲。後來康熙又加封鰲拜為太師，加封他的兒子納穆福為太子少師。

接著，康熙召見他的親信侍衛、索尼次子索額圖進宮秘密策劃。計議決定後，康熙帝下令挑選身強體健的少年進宮做撲擊、摔角等遊戲活動，陪他娛樂。每次練習的時候，康熙都在一旁觀看，即使鰲拜進宮，也不迴避。鰲拜認為康熙喜歡和少年嬉戲，並沒有意識到這些少年將會威脅到自己。

最後，為避免發生意外，康熙開始削弱鰲拜的羽翼，在採取行動之前，康熙以各種名義將鰲拜的親信派往外地。

康熙八年五月二十六日，康熙帝召集眾少年，問道：「你們都是我忠誠的衛士，你們敬畏我還是敬畏鰲拜呢？」一眾少年同聲回答：「我們都敬畏皇上！」康熙帝隨即公佈鰲拜所有的罪狀，並授計捉拿。當鰲拜被宣召進宮時，他毫無心理防範，康熙帝命令所有少年上前將鰲拜捉住。鰲拜還以為這是在遊戲，並未在意，但看到康熙嚴肅的表情才意識到問題的嚴重性，頓時慌了手腳，不過為時已晚，這群少年已將他生擒。

康熙帝將鰲拜逮捕後，馬上清剿鰲拜黨羽，以鰲拜為首的政治集團迅速瓦解了，主要黨羽都紛紛束手就擒。

康熙帝命和碩康親王傑書等審查鰲拜及其黨羽所犯罪行，列出了大罪三十條，其中包括欺君擅權，引用奸黨，結黨議政，殺蘇克薩哈，擅殺蘇納海，更換旗地等，按法判處其死刑，沒收其家產，其子納穆福也被處死。

這時的鰲拜乞請再見皇上一面，康熙帝賜恩准見，鰲拜脫下衣服，露出為清朝多年血戰留下的無數傷痕，懇求從輕發落。康熙帝動了惻隱之心，考慮到他為國家建樹的功勳，不忍加誅，改死刑為拘禁，其子免死，和鰲拜一起監禁。

司馬懿裝病，於是曹爽便認為他已經無力與自己抗衡，不必擔心他會威脅到自己；康熙一邊增加鰲拜的權勢，一邊與少年玩耍，於是鰲拜根本沒有把他放在眼裡。最後，他們都打敗了對手。

麻痺方法雖然有一定的實用性，但用起來卻不是那麼容易。要想透過麻痺對手來戰勝對方，需要注意兩點：

第一，掩飾會給對手造成巨大威脅的優勢。競爭中，對手常常能夠看到你的最大優勢。因為，你的最大優勢是真正令他感到擔憂的地方。一旦你能夠掩飾住自己的這種優勢，對手將會產生懈怠心理。掩飾優勢的方法有很多，不過最實用的方法還是將優勢「轉化」成為劣勢，正如司馬懿和康熙的做法。

第二，自己要有一定的實力。在麻痺對方的時候，還要注意增強自己的實力或削弱對手的實力。只有這樣，才能夠做到以實擊虛，用最小的代價換來最大的勝利。

13 就算有天大的才氣也該謙虛待人

一個人在任何時候，都不可以有傲氣。傲氣不僅會引起他人的不滿，而且會被競爭對手利用。一些高明的競爭對手常常會在你驕傲的時候，更加放縱你，使你變得更加驕傲。一旦你更加驕傲，便會有疏漏之處。競爭對手此時便可以輕而易舉地戰勝你。因此，如果自己身上有傲氣，最好儘快將其戒除。

《三國演義》中，作者對禰衡的描寫雖然著墨不多，但卻尤為精采。

曹操招安劉表時，禰衡正在獻帝左右做事。為了保證招安順利，賈詡進諫說：「劉表喜歡結交名流，要想招降他，一定要派一位有大才的人前去。」許攸向曹操推薦孔融，孔融轉而推薦禰衡。

曹操得到獻帝的許可後，派人將禰衡召至丞相府。禰衡行禮後，曹操並不令他就座。禰衡見曹操如此怠慢他，於是仰天嘆道：「天地雖闊，何無一人也！」

曹操說道：「我手下的幾十個人都能稱得上是當世英雄，你為什麼說我帳下無人？」隨後，彌衡問曹操手下都有哪些人。曹操一一列舉說：荀彧、荀攸、郭嘉、程昱等四人「機深智遠，雖蕭何、陳平不及」；張遼、許褚、李典、樂進等四人「勇不可當，雖岑彭、馬武不及」；呂虔、滿寵可為從事，于禁、徐晃可為先鋒；夏侯惇是天下奇才，曹子孝是世間福將。

彌衡聽完曹操的話後，把曹操提到的這些人大貶一通，說荀彧可以「弔喪問疾」，荀攸可以「看墳守墓」，程昱可以「關門閉戶」，郭嘉可以「白詞念賦」，張遼可以「擊鼓鳴金」，許褚可以「牧牛放馬」，樂進可以「取狀讀招」，李典可以「傳書送檄」，呂虔可以「磨刀鑄劍」，滿寵可以「飲酒食糟」，于禁可以「負版築牆」，徐晃可以「屠豬殺狗」，夏侯惇可以稱為「完體將軍」，曹子孝可以稱為「要錢太守」，其他的人都是「衣架、飯囊、酒桶、肉袋」。曹操大怒道：「你又有什麼能耐呢？」彌衡毫不掩飾，說自己「天文地理，無一不通；三教九流，無所不曉」，上可以「致君為堯、舜」，下可以「配德於孔、顏」。曹操見彌衡如此傲慢，本想殺他，但考慮到彌衡遠近聞名，擔心殺了他之後會影響到自己的名聲，於是令他做了一名小小的鼓吏，想藉此羞辱彌衡一番。

曹操讓彌衡做鼓吏，彌衡並沒有推辭。

第二天，曹操大宴賓客，令鼓吏擊鼓為樂。之前的鼓吏對彌衡說擊鼓一定要更換新衣，彌衡並不理會。他來到大廳，擊鼓演奏了一曲《漁陽三撾》，節奏異常美妙，使聽者「莫不慷慨流涕」。曹操近臣向彌衡大聲喝道：「為什麼不換衣服？」沒想到彌衡當著眾人面脫下了衣服，「裸體而立，渾身盡露。」隨後，他旁若無人般慢慢換上衣服。曹操叱責他說：「廟堂之上，你為何如此無禮？」彌衡答道：「欺君罔上才是無禮的表現。我不過是露出父母給我的身體，顯示自己的清白而已。」曹操順勢問道：「汝為清白，誰為污濁？」彌衡狠狠數落了曹操一番，說他不識賢愚是眼濁，不讀詩書是口濁，不納忠言是耳濁，不通古今是身濁，不容諸侯是腹濁，常懷篡逆是心濁，然後接著說道：「我是天下的名士，你卻用我為鼓吏，如同陽貨輕孔子，臧倉毀孟子！你想成就王霸大業，哪有如此怠慢賢士的道理？」

隨後，曹操令彌衡以使者的身分前去荊州招降，彌衡不答應。於是曹操一方面教人備了三匹馬，派兩個人挾著他前去，另一方面又讓手下的文臣武將在城門外送他。曹操之所以這樣做，一方面是為了表示對彌衡的尊重，另一方面又想藉劉表之手除掉彌衡。彌衡到了荊州後，戲謔劉表。劉表同樣不想背上害賢之名，於是又把彌衡送到了部下黃祖處。

有一次，黃祖與禰衡共飲，不一會兩人都有了醉意。黃祖問彌衡：「你在許都結識了哪些人？」

彌衡答道：「大兒孔融，小兒楊修。除此兩人，別無人物。」

黃祖接著問道：「你看我怎麼樣？」

彌衡答道：「你就像廟中供奉的神像，雖然受人祭祀，卻一點都不靈驗！」

黃祖大怒，將彌衡斬殺。

彌衡是恃才傲物的典型，其命運無疑是悲慘的。從他與曹操的對話中可以看出，他也有成就一番事業的抱負。但是，就因為他的目中無人，不僅沒有人願意重用他，而且很多人都想除之而後快。

也有人說，彌衡如果遇到劉備，肯定會有一番作為，因為劉備是一個懂得寬容的人。如果僅從彌衡的才能方面來說，這是可能的。但是，劉備不是孤立的。如果他始終不能改掉嘲諷別人、貶低別人的本性，儘管劉備不會難為他，但很難保證劉備身邊的人能容他。

要想成就大事，固然需要才能。但僅有才能是不夠的，因為影響成功的因素有很多。如果不能與他人處理好關係，將會處處受到阻礙。

要想與他人處理好關係，首先要戒除傲氣，以謙虛的態度與他人交往。

14 掩飾鋒芒，妥善保身

才華固然重要，更重要的是如何表現自己的才華。只有在適當的時候顯露自己的才華，才會有助於事業的成功。但如果在不適當的時候無意義地顯露才華，不僅不會有絲毫價值，而且會引起他人的妒忌和敵視，從而為以後的道路增加了危險。

楊修，字德祖。《三國演義》中描述此人「博學能言，智識過人」，且「自恃其才，小覷天下之士」。他在曹營中任主簿時，不知伴君如伴虎，處處鋒芒畢露，屢次遭到曹操忌恨。

曹操曾命屬下為自己建造一處花園，屬下盡心盡力，很快將花園建好，請曹操前去觀看。曹操去看過後，面無表情，並沒有對所建的花園發表任何看法，只是提筆在門上寫了一個「活」字，便匆匆離開。屬下人苦苦思索，仍然覺得茫然。楊修對眾人說道：「門上添一『活』字，自然為闊，丞相覺得花園門太大了而已。」於是，主管此事的人立即對已建花園進行修改，建好後再次請曹操前來觀看。曹操見後，心裡很高興。不過得知是楊修解其意後，心中不是滋味。

事後不久，塞北官吏送來了一盒酥餅給曹操，曹操即興在盒子上寫下了「一合酥」三個字，然後將其置於案上。楊修看到後，即刻將酥餅取來與眾將士同享美味。曹操問楊修為何不經過自己的准許便將酥餅分與眾人，楊修卻解釋說，「一合酥」乃「一人一口酥」之意，既然丞相如此命令，不敢不從。曹操聽後，臉上雖然高興，心中卻暗暗妒忌楊修的才能。

曹操猜忌心很重，他怕別人會暗殺他。於是常對手下說，他睡覺時總是做一些殺人的夢，告誡他們不要在他熟睡時靠近他。一日，曹操睡覺的時候將被子踢到了地上，一侍從慌忙拾起被子準備替他蓋上。這時，曹操一躍而起，拔劍就刺，侍從一命嗚呼。曹操繼續上床睡覺，醒後，假意不知其事，召人問之。待知實情後，曹操大哭，甚為痛苦，隨後厚葬被殺侍從。楊修一語點破曹操的心思：「丞相非在夢中，而君在夢中。」這句話傳到曹操耳中後，令曹操對其更加忌恨。

後來，楊修為了使曹操的三兒子曹植能夠順利成為世子，在與曹植一派的周旋中，更加激怒了曹操，使得曹操對其動了殺機。

建安二十三年，曹操帶兵駐紮漢中一帶，本想速戰速決，不想竟與劉備大軍形成對峙局勢。曹操心中極為矛盾，進退難定。

一天，廚師送上雞湯，曹操見碗底有雞肋，頓時心生感慨，暗自沉吟。適逢夏侯惇前來稟請夜間號令，曹操脫口而出：「雞肋！雞肋！」夏侯惇誤以此為號令，將其傳出，眾人皆知。作為行軍主簿的楊修立即令隨行軍士整理行裝，為撤退做好準備。夏侯惇不明白楊修所為，急忙趕往其帳內。楊修說道：「雞肋者，食之無味，棄之可惜。今進不能勝，退恐人笑，在此無益。來日魏王必班師矣。」一聽了楊修的一番解釋，夏侯惇甚感有理。曹操知道事情緣由後，異常憤怒，以造謠惑眾的罪名將楊修處死。

楊修真的是在造謠惑眾嗎？

當然不是，他只不過是道出了曹操的心聲而已。

正所謂：欲加之罪，何患無辭。關鍵就在於這個「欲」字。人非聖人，不可能做到盡善盡美。一旦一個人想加害另一個人，就能夠找到表面上看起來比較正義的理由，何況曹操是一位手握重權的霸主，而楊修只是一名小小的主簿。

那麼，這個「欲」字又是如何存在於曹操的思想中的呢？根源在於楊修的鋒芒畢露。正是因為他的鋒芒畢露，原本就有嫉妒之心的曹操對其心生怨恨，因怨恨產生了殺機，於是「欲加之罪」。

生活中同樣不乏鋒芒畢露之人。這種人不願意放過任何可以表現的機會，而且一旦表現，則力求做到淋漓盡致，恨不得將心掏出來給別人看。殊不知，他們犯了激進的毛病，這樣做的結果只會讓自己陷入被動。如果自己有才，不一定能夠得到別人賞識，有時候還會讓掌權者產生妒忌之心，如曹操妒楊修之才；如果自己無才，卻在大庭廣眾之下極力自我表現，無異於班門弄斧，拙笨之處暴露無遺，給別人留下可乘之機。

古人云：「木秀於林，風必摧之；堆土出岸，流必湍之；行高於人，眾必非之。」為了避免他人傷害自己，辦法之一就是消除他人對自己的嫉妒之心。而要使他人不嫉妒自己，有兩種方式：一種是改變他人的思想，另一種是掩飾自己的鋒芒。只要稍作權衡，便能夠發現後者才具有可行性。

15 多嘴多麻煩，少說少危險

「好言一句三冬暖，惡言一句六月寒」。有時候，儘管自己說出的話沒有好壞之分，也有可能造成「說者無心，聽者有意」的現象。因此，說話的時候一定要謹慎，千萬不要因為一句不恰當的話惹來不必要的麻煩。

劉備投靠劉表後，在新野駐軍。一次，劉表請劉備到荊州相見，請他幫自己拿主意。劉表有兩個兒子：劉琦和劉琮。長子劉琦是前妻陳氏之子，次子劉琮是後妻蔡氏之子。在立後嗣時，劉表不知如何是好：如果廢長立幼，有悖禮法；如果立長子為後嗣，又擔心手握軍務的蔡氏家族生亂。劉備建議道：「自古廢長立幼，取亂之道。若憂蔡氏權重，可徐徐削之，不可溺愛而立少子也。」不料，蔡夫人竟在屏後偷聽他們說話。聽到劉備如此說話，蔡夫人對他充滿恨意。

劉備知道自己失言後，起身如廁。劉備發現自己大腿上的肉又長了起來，不禁潸然淚下。

入座後，劉表見到他的臉上有淚痕，問他為何如此。

劉備一聲長嘆後說道：「備往常身不離鞍，髀肉皆散；分久不騎，髀裡肉生。日月蹉跎，老將至矣，而功業不建：是以悲耳！」劉表聽後說道：「吾聞賢弟在許昌，與曹操青梅煮酒，共論英雄；賢弟盡舉當世名士，操皆不許，而獨曰：『天下英雄，唯使君與操耳』，以曹操之權力，猶不敢居吾弟之先，何慮功業不建乎？」此時，劉備趁著酒興答道：「備若有基本，天下碌碌之輩，誠不足慮也。」劉表聽了劉備的這句話後，表現出「默然」的神情，「口雖不言，心懷不足」。

劉表入內宅後，蔡夫人建議他除掉劉備，以絕後患。她見劉表不同意，於是私下與其弟商議計策，欲除劉備……

劉備是否有圖謀荊州之心，從他的以下表現可以看得很明確：

黃祖失守夏口後，劉表請劉備去荊州商議對策。劉表此時進退兩難：如果南征，又怕曹操來襲；如果不南征，又嚥不下這口氣。他對劉備說：「吾今年老多病，不能理事，賢弟可來助我。我死之後，弟便為荊州之主也。」劉備推辭出門。回到驛館後，諸葛亮問他為什麼不要荊州，劉備答道：「景升待我，恩禮交至，安忍乘其危而奪之？」

諸葛亮初試牛刀，便在博望坡大敗曹操十萬大軍。考慮到曹操會再次引兵來犯，諸葛亮勸劉備趁劉表病重奪取荊州，以抵抗曹軍進攻。劉備說：「公言甚善；但備受景升之恩，安忍圖之！」諸葛亮勸說道：「今若不取，後悔何及！」劉備卻說道：「吾寧死，不忍作負義之事。」

曹操率領大軍南征時，劉表已死。劉琮見難以與曹操抗衡，於是將荊州獻給曹操。此時，有人建議劉備將劉琮擒下，然後奪取荊州，諸葛亮也同意這樣做。劉備垂淚說道：「吾兄臨危託孤於我，今若執其子而奪其地，異日死於九泉之下，何面目復見吾兄乎？」於是，劉備收兵去樊城。

劉備固然想建功立業，但他並沒有想過從劉表手中奪走荊州。然而，他不經意的幾句話竟然引來了殺身之禍。正所謂說者無意，聽者有心。在自己看來無關緊要的話，對方卻會妄加揣測。如果對方從你的話中聽出了敵意，你將會處於危險境地。

為了避免招致不必要的麻煩，在說話的時候一定要謹慎。

（一）不要多嘴多舌

生活中，免不了有這樣一些人：心裡藏不住話，聽到什麼、看到什麼後，不管事情真相如何，就像大喇叭一樣四處傳播，這種行為正是愚蠢的表現。所謂「病從口入，禍從口出」，說的就是多嘴多舌導致的後果。

有人認為：「人長了一張嘴，如果不說話，不就浪費資源了嗎？」當然，人長了嘴巴不用是不可能的，但是說話也要講究分寸。大凡處事精明的人說話時總會留一手，做到該說的說，不該說的寧可悶在肚子裡也不說。

（二）不要使言語產生歧義

說話前，必須仔細斟酌所說之話是否會產生歧義，儘量把話說得適宜和圓滿，這樣才能贏得別人好感，才算把話說得恰到好處。要知道一句容易產生歧義的話語，很可能破壞原本融洽的談話氣氛，為進一步交談造成障礙。

（三）說話時要經過大腦

說話前一定得看場合、看時機，權衡一句話說出後的利弊。如果說話不看場合，不講究方式方法，也不考慮後果，往往會惹出禍端，或遭人嫌厭。尤其是處世尚淺的年輕人，社會閱歷少、經驗不足，大有一種初生之犢不畏虎的氣勢，不管什麼場合，不論時機適不適宜，口無遮攔、滔滔不絕。長此下去，必定會吃虧上當。

（四）不當多嘴人

日常生活中，因說話惹出風波的事情，實在太多了。不負責任地在背後瞎說，捕風捉影、四處亂傳，閒言碎語、加油添醋，給許多人造成痛苦和煩惱，有些還可能釀成人間悲劇。

有位文學家曾這樣寫道：「害人的舌頭比魔鬼還要厲害，上帝意識到了這一點，用它那仁慈的心，特地在舌頭外面築起一排牙齒，兩片嘴唇，目的就是要讓人們講話透過大腦，深思熟慮後再說，避免出口傷人。」

16 忍中蓄勢，待時而發

忍耐是大智者所為，它是一種生存智慧。在中國歷史上大凡有智慧的人在面臨危險時，都能從大局考慮，以忍化解險情，求得生存，然後再伺機而動，取得勝利。

呂布襲取了徐州後，袁術立即派人來到呂布處，用「糧五萬斛、馬五百匹、金銀一萬兩、彩緞一千匹」作為條件，希望他能夠與自己合力夾攻劉備。呂布很高興，於是派高順率兵從背後襲擊劉備。劉備得知後，立即棄了盱眙，向東奪取廣陵。當呂布向袁術討要東西時，袁術卻拒絕了。呂布聽從了謀士陳宮的建議，將劉備請回小沛。呂布假惺惺地對劉備說道：「我非欲奪城；因令弟張飛在此恃酒殺人，恐有失事，故來守之耳。」劉備回答道：「備欲讓兄久矣。」回到小沛後，張飛、關羽兩人都忿忿不平，劉備勸他們說「屈身守分，以待天時，不可與命爭也。」

後來，劉備藉助曹操的力量除掉了呂布。

徐州本來是陶謙讓給劉備的，呂布卻將其據為己有。劉備雖然想要回徐州，但呂布肯定不會拱手奉還。在這種情況下，劉備只有忍耐，等待機會。否則，不僅得不到徐州，而且性命難保。

歷史上，善於忍耐的人物有很多，越王句踐便是一個典型。

唐代武則天專權時，為了給自己當皇帝掃清障礙，先後重用了武三思、武承嗣、來俊臣、周興等一批酷吏，以嚴刑厲法、獎勵告密等手段，實行高壓統治，對抱有反抗意圖的李唐宗室、貴族和官僚進行嚴厲鎮壓，先後殺害李唐宗室貴戚數百人，接著又殺了大臣數百家；至於所殺的中下層官吏，更是多不勝屬。

武則天曾下令在都城洛陽四門設置「匭」（意見箱）接受告密文書。對於告密者，任何官員都不得詢問。告密核實後，對告密者封官賜祿；告密失實，並不受罰。這樣一來，告密之風大興，不幸被誅連者不下千萬，朝野上下，人人自危。

有一次，酷吏來俊臣誣陷平章事狄仁傑等人有謀反行為。來俊臣出其不意地先將狄仁傑逮捕入獄，然後上書武則天，建議武則天下旨誘供，說什麼如果罪犯承認謀反，可以減刑免死。狄仁傑突然遭到監禁，既來不及與家裡人通氣，也沒有機會面奏武后，說明事實，心中不由焦急萬分。

審訊的日子到了，來俊臣在大堂上宣讀武則天的詔書，便見狄仁傑已伏地告饒。他趴在地上一個勁地磕頭，嘴裡還不停地說：「罪臣該死，罪臣該死！大周革命使得萬物更新，我仍堅持做唐室的舊臣，理應受誅。」狄仁傑不打自招的這一手，反倒使來俊臣弄不懂他到底唱的是哪一齣戲了。既然狄仁傑已經招供，來俊臣將計就計，判他個「謀反屬實，免去死罪，聽候發落。」

來俊臣退堂後，坐在一旁的判官王德壽悄悄地對狄仁傑說：「你也要再誣告幾個人，如把平章事楊執柔等幾個人牽扯進來，就可以減輕自己的罪行。」狄仁傑聽後，感嘆地說：「皇天在上，厚土在下，我既沒有幹這樣的事，更與別人無關，怎能再加害他人？」說完一頭向大堂中央的頂柱撞去，頓時血流滿面。

王德壽見狀，嚇得急忙上前將狄仁傑扶起，送到旁邊的廂房裡休息，又趕緊處理柱子上和地上的血漬。狄仁傑見王德壽出去了，急忙從袖中抽出手絹，蘸著身上的血，將自己的冤屈都寫在上面，寫好後，又將棉衣撕開，把狀子藏了進去。一會兒，王德壽進來了，見狄仁傑一切正常，這才放下心來。

狄仁傑對王德壽說：「天氣這麼熱了，煩請您將我的這件棉衣帶出去，交給我家裡人，讓他們將棉絮拆了洗洗，再給我送來。」王德壽答應了他的要求。

狄仁傑的兒子接到棉衣，聽到父親要他將棉絮拆了，就想：這裡面一定有文章。他送走王德壽後，急忙將棉衣拆開，看了血書，才知道父親遭人誣陷。他幾經周折，託人將狀子遞到武則天那裡，武則天看後，弄不清到底是怎麼回事，就派人把來俊臣叫來詢問。來俊臣做賊心虛，一聽說武則天要召見他，知道事情不好，急忙找人偽造了一張狄仁傑的「謝死表」奏上，並編造了一大堆謊話，將武則天應付過去。

又過了一段時間，曾被來俊臣妄殺的平章事樂思晦的兒子也出來替父伸冤，並得到武則天的召見。他在回答武則天的詢問後說：「現在我父親已死了，人死不能復生，但可惜的是法律卻被來俊臣等人給玩弄了。如果太后不相信我說的話，可以吩咐一位忠厚清廉，你平時信賴的朝臣假造一篇某人謀反的狀子，交給來俊臣處理，我敢擔保，在他酷虐的刑訊下，那人沒有不承認的。」

武則天聽了這話，稍稍有些醒悟，不由想起狄仁傑之案，忙把狄仁傑召來，不解地問道：「你既然有冤，為何又承認謀反呢？」

狄仁傑回答說：「我若不承認，可能早死於嚴刑酷法了。」

武則天又問：「那你為什麼又寫『謝死表』上奏呢？」

狄仁傑斷然否認說：「根本沒這事，請太后明察。」

武則天拿出「謝死表」核對了狄仁傑的筆跡，發覺完全不同，這才知道是來俊臣從中做了手腳，於是，下令將狄仁傑釋放。

有時候，忍耐是為了保存實力，而硬碰硬則會讓自已吃大虧。忍耐與「寧為玉碎，不為瓦全」、「士可殺不可辱」這種做人態度似乎有些背道而馳。人們的內心深處早已經給英雄下了一個定義：大丈夫就應該具備「士可殺不可辱」、「寧為玉碎，不為瓦全」的豪情，只有這樣才不愧人們那句對英雄的讚語，而那些忍辱的人卻被扣上了懦弱而無能的帽子。就此看來，人們的這種思想似乎有些偏激。忍耐也要分清狀況，但是這裡所說的忍耐是為了更好地隱藏，以便尋找東山再起的機會，而不是要人們向困難、權貴永遠地低頭。正所謂：「留得青山在，不怕沒柴燒」是忍辱負重的最好詮釋。

與劉備、句踐、來俊臣形成鮮明對比的，也正是人們一直稱之為英雄的西楚霸王項羽，他的結局難道不能給人們一個深刻的啟示嗎？

烏江岸邊，烏江亭長熱情地招呼他說：「江東雖小，足可夠大王稱王、稱霸，請大王速速過江。」而項羽是那種寧折不彎的人，對烏江亭長的勸說怎麼能聽得進去？最後只好自刎於烏江岸邊。

試想，如果當時項羽忍耐一下，聽從烏江亭長的勸說過江，結果有可能會是另一番景象，一統天下也不是不可能發生的。雖然這些只是猜測，但是也不能否認機會的存在。

寧折不彎雖然是做人的一個原則，但是，忍辱負重卻是為人處事的一種智謀，結果都是為了達到某種目的。

用忍耐應對不利的局面是高明的辦法，當人們遇到一時難以解決的問題時，以忍耐應對當前的屈辱與刁難是最理想的方法。很多人都無法體會到忍耐的好處，取而代之的是衝動、偏激的行為，其實，適時地忍耐一下，以退為進，可以改變局勢，轉敗為勝。

17 靜觀其變，後發制人

先發制人有時候反而顯得被動，因為當對方的意圖還沒有透過行動表現出來時，主動出擊便難以得到其他人的認可，甚至有可能造成眾叛親離的後果。即使以後能夠澄清，也已經為此付出了很大的代價。與其如此，不如在察覺對方的意圖後立即積蓄力量，當對方開始行動時，便可以名正言順地將其制服。

劉備偷襲許都不僅沒有成功，反而被曹操逼得沒有立錐之地，遂投奔荊州刺史劉表。曹操本想攻打荊州，但考慮到袁紹還未除掉，於是起兵北征。

此時，袁紹軍中已經產生不同的聲音。袁紹有三個兒子：長子袁譚出守青州，次子袁熙出守幽州，三子袁尚受袁紹喜愛，被留在冀州。袁紹手下有四位謀士：審配、逢紀、辛評、郭圖。其中，審、逢兩人一向輔佐袁尚，辛、郭兩人一向輔佐袁譚。當袁紹提起立後嗣時，雙方產生了異議。接著，袁紹中了曹軍的「十面埋伏」之計後大敗，令辛評、郭圖隨袁譚前去青州整頓，令袁熙仍回幽州。

曹軍壓境，袁尚自從上次殺了曹操軍中徐晃部將史渙後，便以為自己非比尋常，於是不等援軍至就引兵迎戰曹操，結果大敗而回。袁紹經過兩次大敗後，心情極度低落，又聽說曹軍壓境、袁尚敗回，心中受驚，遂導致舊病復發，命喪黃泉。

袁紹死後，審配、逢紀立袁尚為大司馬將軍，由他統領冀州、青州、幽州和并州。接著，他們派人前往三州報喪。此時，袁譚只聽說父親病亡，並不知道袁尚已經被立為大司馬將軍，於是在冀州城外屯兵，派郭圖入城察探虛實。郭圖見到袁尚後，說袁譚因病不能前來。於是袁尚讓他轉告袁譚，令其為前鋒迎戰曹操。郭圖以「軍中無人商議良策」為由，從袁尚處得到逢紀。

袁譚本想殺了逢紀，郭圖建議道：「今曹軍壓境，且只留逢紀在此，以安尚心。待破曹之後，卻來爭冀州不遲。」袁譚接受了郭圖的建議，引兵前往黎陽，被曹操戰敗，求救於袁尚。不料，袁尚僅撥兵五千，而且這五千救兵在半路已經被曹軍消滅。袁譚大怒，責罵逢紀，逢紀修書向袁尚求救。袁尚本想藉曹操之力除掉袁譚，但聽說袁譚有降曹的意圖後，親自引兵三萬前往黎陽救助。不久，袁熙、高幹引兵前來助陣。

尚軍雖兵分四路，但最終被曹操一一打敗。袁譚與袁尚退守冀州城，袁熙與高幹在離城三十里地下寨。曹軍追至冀州後，連日攻打城池，結果久攻不下。此時，郭嘉建議道：「袁氏廢長立幼，而兄弟之間，權力相並，各自樹黨，急之則相救，緩之則相爭……」於是，曹操調整軍隊後率領大軍攻打荊州。

曹操移兵南征後，袁譚、袁尚之間的爭鬥便開始了。袁譚本想設計除掉袁尚，不料被袁尚識破。袁尚引兵出城戰袁譚，袁譚大敗後逃奔平原。不久，袁譚引兵再戰，又被打得大敗而回。袁紹乘勝追至平原，袁譚堅守不出。為了能夠解圍，袁譚假意投降曹操。

曹操見袁譚來降，知時機已到，立即督軍北上，一舉收復了冀、青、幽、並四州。

有時候，等待是很重要的。在等待的過程中，形勢在發生不斷變化。當形勢發展到對自己有利的時候，便可以穩操勝券。

鄭武公於西元前七四三年將王位傳給鄭莊公。莊公之母對武公的這一決定表示反對。因為莊公出生時難產，其母武姜為此受到驚嚇，從此就討厭他，認為他是不祥之人。

莊公繼位以後，其母屢次詆毀莊公，並為小兒子共叔段要了很多地盤，但姜氏並未滿足，又逼迫莊公把京城劃分給共叔段。

共叔段得到京城後，在那裡不斷地擴張自己的勢力，在其母的幫助下準備裡應外合，謀權篡位。

莊公明知母親不喜歡自己，也知道共叔段與母親密謀造反的事。但他卻沒有採取任何行動，而是心裡有數。他明白想要破除弟弟的陰謀，必須欲擒故縱。將欲廢之，必固舉之，將欲奪之，必固與之。只有這樣才能等待良機一舉殲滅。

隨著共叔段勢力的不斷擴大，鄭國大夫祭仲向莊公進諫說：共叔段暗地裡招兵買馬、擴大勢力，遲早要給鄭國帶來災難。莊公卻說：「這是國母的意思。」祭仲建議莊公立刻剷除共叔段防患於未然。但他卻說：「你就等著看吧。」在莊公的縱容下共叔段更加大膽，很短的時間內就又佔領了京城附近的兩座小城。

鄭大夫公子呂勸莊公說：「一山難容二虎，一個國家也不可能有兩位國君，假如你要把王位拱手相讓於共叔段，那麼作為臣子的我們就去為他當大臣；如果不想交權予他，就必須趕快剷除他，以免老百姓有二心。」莊公表面上假裝很生氣，實際上卻將公子呂的勸告完全記在了心裡，對他說：「這事你不要管。」

鄭莊公對當時的局勢很清楚，他知道過早動手，肯定會遭到別人議論，認為他殺害親弟弟實在不仁不義，更何況其母也站在共叔段那邊，牽連到母親即被扣上不孝的帽子，因而他故意放縱共叔段讓其陰謀公開於天下，直到共叔段和姜氏密謀裡應外合時，才下令討伐。

其實，莊公對於共叔段招兵買馬、擴大城池的行為並非視而不見，而是故意姑息，將自己置身於複雜時局之外，靜觀共叔段的一切舉動，等待時機成熟後，克敵制勝。

18 進退自然，收放自如

萬物都是平衡的，一味地前進不能成事，一味地後退也不能成事。只有在該退的時候退，該進的時候進，才能夠做到退一小步、跨一大步，從而將事業做得蒸蒸日上。

龐統在蔣幹的引薦下來到曹操處後，曹操待他甚為殷勤。龐統先是稱讚曹軍的水陣如何如何，後又指著江南說道：「周郎，周郎！克期必亡！」曹操聽後，心中大喜。隨後，曹操與龐統一邊飲酒，一邊談論兵機。就在這時，龐統獻上了連環計。

操軍遠道而來，很多軍士因不服水土出現不同症狀，輕則嘔吐，重則死亡。龐統在獻連環計的時候便以此為立足點，問曹操軍中有沒有良醫。曹操不知龐統是何意，龐統解釋道：「水軍多疾，須用良醫治之。」有了這番提醒後，龐統順勢說道：「丞相教練水軍之法甚妙，但可惜不全。」曹操自然願意洗耳恭聽，龐統接著說道：「某有一策，使大小水軍，並無疾病，安穩成功。」在曹操的迫切追問下，龐統建議將大小船隻「或三十為一排，或五十為一排」，用鐵環鎖在一起，然後在上面鋪上木板。如此一來，軍士在船上行走如履平地，不會再因船體顛簸而不適應。

曹操聽完龐統的建議後，立即令人動手將船隻連起來。龐統見曹操已經中計，打算脫身。曹操為人一向機警，要想順利脫身，必須消除他的疑心。於是，龐統採取了三步驟的策略。

第一步，提出為曹操作說客。龐統對曹操說：「某觀江左豪傑，多有怨周瑜者；某憑三寸舌，為丞相說之，使皆來降。周瑜孤立無援，必為丞相所擒。瑜既破，則劉備無所用矣。」曹操見龐統既為自己獻計，又幫助自己孤立周瑜，心有所動。

第二步，向曹操拜求榜文。龐統假裝擔憂曹軍渡江後會濫殺無辜，非要曹操為自己寫榜文，以救宗族性命。在曹操看來，這也合情合理。

第三步，提醒曹操儘早進兵。得到曹操簽押的榜文後，龐統又補上一句：「別後可速進兵，休待周郎知覺。」

如此一來，曹操對龐統不僅沒有疑心，而且還心生感激。對龐統來說，他可以從容自如地回東吳了。

龐統的表現可以稱得上進退得宜，收放自如。進可以深入虎穴，退可以虎口脫險；放可以完成任務，收可以返回東吳。

陳珪同樣是一位進退自然、收放自如的人物。

袁術七路大軍直逼徐州時，呂布坐臥不安，立即召眾謀士商議。陳登向袁術獻計，表示不僅可以保住徐州，而且可以生擒袁術。他說：「韓暹、楊奉乃漢舊臣，因懼曹操而走，無家可依，暫歸袁術；術必輕之，彼亦不樂為術用。若憑尺書結為內應，更連劉備為外合，必擒袁術矣。」

呂布接受了陳登的計策，讓呂布前往韓暹、楊奉處下書。陳登得知韓暹一軍奉命取下邳後，在下邳道上等候韓暹。韓暹下寨後，陳登入寨拜見他。韓暹問陳登：「你是呂布的人，來我這幹嘛？」陳登笑著回答說：「我是大漢公卿，為何說我是呂布的人呢？倒是將軍你原來是漢臣，而今卻成了叛賊之臣。如此一來，你們往日的保駕之功將化為烏有……」在陳登的一番勸說下，韓暹願意說服楊奉，一起作內應。

於是，呂布與韓暹、楊奉兩人裡應外合，再加上關羽前來相助，袁術大敗。呂布得勝後，大擺宴席犒勞軍士。呂布欲「保韓暹為沂都牧、楊奉為琅琊牧」，陳珪建議道：「不可。韓、楊兩人據山東，不出一年，則山東城郭皆屬將軍也。」呂布欣然贊同。陳登私下問父親陳珪為什麼不把韓、楊兩人留在徐州，以便除掉呂布。陳珪答道：「倘兩人協助呂布，是反為虎添爪牙也。」

在關鍵的時刻，陳珪能利用韓暹、楊奉；當危機解除後，他又能將他們調到遠處，減少他們的威脅。這種大智慧是值得借鑑的。

然而，有些人卻不能夠做到這點，常常出現一發不可收拾的現象，從而導致自己在人生之路上慘敗。

五〇年代前後，香港人口在短短的五、六年間激增了好幾倍。抗戰結束時，香港人口僅有五十多萬，但是到了二十世紀五〇年代初期，人口已經超過一百五十萬。

資金的湧入，人口的激增，這些都促使地產行業逐漸繁榮起來。為了能夠從地產行業中謀得利潤，一些地產商別出心裁，採取了許多有創意的銷售方法。其中首推祖籍廣東番禺的霍英東，賣樓花（賣預售屋）便是他在一九五四年首創的銷售方法。

以前，地產商賣樓的方式是將樓房整幢售出或出租，這樣做的好處是賣樓的速度快，不需要花費多少精力便可完成組收工作。但作為商人，他們是不怕麻煩的，只要有利可圖。藉由整幢租售的方式來賺錢已經不能夠滿足他們的要求了，因為他們需要從地產中得到更多的利潤。於是，賣樓花應運而生。它一反以前整幢樓房租售的做法，在樓宇興建之前先將其分層分單位（單元）預售，得到了買家的預付款後，再動工興建。

地產商的這種做法的確高明，可以說是一箭雙鵰。一方面，他們可以用買家的預付款建樓；另一方面，他們又可以將自己擁有的地皮以及沒有完工的建物拿到銀行按揭（抵押貸款）。那個時候，銀行的按揭制在無形中又為賣樓花的順利進行提供了便利。因為，在當時，銀行有這樣的規定：用戶只要能夠將首期款（所買房價的十%或二十%）付清，就可以在銀行將該房屋作為抵押，銀行會替買家把買樓的未付款項一次性付給地產商。銀行能給買屋者提供這樣的幫助是有前提的，那就是買屋者在未來的若干年時間內，必須按月付還銀行貸款的本息。

由於售樓花能夠加快資金回籠，資金不足的地產商可以藉此來籌足資金，發展自己的事業；資本雄厚的地產商則可以用回籠的資金來購買地皮，快速擴展自己的地產。

於是，賣樓花在港形成了一股熱潮，大大小小的地產商開始紛紛效仿。

廖寶珊是一位潮州籍銀行家，他創建了廖創興銀行。身處銀行業的廖寶珊也涉足了地產業，賣樓花出現後，他和其他的地產商一樣，開始跟風。廖寶珊憑著自己在銀行業的優勢，賣起樓花來更是得心應手，他也因此被人們稱為「西環地產之王」。

為了迅速擴張地產，廖寶珊不顧一切，幾乎掏空了儲戶的存款，災難一步步向他靠近。

一九六一年，廖創興銀行發生擠兌風潮，廖寶珊此時負債累累，無法承受來自多方面的壓力，結果因突發腦溢血而猝逝。

廖創興銀行的擠兌風潮立即引起了香港政府的警覺，為了引導地產業向正確的方向發展，他們對建築業上的一些條例做了修改。但是，建築法的修改和實施之間還有一個空窗期，修改後的建築法在一九六六年才能生效。香港政府對建築法的修改引起了一輪新的建房高潮，因為眾多地皮擁有者認為，修訂後的建築法無疑會對今後的建築業限制更多，它的實施肯定會影響到自己的利潤。為了能夠在修訂後的建築法實施前大撈一筆，地產商和銀行並沒有記取被人們稱為「西環地產之王」廖寶珊的慘痛教訓。地產商生怕錯過最後機會，爭先恐後地建樓；各銀行也挽起衣袖，大顯身手，他們不僅積極地配合地產商，為他們提供貸款，而且自己也加入了建樓行列中。短短幾年的時間內，一座座高樓拔地而起，矗立在香港的各個地方。

一九六五年一月，明德銀號重蹈覆轍，為了投機地產將銀行儲戶存款掏空，因擠兌宣告破產。

明德銀號的破產猶如一根導火索，它引發了全港的擠兌風潮。眾多參與地產投機的大小銀行都陷入了危機之中，整個銀行業呈現出了一派蕭條景象，就連頗具實力的恆生銀行也招架不住，無力抵抗這次擠提風潮，為了免遭破產，不得不將股權出賣給滙豐銀行。

銀行業的不景氣直接影響著房地產業，因為它是地產業的後盾。建屋熱潮的掀起，更加拉近了兩者的關係。銀行業就如同房地產業的血液，銀行業出現了危機，房地產業就會因供血不足甚至沒有供血來源而癱瘓。

擠提風潮發生後，靠銀行輸血的房地產業一落千丈。一些炒家因脫身遲緩弄得臂斷翼折，血本無歸。那些投機的地產商和建築商紛紛宣告破產。

霍英東發明了賣樓花的創舉，而且從中得到了豐厚的利潤。但由於收手及時，他沒有受到太大衝擊，而是安然度過。然而，那些盲目跟風的地產商及銀行為了能夠得到最大的利潤，不惜一切代價向房地產進軍，將自己推向了無底深淵。

其實，賣樓花是存在風險的，只是後來跟風的地產商及銀行沒有意識到這一點。

在賣樓花的過程中，地產商的資金來源主要是銀行，銀行也因此承擔著主要風險。地產商和銀行之間有著相互制約的關係，地產商能否從樓花中獲利與銀行休戚相關，銀行的按揭制如何實施直接關係到地產商能夠獲得的利潤大小；反之，地產業的盛衰對銀行的利益有著直接影響。雙方一榮俱榮，一損皆損。

做生意的時候，要將眼光放得長遠一點，不要被眼前的鉅額利潤所吸引，確保在穩健中求發展，在發展中求穩健。只有這樣，才能夠保證企業不會像上面的一些地產商和銀行那樣敗得一場糊塗。

19 知己知彼，有備而戰

在與他人競爭的過程中，一定要做到知己知彼。只有做到這一點，才能夠正確權衡自己與競爭對手之間的差距，從而採取正確的舉動來保全自己或增強自己的實力。

「知己知彼，百戰不殆」是一句軍事術語，在演義中也多有體現：

其一：

曹操攻打南陽城時，見南陽城「城壕甚闊，水勢又深」，難以靠近。於是，他令軍士運土填壕、積草作梯，自己騎馬繞城觀察了三天。然後，他傳令軍士在西北角堆積柴薪，從那裡登城。

賈詡見到曹操在這三天中的所作所為後，摸透了曹操的心思。他對張繡說：「曹操繞城觀察了三天，見城東南角磚土有新有舊且鹿角多被毀壞，打算從此處進攻，卻在西北角積草，想迷惑我軍。」隨後，賈詡為張繡獻上一計：讓城中百姓假扮軍士，在西北角虛張聲勢；再令精兵飽食輕裝，然後藏在東南角屋內。一旦曹操乘黑爬城，便可以強烈進攻。

曹操見東南角空虛，說道：「中吾計矣！」於是，白天仍然假裝往西北角引兵，晚上卻從東南角進攻。如此一來，曹操中計，「折兵五萬餘人，失去輜重無數」。

其二：

袁尚圍攻袁譚時，袁譚投降曹操，曹操引兵北上。袁尚本想除掉袁譚後再回冀州，不料曹操很快攻破毛城、邯鄲，直逼冀州，他不得不引兵來救。

在這期間，曹操對尚軍的舉動摸得一清二楚。

起初，曹操靜候袁尚回兵。他說：「吾料袁尚必舉火為號，令城中接應。吾可分兵擊之。」袁尚出了滏水界口後在陽平亭屯軍，果然派李孚與城內審配商議，透過舉火互通音信。

接著，李孚出了個主意：城中無糧，可以讓老弱百姓出城投降，士兵隱藏在百姓後面，趁曹操沒有防備而出奇制勝。

第二天，曹操見冀州城上豎起「冀州百姓投降」的白旗，說道：「此是城中無糧，教老弱百姓出降，後必有兵出也。」冀州百姓剛從城中出盡，曹操的兩路伏兵便衝殺出來，城中的士兵只得返回城內，堅守不出。

曹操見城池難以攻下，遂領兵攻打袁尚。待袁尚大敗後，曹操再返回攻城，最終將冀州城攻破。

商戰中同樣需要做到知己知彼，只有做到這一點，才能夠保證在商戰中更有把握戰勝對手。

在李嘉誠參與香港地鐵站上蓋投標時，參與競標的有置地、太古、金門等幾個大型英資企業，而且在當時，香港商界人士常說：「撼山易，撼置地難！」意在說明置地在人們心目中已經根深蒂固了，任何一家企業也別想與之抗衡，更別說打敗它了。

但是李嘉誠還是非常想與之較量一下，因為如果這次投標成功的話，長實的聲譽就會扶搖直上，於是他開始積極地行動起來，他知道「知己知彼，方能百戰不殆」的道理。所以，他徹夜不眠地翻閱關於地鐵及幾家參與競標公司的資料、文件。他從中發現，在所有競標的公司中，置地奪標的呼聲最高。長實要想成功，就必須打敗置地。

但與這個龐然大物對陣，確實有一定的難度。因為置地的「本部」就在香港中區，擁有十多座大樓，並且有位於未來中環地鐵車站兩翼的怡和大廈和置地廣場，中環車站又恰恰在遮打大道上，而遮打花園廣場就在遮打道的南側。僅憑這條街道的名稱及主人，就能推斷出置地在中區的影響力。

在置地還沒有公開聲明競標時，很多報紙就出版頭條新聞：「置地定能奪標」、置地的競爭者只能落得「雞蛋碰石頭」的下場。事實上，報紙這樣寫也算不上是唱高調，因為金鐘站簡直就在置地的眼皮子底下，它離遮打花園廣場只有短短的一百多公尺。只要再得到金鐘車站的興建權，那麼就成功地置入了中區的心臟部位，所以要想奪標就只能先壓住置地這隻「坐山虎」。但，中國有句古話叫「睡榻之側，豈容他人酣睡？」置地憑藉其雄厚的財力，豈會容許其他財團涉足。

要想打敗置地談何容易，但李嘉誠轉念又想，「志在必得」的置地會不會「大意失荊州」呢？

置地的創始人之一是凱瑟克家族的傑姆．凱瑟克，凱瑟克家族又是怡和有限公司的第一大股東。他們主張把發展目標放在海外。這樣一來身為兩局大班的紐璧堅，就會受到股東老闆的制約，在決策上必定會有所顧忌。置地這個不易洞察的薄弱之處被李嘉誠看在眼裡，而好多人卻被置地強大的外表蒙蔽了雙眼，並沒有想過自負的置地是否會仔細考慮合作方的要求，是否會平等地與合作方洽談有關事宜。

雖然香港地鐵公司是一家直屬港府的公辦公司，但是它不同於同期大陸的國營企業單位，大陸的國營企業是國家包攬一切，而港府公辦公司沒有政府包辦這一說，政府只是給予少許的專利和優惠，其他的由企業自己履行正常的商場法則，去籌集資金、設計施工、營運經營，發展各項業務。

李嘉誠還瞭解到，香港政府工務局對九龍灣車場和即將興建地鐵站的中區郵政總局原址兩塊地皮做了估價，二者合計估價約六億港元，地鐵公司將會以原價得到這兩塊地皮，然後再透過商業管道，發展地產，獲取興建地鐵的資金。

但是，目前的狀況是，香港政府雖然以估算的原價將中區郵政總局原址地皮批給地鐵公司，但是它要求地鐵公司全部用現金支付，對此地鐵公司似乎頗多為難，一直想把現金支付改為支付一半現金，另外一半用其他方式支付。但經過多次洽談，仍未改變這個結果，可見港府的堅決。無奈之下，地鐵公司就用高息貸款支付了價款，從這一點可以看出，地鐵公司的現在的資金運轉應該非常吃緊，當下急需現金償還貸款，才能坐享更大的利潤。

從瞭解到的情況，李嘉誠清楚地意識到，若想奪得金鐘站地鐵開發權，首要條件就是現金支付。於是，李嘉誠想到了「克敵」之法，那就是首先滿足地鐵公司急需資金回流的渴望，主動在投標書上提出，長江實業有限公司將單方提供現金做建費。其次，待大廈建成後，馬上全部出售，所得利潤，地鐵公司不均等分享，地鐵公司佔五十一％，長江實業佔四十九％。這樣一來，雖然其他競爭對手也會想到將兩個地盤設計成一流商業綜合大廈，也有興建大廈的能力，但是應該不會有這樣不「貪財」的公司，置地更不會有這個可能，所以李嘉誠奪標的可能性也就增加了。

李嘉誠做出這樣的決定，可算是破釜沉舟，因為這筆現金會給長實企業帶來極其沉重的負擔，但是他仍然決定背水一戰。做出這一決定是在一九七六年冬，李嘉誠可以調動的現金大約有四億港元，香港地鐵公司於一年後，正式公開接受郵政總局原址開發權招標競投。

奪標的核心法則是，誰開的條件最優越，誰中標的可能性就最大，相反，誰如果過多地考慮自己的利益，那麼獲勝的機率就越小。由於各家公司都閉口不談自己的投標書內容，只留下記者發揮各自最大的想像空間來推測花落誰家。

據報界披露，這次有三十多家大的集團公司競標，分別是置地公司、長江實業、太古地產、金門建築、日澳財團、輝百美公司、嘉年集團、霍英東集團、桓隆地產等，而在這些競標者中，還屬置地奪標的呼聲最高，英文《南華早報》的澳籍記者在採訪置地大班紐璧堅時，他雖然沒有對此次競標做任何評判，但是從他的那一句「投標結果，就是最好的答案」可見他的自信程度，然而事實並沒有像置地人和媒體預期的一樣……

大約三個月以後，香港各報紛紛發出「長實擊敗置地」取得了郵政總局原址開發權競標勝利的新聞，《工商日報》詳細報導：「郵政總局原址地皮，當時的出售價為二億四千萬港元，有香港中區「地王」之稱，很早就有許多大財團躍躍欲試。參與此次公開競投的就有三十多位大財團，最終花落長江實業，其結果非常出人意料。」

有關媒體採訪了地下鐵路公司有關人士，他們透露：長江實業最終戰勝其他大財團脫穎而出，主要原因是長江所提出的條件異常優越，吸引了地鐵公司，取得了和地鐵公司共同經營該地的開發權。

長江實業和地下鐵路公司首先簽訂中環站上蓋開發物業協議：「地下鐵路公司批准長江實業公司在地鐵未來中環站上蓋佔地二二七〇平方英尺，建造三十七層高的商廈與辦公室混合的單塔型建築物一座；而李嘉誠同意將協議簽訂完成後，先付給地鐵公司一部分現款。還保證其餘部分將分成若干次交付，而且地鐵公司一定可以獲利。」金鐘站上蓋協定，由日後續簽。

在簽訂協議當晚，據參加地下鐵路董事局主席唐信的新聞發佈會的記者報導，唐信公開與記者說：「這座建築物會逐層售予公眾，利益由地鐵公司與長江分享，地鐵公司則佔大份……」

長實得標，輿論界對此紛紛發表評論，一致認為此次奪標成功是「長江實業發展史上的里程碑」，地產新秀李嘉誠「不鳴則已，一鳴驚人」，事實也的確如此，但是有誰想過李嘉誠成功的關鍵在什麼地方嗎？輿論界認為是因為他在投資決策上的穩健和果敢，李嘉誠沒有對輿論的說法給予任何回應，只是告訴大家孫子兵法中的一句話：「知己知彼，百戰不殆。」

20 同窗之情不容忽視

人生最難忘的是同窗歲月，因為那個年代是純真而又無憂無慮的年代，而更難忘的則是那一張張同窗的面容。即使歲月如輪，轉過了多個春秋，但只要能夠相遇，那種同窗情便如同枯木逢春般油然而生。

除了同鄉關係外，同窗關係也是不可忽視的。周瑜正是利用了與蔣幹的同窗關係才順利除掉了曹操的兩個水軍都督，為進一步制衡曹操起到了重大的作用。

不過，周瑜與蔣幹的同窗關係是不能維持長久的，因為他們各為其主，從而使得他們必須根據自己的利益行事。

不過，同窗關係的重要作用是不可忽視的，而且在今天也顯得越來越重要。

當今的社會也是人際關係的社會，人際交往是否廣泛，是一個人能否在事業上成功的關鍵因素。而在這種關係中，同學關係應該是比較重要的一類關係。因為當年身為學生之時，大家都比較單純，友情非常純潔，而分開之後只要還彼此保持著聯絡，就會十分懷念那份純潔的友誼。因此，分開後的同學常常會借這樣那樣的活動彼此聯繫。在參加這些活動的過程中，同學間的感情也會逐漸加深。當這種感情達到一定程度時，便可以利用同學關係來解決自己的難題了。

求同學幫忙也要有一定的過程，一般從相遇到交往之初，再到培養成為夥伴的關係，經常需要長久的醞釀期。倘若這種交往形態是發生於同學之間，其醞釀期必將縮短不少。同學之間的純潔關係，將來很有可能會發展為長久、牢固的友誼。由於在上學的時代大家都還年輕，又都很單純，熱情奔放，彼此都又對自己的人生或未來充滿了浪漫的理想。或許是在什麼時候，同學在一起熱烈地爭論和探討，在別人面前完全袒露每個人的內心世界。加之同學之間朝夕相處，彼此間對對方的性格、脾氣、愛好、興趣等等能夠深入瞭解。因此，在同學中最容易找到合適的朋友。

現在，具體來談在同學中尋找和建立朋友關係的做法，通過下列二種方法來加以說明。

其一，儘管你們彼此之間工作的領域不同，但是目前的現狀可以看作一個焦點。然而從原則上來說只有對方是一位擁有進取心、並且正在努力奮鬥中態度還非常的積極的人就可以了。哪怕在學生時期的關係是很平常的這也倒沒什麼關係，這需要你主動地加深你們之間的友誼關係。如果你十分幸運地找到了一位凡事都非常的積極熱心的朋友時，那麼這樣會在你原來的基礎上很容易地和對方建立起更好的關係。

以一種嶄新的角度去評量過去交往的同學，或已經很久沒有聯絡的同窗好友，努力進行另一程的人間行程之旅吧。

第二，充分利用同學錄，以此展開更廣闊的交往。如果你在學生時代不引人注意，你的交往範圍肯定有限。然而，現在根本就不需要表現當時的經驗，從而，你的想法就會變得十分的消極。由於每一個人踏入社會之後，所接受的磨練程度是不一樣的，因為絕大多數人都會受到踏入社會後的洗禮，已懂得人際關係的重要性，從而非常的注意同學之間的交往。因此哪怕就是與完全陌生的人交往，到最後也同樣可以相處得非常的好。因為這種緣故，再加上曾經已擁有的同學關係，這樣一來就可以使你完全重新展開人際關係的塑造。換一句話來講，踏入社會之後一定不要拘泥於學生時期的你，應該以現在的真實身分展開與同學之間的相互交往。

除此之外，無論你現在本身所屬的行業領域是什麼樣的，都應該與那些容易聯絡的同學如國中、高中、大學等，建立起自己的朋友關係。然後再從同學這裡擴大你的交往圈。不妨多運用同學身邊的人際關係。

作為同學，一般都有數年的交情，彼此同甘共苦的日子必然會沖淡地位或身分的隔閡，即便只有一面之交，只要知道彼此是同學，肯定會馬上湧起一股親切之情，這是同學的巨大魅力。倘不加以利用，那絕對是一大浪費。那麼，該如何利用同學關係呢？

第一，加深關係。同學的主動幫忙才會讓同學之間關係更加深刻，將來互相幫忙的可能性就越大，甚至還會是主動幫忙。姚崇是唐玄宗時期有名的宰相，權傾當朝。在姚崇的同窗之中，有一人深得姚崇的敬佩。在姚崇高中秀才後，與一位叫張宗全的秀才同拜一位老師門下繼續深造，以期將來能考中進士，光宗耀祖。張宗全高談闊論，每每給姚崇以深深的啟迪。姚崇當了宰相以後，遂向唐玄宗推薦此人。唐玄宗在親自考核張宗全的才華之後，深以為信，便封了他一個正三品官銜，專職外藩事務。諸如此類的事例不勝枚舉，可見，人情在同窗關係中的作用是多麼的巨大！因此，同學之間，應創造條件，不斷加深彼此的關係。

第二，經常聚會。關鍵的時候你會得到大千世界的幫手，在茫茫人海之中，既然是同學，說明緣分不淺。雖相處時間不長，但這中間的關係值得珍惜，值得持續下去。辦成人生事，同窗之情實屬必要！當你與同學分開後，還能保持一種相互聯繫、愈久彌堅的關係的話，那對你的一生，或者說對你將來所要達到的目的與理想是會有很大好處的。這其中有利的方面，也許是你所未想到的。同學有時在很危急的關頭能幫上大忙，能起到排憂解難的作用。

但是，一定要記住的一點是，這中間的好處是來自於自己的努力，如果在你與同學分開之後並沒有經常性的相聚，那關係之好從何談起，從中受益則更是一廂情願了。

所以說，只要你有這份情和這份心，真誠地維持著分開以後的同學關係，那麼，你的人脈關係就會更加的廣泛，路子也會比別人更多出幾條。

第三，要隨時參加同學會，有事的時候就有個照應，在現代這個社會中，由於物質的極大刺激，造成許多人目光短淺，特別是在同學關係上，相聚時漠然處之，分開後互不來往，

「你走你的陽關道，我過我的獨木橋」，直到遇到困難時才想到同學，那就為時已晚矣！隨著人類社會的進步，人類認識的提高，大家也加深了對各種人際關係的認識。許多人在與同學分開之後，還經常保持聯繫，或成立一個組織機構——同學會，這實在是一種十分有見地的方法。

一年一小會，十年一大會，大家雖已不再同學，但關係愈聚愈堅、愈聚愈惜，彼此相互照應，「一方有難，八方支援」。這真是中國所特有的人際關係，它說明同學之間的關係已躍入了一個更高的層次，不用受時間的限制，也不用受空間所限，只要有常聚聚這種心理，那份關係和那份情將會永遠取之不盡，用之不竭！

第三章：廣播人情種子，厚植人脈存摺

順風而呼聞者遠，登高而招見者彰。當個人能力相仿時，善假於物的人常常能夠脫穎而出。如今，人脈資源是最有價值的憑藉。誰擁有了人脈資源，誰就能夠在人生路上走得更遠。不過，要想獲得充足的人脈資源，沒有付出是不可能的。

21 借出人情儲蓄人脈

「臨時抱佛腳」並不是每次都能靈驗的。與其抱持僥倖心理，不如在悠閒或安逸的時候多多「燒香」。如此一來，在遇到困難的事情時，便可以不慌不忙地解除「燃眉之急」了。

徐州刺史陶謙被圍困後，向好友北海太守孔融求救。孔融正在為其籌畫時，自己卻遇到了麻煩。黃巾餘黨管亥率數萬賊寇奔殺過來，孔融急忙迎戰。幾個回合過後，孔融部將宗寶被管亥斬於馬下。孔融見軍中大亂，只好奔入城中，緊閉城門。管亥立即分兵將城池團團圍住，孔融心中鬱悶，毫無計策。

第二天，孔融登城觀望，見「賊勢浩大」，更加苦惱。正在此時，城外有一人「挺槍躍馬殺入賊陣，左衝右突，如入無人之境」。此人到了城下後，大喊「開門」。孔融先是「不識其人，不敢開門」，後見賊眾趕來，此人轉身連殺了十幾人才下令開城門。

此人入城後，徑直來到城上拜見孔融。原來，此人名叫太史慈。孔融雖然沒有見過他，但知道他是一個厲害人物。得知他出門在外、其母無人照顧時，孔融立即派人送去糧食和衣物。於是，其母不曾忘記孔融的恩情，從遼東回家省親時聽說賊寇要攻打北海城後，立即讓他前來救助。

接著，孔融想派人出城向劉備求救，苦於無人能夠衝出重圍。於是，太史慈請求前往送信。太史慈勇猛無比，賊寇無法抵擋。劉備得知消息後，立即帶著關羽、張飛前來營救。在劉備、孔融的夾攻下，管亥被殺，其部下賊寇被殺散，北海之圍終於被解。

如果沒有太史慈的幫助，孔融恐怕難以度過這一劫。與其說是天意，不如說他善於播種人情。

曹操同樣是一位播種人情的高手。

關羽失守下邳（ㄆㄟˊ）後，與張遼約法三章：「一者，吾與皇叔設誓，共扶漢室，吾今只降漢帝，不降曹操；二者，二嫂處請給皇叔俸祿養贍，一應上下人等，皆不許到門；三者，但知劉皇叔去向，不管千里萬里，便當辭去。」待張遼轉告曹操且曹操答應後，關羽這才向曹操投降。

曹操自關羽「溫酒斬華雄」後，就對關羽非常賞識。如今關羽來降，曹操甚是高興，親自到轅門外迎接關羽。關羽下馬入拜曹操，曹操「慌忙答禮」。接著，關羽說道：「我是敗兵之將，承蒙不殺之恩。」曹操回話說：「我一直欽羨你的忠義，今天有幸與你相見，我的願望終於得到滿足了。」關羽隨後提及與張良約法三章的事，曹操一律答應。

入營後，曹操設宴款待關羽。第二天，曹操便班師返回許昌。關羽替兩位嫂嫂準備車子，並親自為兩位嫂嫂護行。天黑後，曹操在驛館歇息，將關羽與劉備的兩位夫人安排在一個房間裡住。不料，關羽手持蠟燭站在房外，通宵達旦，毫無睡意。曹操見關羽如此做法，對關羽更加敬重和佩服。到了許昌後，曹操安排了一府邸給關羽居住。

關羽安頓好後，隨曹操覲見了獻帝，獻帝封他為偏將軍。第二天，曹操大擺宴席，文臣武將歡聚一堂。曹操把關羽當作客人招待，讓他坐在上席。宴罷，曹操又送了些綾錦、金銀器皿等物品給關羽。

不僅如此，自從關羽到了許昌後，曹操三天一小宴、五天一大宴地招待關羽。另外，曹操還送給了關羽十位美女。關羽毫不動心，讓她們服侍兩位嫂嫂。

一天，曹操發現關羽身上的綠錦戰袍已經破舊，於是贈給關羽一領合身的戰袍。

又一天，曹操請關公參加宴席。宴罷，曹操送關羽出府，見關羽馬瘦，問其原因。關羽答道：「我的身體很重，這匹馬載不動我，所以牠總是這麼瘦。」曹操立即令左右牽來一匹馬。只見這匹馬「身如火炭，狀甚雄偉」。曹操指著牠對關羽說：「你認得牠嗎？」關羽說道：「這不是呂布所騎的赤兔馬嗎？」曹操回答說正是，然後將馬和鞍轡一併送給了關羽。

曹操的付出得到了回報。赤壁大戰後，曹操敗走華容道，關羽並沒有忘記他的恩情，放他一條生路。

古人說：「世事洞明皆學問，人情練達即文章。」人們建立人脈關係一般都是靠「人情定律」來運轉的，不懂人情定律是行不通的，因為，人情是無根的東西，想要利用它，就得牢牢地掌握它。

通曉人情，就要有一種設身為己的作風，將心比心的情感體驗。從正面來說，就是要「己欲立而立人，己欲達而達人」。就像自己肚子餓了要吃飯，別人肚子餓了也要吃飯一樣。懂得這些，你就要「推食食人」、「解衣衣人」。

幫助他人的過程，便是建立人脈關係網的過程。

現實生活中，人脈關係網在社會活動中有著舉足輕重的作用，是須臾不可或缺的。對於個人來說，人脈關係網的重要性也是不言而喻的，個人的成功在很大程度上取決於你擁有多大的關係和影響力。

大哲說過：「人和猿猴的最大不同之處在於，人是依託於周邊複雜社會關係而存在。人離開了這個關係社會，就一事無成，連生存可能都成了問題，更不用說向前發展了。」

每個人都是社會群體的一員，而人脈關係就成了你與社會交往的一種紐帶。可是人脈關係並不是一朝一夕可以建立起來的，而需要你去長期經營。想要有一種經得起考驗的人際關係，就要精心「播種」與培育，就像在田地裡播種的農夫一樣。之所以這樣說，是出於以下幾種原因：

第一，想要栽種一棵果樹，就應該先將種子埋在土裡，然後種子會慢慢「長成一棵果樹」，這是必要的前提條件之一。雖然有些種子會腐爛，不能發芽，但不播種，就絕不會有果樹長出來！

人際關係也是如此，用心去交流維護是人際關係的必要條件，雖然不一定會有好的回應，但沒有用心，就不能建立良好的人際關係。有些人雖然也主動和你建立關係，但你也要做出回應。只有這樣，關係才會持續下去！如果你冷淡地對待他人，對方有可能就不會再來找你了。

第二，有些種子受節氣的限制，不到時候，不會發芽。在乾燥的地方，種子可以深埋數十年，但雨水一來，就迅速發芽。

人脈關係也是如此，你的用心有時很快就會得到回報，但有時也並非如此。至於什麼時候才能得到「回報」，你不必花心思去期待，反正你已種下了一粒種子，「機緣」一到，它自然會發出芽來！而這發芽的時間，有時可能是在你四十至五十歲時，甚至還可能一輩子也都沒發出芽來，但是，總會有希望的！

第三，種子發芽後，你還要小心勤快地灌溉、除草和施肥，它才會長成大樹，開花結果。

人脈關係也是如此，你也必須以熱心、善心來經營它，千萬不可「揠苗助長」，急於收穫果實，這樣只會破壞你的人脈關係！而且糟糕的是，這種「揠苗助長」的作風會在同行間散播出去，成為你的負債！

第四，播下的種子數量愈多，發出的芽也將會愈多。只要有充分的時間，那麼播下的那片種子必定大片成林，那時收穫的果實將令你感到欣慰。

人脈關係也是如此，年輕時用的心多，交的朋友當然多，縱然有一些「不發芽」的，但長時間累積下來，你的朋友還是很多，到那個時候這種人脈關係就成了你的果樹林。那麼，你將必然能享受這些甜美的果實！

想想你現在年紀？人脈關係又如何？不必急，只要你精心「播種」，而且愈早播種愈好，那剩下的事就是等著收穫了。

22 為納賢才，屈尊降貴

想成就一番事業，就不能總是一副高高在上的樣子。每個人都有尊嚴、自尊，而不願意主動屈服於他人。只有放下身段，才能讓他人感到你的和藹可親、真心誠意。大海之所以能夠容納百川，關鍵在於它將自己的位置放得很低；懂得屈尊降貴才能夠打動人心，得到他人的擁戴和支持。

曹操為了得到徐庶，將其母接至曹營。徐庶前往曹營時，向劉備推薦了諸葛亮。於是，「三顧茅廬」的故事由此展開了。

劉備帶著禮物，與關羽、張飛兩人一同趕往南陽（今湖北省襄陽縣一帶）臥龍崗拜見諸葛亮。為了能夠得到諸葛亮的輔佐，劉備屈尊降貴，三次來請諸葛亮。

第一次，劉備三人來到諸葛亮住處，叩門相見。不料，諸葛亮剛剛外出，歸期不定。劉備悵悵不已，只得返回新野。回到新野後，他便命人打聽諸葛亮回家的消息。

數日過後，劉備聽說諸葛亮回家後，立即讓人備馬。此時，張飛說道：「諸葛亮不過是一個村夫，何必哥哥親自去呢，讓人把他叫來不就行了。」劉備斥責了他一頓，遂踏上行程。當時正值隆冬，天寒地凍，而且當日「朔風凜凜，瑞雪霏霏」，於是張飛又說：「天寒地凍，連率兵作戰都不合適，更何況趕這麼遠的路去見一個無用之人呢？」劉備答道：「我這樣做正是為了讓諸葛亮看到我的誠意。」

劉備三人冒著風雪趕到臥龍崗後，只見到了諸葛亮的弟弟諸葛均。劉備無奈，留了一封信給諸葛亮，然後便策馬回新野了。光陰似箭，轉眼間冬去春來，劉備打算再去臥龍崗見諸葛亮。他令卜者用蓍草（又稱鋸齒草）占卜，選出黃道吉日。然後在臨行前齋戒三日，熏香沐浴。

劉備帶著關羽、張飛兩人第三次來到臥龍崗，在離草廬還有半里遠時，劉備便下馬步行。剛行走數步，與諸葛均相遇。劉備從他口中得知諸葛亮在莊上後，心中大喜。三人再次叩門詢問童子，童子說：「先生今天雖在家，不過現在正在草堂上睡覺。」劉備讓童子暫且不要通報諸葛亮，然後讓關、張兩人在門外等著，自己一個人緩步走進草堂。

進入草堂後，劉備見諸葛亮睡得正沉，於是拱手立在台階下，靜候諸葛亮醒來。過了許久，關、張兩人不見動靜，於是進入草堂察看情況。張飛見到草堂中的情景後大怒著對關羽說道：「這先生太傲慢了，見我哥哥立在台階下，他卻安然高臥。我去屋 嵫䟲@把火，看他起不起來。」劉備把他們兩人趕出草堂後，仍然默默立在台階下。這時，諸葛亮翻了一個身，童子與劉備都以為他要起來，誰知他又面朝裡睡著。童子準備通報諸葛亮，被劉備阻止了。又過了一個時辰，諸葛亮口中吟道：「大夢誰先覺？平生我自知，草堂春睡足，窗外日遲遲。」然後翻過身來問童子：「今天有沒有俗客來啊？」童子回答劉備已經在此立等多時。諸葛亮這才起身，然後讓劉備稍等，自己去後堂更衣。又過了很久，諸葛亮才整理好衣冠，出迎劉備。

劉備見諸葛亮從後堂出來，立即下拜，然後懇請他輔佐自己完成大業。開始時，諸葛亮並不答應。但劉備苦苦懇求，最終用誠意打動了諸葛亮，諸葛亮遂答應出山。

劉備在當時是「漢左將軍、宜城亭侯」，還是人們口中的「劉皇叔」，身分自然高於身為村夫的諸葛亮。然而，劉備並沒有表現出高人一等，而是屈尊降貴，三次到隆中拜訪諸葛亮，而且每次都是彬彬有禮，對諸葛亮毫無冒犯之處。不過，他是成功的。雖然自己放下了身段，但得到的回報卻是諸葛亮的無數戰功。

每個人都需要被尊重，而你的屈尊降貴更能體現出你對他人的尊重程度。有了你的屈尊降貴，他人便能夠從你身上看到你的誠意和自己的價值，從而願意向你伸出援助之手。在屈尊降貴的過程中，你並沒有失去什麼，卻得到了有益於自身發展的各種各樣的幫助。

漢寧太守得知曹操破西涼後，擔心曹操會入侵漢中，於是決定進軍西川。益州牧劉璋得知消息後，立即與眾官商議，最後決定讓張松前去許都說服曹操攻取漢中，以解近憂。

張松到了許都後在驛館住下，候拜三日後才得以通報姓名，賄賂過曹操左右近侍後才得以引見。見到曹操後，曹操出言不遜：「汝主劉璋連年不進貢，何也？」

張松當即反駁道：「路途艱難，賊寇竊發，不能通進。」

曹操憤怒，斥罵道：「吾掃清中原，有何盜賊？」

張松繼續反駁：「南有孫權，北有張魯，西有劉備，至少者亦帶甲十餘萬，豈得為太平耶？」曹操不再搭理他，滿臉不高興地離開了。

隨後，張松與楊修交談，令楊修深為佩服。於是，楊修向曹操推薦他，曹操卻令楊修轉告張松次日去教場看他點兵，讓張松看到曹軍的強大和西川的不堪一擊。

第二天，張松與楊修一起到了教場。曹操親點五萬雄兵，列陣於教場。過了很久，曹操指著軍士對張松說：「汝川中曾見此英雄人物否？」交談中，張松毫無懼色，而且將曹操濮陽攻呂布、宛城戰張繡、赤壁遇周郎、華容逢關羽、割鬚棄袍於潼關、奪船避箭於渭水這些敗績一一指出，氣得曹操要斬殺他，幸虧被楊修攔住。

張松回到驛館後準備回西川，但又考慮到自己曾在劉璋面前誇下海口，如今卻要無功而返，怕被人恥笑，於是決定去劉備那裡碰碰運氣。令他感到欣慰的是，曹操的驕橫態度與劉備根本無法比較。他剛到荊州邊界，便有趙雲前來迎接；隨後，當自己在途中住宿時，又有關羽為他打掃庭院；離荊州城還有一段距離時，劉備、龐統、諸葛亮等人又來相迎。

張松被劉備的恭敬態度打動了，最終將西川地圖獻給了劉備，為劉備奪取西川和治理西川都發揮了至關重要的作用。

23 巧藉關係，解決難題

人脈的價值雖然沒有金錢那麼明顯，但卻是一種無形的資產和潛在的財富。一個人的人脈關係網直接影響著一個人成功的難易度。在適當的時候，要善於藉助關係來解決所遭遇的難題。

劉備藉阻截袁術的理由從曹操處得到五萬兵馬，然後前往徐州。袁術喪命後，劉備上奏曹操，表示自己不再回許都，要在徐州駐紮。曹操大怒，令統領徐州的車胄除掉劉備。不料，車胄卻被關羽斬殺。劉備知道關羽殺了車胄後，不知如何是好。因為車胄是曹操的心腹，曹操一定會舉兵攻打徐州。

這時，陳登分析了當前形勢。在他看來，曹操視袁紹為大患，因為袁紹「虎踞冀、青、幽、并諸郡，帶甲百萬，文官武將極多」。於是，陳登建議劉備向袁紹求救。但劉備與袁紹從未交往，而且剛打敗了其弟袁術，擔心袁紹不會相助。這時候，陳登向劉備推薦了鄭玄這個中間人。

鄭玄曾拜師於馬融，三年內盡得馬融真傳。桓帝在位時，他官至尚書。後來發生了十常侍之亂，他棄官歸田，在徐州居住。當時劉備在涿郡，曾拜他為師。劉備成了徐州牧後，經常到他的居所請教他，對他非常尊敬。

劉備從陳登口中得知鄭玄與袁紹三世通家後，心中大喜，立即去拜訪鄭玄。鄭玄慷慨答應了劉備，修書一封，劉備立即派人將信送至袁紹處。袁紹見信後，自忖道：「玄德攻滅吾弟，本不當相助；但重以鄭尚書之命，不得不往救之。」與眾謀士商議後，袁紹起兵征討曹操。

如此一來，曹操的主要軍力便用在了對付袁紹上，為劉備解了圍。

劉備憑藉著自己與鄭玄的師生關係解決了一場大困難，這充分說明了人脈關係在關鍵時候的重要性。

為了在人生之路上少走些彎路，不妨善用各種關係。在各種關係中，最為常見的是親戚關係。

在辦事的時候，親戚關係能發揮很大的作用。可以說，善用親情是辦成事最有效的方法。但是在求親戚幫助的時候，一定要注意，即使關係再密切也需要用真誠打動對方，只有這樣才能使親情充分發揮作用，切不可虛情假意，弄不好會適得其反。

當人們在某方面遇到困難的時候，大概首先想到的就是找親戚幫助。俗話說得好，不是一家人，不進一家門。既然雙方作為親戚，對方也大都會很樂意地向你伸出援手。

但在這方面需要考慮到的是，親戚關係不同於社會上的人際關係，它是一種比人際關係更複雜的關係，這主要是因為親戚之間存在著多種差異，比如經濟上的差異、地位上的差異，地域上的差異等等。這些差異可能成為限制彼此交往的原因，也可能成為衝突的根源。

因此，在親戚關係交往中一定要掌握一些技巧，如果能按照這些技巧去求助親戚，彼此的關係會變得愈來愈親密；反之，如果違背了這些規律，即便是親戚之間也會互相得罪。

那麼，親戚之間在互相交往、互相求助的時候應注意哪些問題，才能使彼此之間的關係更融洽、更牢固呢？

（一）金錢往來要清楚，不要弄成一筆糊塗帳

因為在請親戚幫助的時候，往往會因經濟利益而得罪人，這些例子在親戚之間也是屢見不鮮的。比如說親戚之間借錢、借物等有關財物方面的往來是常有的事。有時是為了一時的救急，有時是為了幫助，有時是為了贈送等，這些都會因情況的不同而發生變化。而表達自己心意和特殊感情的方式，就是財物上的往來，這些都體現了親戚之間的特殊關係。

對親戚的慷慨行為給予由衷的感謝和讚揚，作為受益的一方在道義上是必要的。如果他們把這種支持和幫助看得理所當然，不做一點表示，對方肯定會對你有偏見，從而影響雙方關係。

另一方面就是在親戚幫你解決困難後，對於屬於需要歸還的錢物，同樣是不能含糊對待。因為親戚之間也有各自的利益，一般情況下，應該把感情與財物分清楚，不能把對親戚的感情與財物混為一談。只要不是對方明言贈送的，所借錢物一定要按時歸還。在與親戚打交道時，很多人不注意這個問題，他們以為親戚的錢物用了就用了，對方是不會計較的。如果你這樣想的話，等到親戚提到此事時，就有可能會弄僵關係，到時雙方都不好看。

對於來自親戚的幫助，一定要注意多給予回報，這是加深親戚之間感情的需要，也是報答對方幫助的必要表示。如果你因為一時忽視了這種回報，同樣會使雙方的親戚關係蒙上一層陰影。

總之，有關親戚之間的錢物往來，既可以成為雙方加深感情的因素，也可能成為造成雙方衝突的禍根，就看你是否能夠明智地處理。

（二）不要差別待遇

親戚之間的輩分問題十分複雜，但是，不管怎樣複雜，一定要懂得相互尊重，平等對待。特別是地位、職務存在著明顯差異的情況下，更應該如此。

常言道：「窮在街市無人問，富在深山有遠親。」也就是說，對親戚而言，地位低的親戚總是希望能從地位高的親戚那裡得到一些幫助，同時他們在提出請求的同時，已經將自己僅剩的自尊心壓在心底，不然也就不會開口請親戚幫忙了。

在這種情況下，如果地位高的親戚對前來尋求幫忙的人表現出不滿或不歡迎，那麼，這樣很容易傷害對方的自尊心。

一般從客觀的角度來說，地位低的人求助地位高的人辦事時往往非常敏感，只要對方流露出一點不滿的情緒，哪怕一個眼神他都會看在眼裡記在心裡，很可能造成不良的後果。

所以，要運用親戚關係辦事的時候，一定要懂得人生命運的莫測，「三十年河東，三十年河西」，對於任何親戚，都必須平等對待，一視同仁，既不驕傲於人，也不攀龍附鳳，做一個忠實厚道守本分的人，但絕不是冤大頭。

還有一種情況就是有些人在求助親戚辦事時，特別是辦一些有違原則的事，親戚沒有為你辦，你就對此心懷不滿，說親戚不講情面之類的話，這也是有傷親戚和氣的事情。

(三)不要做些一廂情願、為所欲為的事

親戚之間由於彼此關係會有遠近之分，也會有密切程度上的差別，因此，在相處時要注意把握適當的分寸，切不可一廂情願，做一些為所欲為的事情。

俗話說「親戚愈走愈親」，但也不是一成不變的，這主要看你是如何的走法。其實這裡面還是有一定的技巧。

過去拜訪親戚的時候，可以在親戚家住上一年半載，但現在就不一樣了。因為大家一般都有工作，都有自己的生活習慣，住在一起時間長了，很多衝突就會自然地顯現出來。

還有一些人到親戚家去作客，不是客隨主便而是任著自己的性子來，這就會給主人帶來很多的麻煩，也很容易使親戚間產生衝突。

比如一些人喜歡睡懶覺，每天睡到日上三竿才肯起床，他們到親戚家作客也不改自己的毛病。主人又要照顧他，又要上班，這樣時間一長就會打亂主人正常的工作、生活秩序，也會使兩者之間的關係受到影響。

再比如還有些人平時不講衛生，到了親戚家裡也一樣，菸頭到處亂扔，人家疲於收拾。如果時間不長，別人還可能忍耐克制，但要是日子長了，衝突就會毫無保留地暴露出來。

因此，在親戚交往中也要學會優化自己的行為方式，如果方式不當同樣會得罪人，使親戚關係變得冷淡。

24 集合眾力加快成功的步伐

合作可以發揮事半功倍的作用，也可以加快自我成功的步伐。無論是在工作中還是在事業中，都要養成與人合作的良好習慣。

赤壁之戰是一場有決定性意義的戰爭，一場大火燒毀了曹操雄霸天下的夢想。此後，三足鼎立的局面逐漸形成。

赤壁之戰的勝利是雙方共同合作的結果，正是孫、劉兩家的聯合抗曹，才取得了歷史上如此輝煌的戰績。如果孫、劉兩家沒有聯合，曹操憑藉他的八十萬大軍無疑會迅速吞併孫、劉兩家，三國時期的歷史也將會重寫。

要想成就一番事業，合作是很重要的。一般來講，成功人士通常都比較善於與人合作。因為他們知道，一個人是無法生存在一座孤島上的。在走向成功的過程中，他們總結出了一條這樣的經驗：一個人要取得成功，就必須學會與別人一起工作，並能夠與別人合作。

工作過程中，有些人可能受傳統的獨立自主、自力更生等類似觀念的影響，已經習慣於獨立地處理問題。其實，這些人不是不願意和他人合作，而是在他們的思想中，固有的傳統觀念佔據著絕對的控制地位。即使偶爾頭腦中有合作的念頭，也會被這種傳統的觀念給扼殺。

這種人的自立能力很強，因為他們不願意依賴別人討生活。他們認為，要想擁有美好的生活，就得毫不懈怠地辛勤勞動；美好的生活不屬於空想家，它屬於能夠為它流汗的人。於是，在工作中，他們不會偷懶，他們的吃苦耐勞也是名副其實的。

或許有人會認為，他們的做法和想法都沒有錯啊，根本不應該受到任何指責。的確，他們的觀點很正確，做法也非常合理，批評這樣的人總是不恰當的。只是覺得，在工作的過程中，應該學會減壓，學會在讓工作變得輕鬆的同時，不影響工作品質。

一切事物都存在辯證關係，都具有相對性和矛盾性。分工和合作是任何一種工作都具有的性質，沒有哪種工作是單憑分工或合作來完成的。俗話說：一人一雙手，做事沒幫手；十人十雙手，拖著泰山走。畢竟，每個人的能力和精力都是有限的，有些工作僅憑一個人的力量是無法完成的。如果養成了獨斷獨行的習慣，在處理一些工作的時候，難免會感到力不從心，甚至會有功虧一簣的情況出現。此時，不妨試著與他人合作。在合作的過程中，使自己的工作和同事的工作都能夠輕鬆完成，既省力又省心。

合作的過程，其實是交換資源的過程。有這樣一個這裡故事，故事的主人翁是四個窮人和一位老者。

一天，兩個窮人再也無法忍受飢餓，他們請求老者的施捨。老者給了他們一根魚竿和一籃魚，讓他們自己去謀生。他們一人拿了魚竿，一人拎著魚，然後便各走各路了。接下來，有魚的那個人迅速找到了一些柴禾，開始煮魚吃。對於一個窮人來說，這是多麼可口的大餐，他感到很得意。不過，好景不常，從老者那裡得到的魚很快就沒有了，他活活餓死在魚簍旁。再來看看得到魚竿的那個人的命運吧。他拿著魚竿向離這較遠的海邊跑去，然而他的肚子早已空蕩蕩的。跑著跑著，他漸漸感到體力不支，身體疲乏，最後撲倒在地。他站不起來了，於是爬著前進。最終，他連爬都爬不動了。他盯著前方不遠處的大海，在海水的浪潮聲中死去。

後來，又有兩個忍飢挨餓的窮人找到了老者。老者是公平的，仍舊像對待前面的兩個窮人一樣，給了他們一根魚竿和一籃魚。同樣是窮人，他們的做法卻不一樣。得到魚竿和魚後，兩人結伴而行，共同去尋找生活。路上，如果餓得堅持不下去了，他們就煮條魚吃，然後接著趕路。幾天過去了，他們順利來到了海邊。兩人用唯一的魚竿釣魚，從此靠捕魚為生。

同為窮人，前面的兩個窮人不知道交換資源，最終沒有擺脫飢餓，並賠上了自己的性命。而後面的兩個窮人卻能夠相互合作，實現資源分享，並最終來到了大海邊，過著衣食無憂的生活，飢餓再也不能威脅他們。

合作帶來的是事半功倍和工作的輕鬆。懂得合作的人，在提高自己工作效率的同時，也給公司帶來了更多的效益。與個人能力相比，公司更看重個人的合作能力。

一家公司進行了裁員，工程師鐘斯被裁了下來。在公司裡，鐘斯的專業知識和業務技能都是出類拔萃的，而且沒有犯過什麼錯誤。鐘斯憋了一肚子的火，他不知道自己被裁的原因。在他看來，哪怕公司只需要留一位工程師，這個人也該是自己。但如今，其他工程師都在正常工作，而自己卻被列入了裁員名單中。

有人說了，裁員是不需要什麼理由的。但鐘斯不這樣認為，他要找出自己被裁的原因。既然是裁員，肯定是自己平時有什麼做得不好的地方。可是他又找不出自己工作中的紕漏，即使找到了，在客觀上也是存在很多原因的，錯誤根本不在他。

無論怎麼琢磨，鐘斯就是想不通。要想弄明白，必須找經理。做好了心理準備後，他敲開了經理的辦公室。他對經理說，公司裁員本來是一件很平常的事，但是憑自己的表現，公司應該沒有理由把自己歸入裁員名單中的。即使自己真的表現不好，也希望公司給自己一個機會。

聽了鐘斯的一番話後，經理感到有些意外。他告訴鐘斯，如果他早能夠這樣做，今天裁員的將是別人。此時的鐘斯更是丈二金剛摸不著頭腦，他不知道經理這樣說是什麼意思。經理向鐘斯解釋道：「你的表現一直都很不錯，但是你並不懂什麼是團體，不知道融入團體。

很多時候，員工之間是需要相互合作的。如果你不注重這一點，即使能力再強，你的地位也將會慢慢變輕，你也會漸漸成為一個可有可無之人。畢竟，三個臭皮匠勝過一個諸葛亮。」

懂得合作的人，即使能力有限，也能夠透過藉助團體的力量，在自己的工作崗位上做出超越自己能力的成就和貢獻，他們的價值因合作而變得愈來愈大。而不懂合作的人，他們的價值只能夠藉由自己的能力來體現，只能夠限定在自己的能力之內，很難有大的變化。「一花獨放不是春，百花齊放春滿園」。公司看中的是團體力量，而不是個人表現。如果一個人不慣於與人合作或不懂合作，就很有可能得到鐘斯這樣的後果。儘管自己能力突出，勤勤懇懇，任勞任怨，結果還是被裁員。

世上僅存的植物當中，最雄偉的當屬美國的加州紅杉（或稱海岸紅杉）。紅杉的高度大約是一百二十公尺，相當於三十幾層樓高。

科學家深入研究紅杉，發現許多奇特的事實。一般來說，愈高大的植物，它的根理應扎得愈深。但紅杉的根只是淺淺地浮在地面而已。

理論上，根扎得不夠深的高大植物，是非常脆弱的，只要一陣大風，就能將它連根拔起，但紅杉又如何能長得如此高大，且在風中能屹立不搖呢？

研究發現，紅杉總是成片的生長，並沒有獨立高大的紅杉。一大片紅杉彼此的根緊密相連，一株接著一株，結成一大片。自然界中再大的颶風，也無法撼動幾千株根部緊密連結，佔地超過上千公頃的紅杉林。除非颶風強到足以將整塊地掀起，否則再也沒有任何自然力量可以動搖紅杉分毫。

紅杉的淺根，也正是它能長得如此高大的利器。它的根浮於地表，方便快速而大量地吸收賴以成長的水分，使紅杉得以快速茁壯的成長，同時，它也不需像一般植物一樣耗費過多的能量扎下深根，從而把更多的能量用來向上成長。

造物主在世界各地為人們留下成功的啟示，端看人們是否能擁有細心的智慧去體會與領悟。紅杉提供給每個人一個很好的學習方向，讓每個人廣泛地伸出自己的學習觸角，和廣大的資訊網路結合，去吸收更豐富的成功知識及經驗，來供應自己賴以迅速成長的養分，而不需耗費能量與獨自盲目地鑽研。

成功不能只靠自己的強大，成功需依靠別人，只有和別人合作，你才能獲取更大的成功。就像紅杉林那樣根部相連，以充分而緊密的合作關係，創造出屹立不搖的偉業。

如果你尚未壯大，不妨伸出你學習的根，和成大事者緊密連結，加入成功、積極的團體，閱讀成大事者撰述的書籍，吸收他們的經驗，瞭解成大事者的態度，讓自己更快速地成長。

只要你熟諳這項藉力與合作的訣竅，很快你將會成為成功之林的雄偉巨木。

25 榮耀不能獨享均分才是上策

「享獨食」帶來的後果很嚴重，因此在獲得榮耀時，不忘與其他人共同分享成果，感謝別人、與人分享、謙虛做人，以免遭到別人的攻擊，給自己留條能全身而退的後路。否則，只會自討苦吃、自食苦果。

曹操用許攸之計攻破冀州城後，正要入城。此時，許攸縱馬奔到曹操跟前，用馬鞭指著城門，對曹操說：「阿瞞，汝不得我，安得入此門？」曹操大笑，並不介意。

曹操平定冀州後，暫且在此休養。有一次，許褚騎馬從東門入，許攸叫住他說道：「汝等無我，安能出入此門乎？」許褚大怒，說道：「吾等千生萬死，身冒血戰，奪得城池，汝安敢誇口！」不料，許攸罵道：「汝等皆匹夫耳，何足道哉！」許褚更加憤怒，拔劍便刺。頃刻，許攸成了刀下之鬼。

許攸的功勞是有目共睹的，官渡一戰，他獻上奇策，立下了大功。攻打冀州時，他又獻上奇策，使得曹操能夠入城。然而，如此聰明的一個人卻不知道如何保身，因自己的居功自傲而激怒了許褚，被許褚殺害。

不管是在與人交際中，還是商業合作中，有福同享，有難同當，是贏得好人緣最直接、最有效的方法。當你在某一工作崗位上取得一些成績時，自然要為之而慶祝，不過千萬不要忘記，自己為之高興的同時，還要考慮一下這成績的由來。如果成績的取得，完全依靠自己的力量，自己為自己高興還說得過去，別人也會祝賀你，但是，不要忘了人的劣根性「眼紅」、「嫉妒」，所以為了自保，還需給自己留條後路，把榮耀和大家一同分享，免得自掘墳墓。

不過，要想靠自己的力量取得一定的成績，不是一件容易的事，大部分成績的由來，是依靠他人的幫助，這時你如果只顧自己，就有些吃獨食的感覺了，他人也會覺得你好大喜功，獨佔所有人的勞動成果，別人對你懷恨在心，輕則以後斷絕與你合作，重則尋找時機對你施以報復。由此看來，獲得成績原本是一件好事，由於自己一點小小的貪念，卻造成嚴重的後果，丟了朋友也毀了名聲，這無異於自斷後路。

凡森在一家出版社擔任編輯。他為人隨和也很有才氣，平日總喜歡與同事開些小玩笑，所以編輯部上下關係都非常融洽。愉悅的工作氛圍，給凡森創造了許多寫作的機會，閒下來時，他就拿起筆隨意地寫點什麼。

有一次，他編輯的圖書在評選中獲得了大獎，而且位居榜首。為此，他感到無比榮耀。

大概是開心過了火，他逢人便說自己的書獲了大獎，同事們表面上紛紛向他祝賀。可是，一個月過去了，他發現工作氛圍似乎有些僵硬，平日裡的笑容全都消失了。編輯部的同事，似乎都在刻意地躲避他，有的還有意和他過不去。

一段時間以後，他終於找到了矛盾的根源，原來他犯了「吃獨食」的錯誤。這本書之所以能夠獲得大獎，身為責編功勞自然很大，可是那畢竟不是憑他一個人的力量完成的，其他人也為此付出了很大的努力，這份榮耀他們也應當分得一份。在榮耀面前，他們不會認為某個人的功勞最大，唯一的想法就是認為自己「沒有功勞也有苦勞」，分享一份榮耀是理所然當的，所以，凡森一個人獨佔了所有的榮耀，別人心裡當然不舒服，尤其是他的上司，心裡還可能產生一種不安全感，擔心自己的位置不保。

以此為戒，當你在工作中取得一定的成績時，別忘了做人的原則，一定不能吃獨食，與別人一同分享榮耀，免得自掘墳墓、自斷後路。

值得注意的有以下幾點：

（一）榮耀均分

生活中，有些人根本不在乎分得的榮譽是多還是少，他們想要的是獲得榮譽時的那種快感。意識到這種心理後，你應主動在口頭上感謝他人對你的支持與幫助，主動把一部分榮譽交到他人手上，別人會認為他在你心目中有個位子，你沒有把他們忘記，在以後的合作中自然會盡力地幫助你。其實，與他人一同分享榮譽的方式很多，你還可以請大家吃頓飯，或出去消遣一下，這樣也就堵住了別人的嘴。

獲得榮耀後，別忘了感謝同仁的協助，不要認為所有的功勞全部屬於你一個人。特別要感謝的就是你的上司，感謝他的提拔、指導、授權、支持。假如上司確實給你很大的幫助，你感謝他時更要真誠一些；但如果上司沒有為你的成功付出任何努力，同仁的協助也很有限，照理說上司與同仁根本不值得你去道謝，不過，如果你是一個會做人的人，就會去感謝你的上司和同仁，特別是對上司的感謝，即使這麼做顯得有些虛偽，但卻可以使你避免成為他人的箭靶。

（二）心存感恩之心

如果你參加過頒獎儀式就應該明白，為什麼很多人上台領獎時，開場的第一句話就是：「我很高興！但我要感謝……」其中的含義就在於此。雖然這種感謝只是發自口頭，缺乏「實質」意義，但聽到這些話的人，會感到很舒服，自然不會去妒忌你。

（三）謙卑謹慎

「謙虛使人進步，驕傲使人落後。」有些人得了榮譽就沾沾自喜，甚至還會得意忘形。雖然你愉悅的心情可以被理解，但是你卻沒有考慮到別人的感受，別人要承受著你的氣焰，出於情面又不好說些什麼，因為你正在風頭上。但久而久之，衝突愈積愈深，在工作中會有意無意地抵制你，讓你碰釘子。所以，獲得榮耀時，必須更加謙卑，別人看到你如此謙卑，自然不會對你找碴。

會做人的人能以正確的態度對待獲得的榮耀，榮耀愈高，對人愈客氣，頭愈低，而且不會總在別人面前提及自己的榮耀，以避免遭到別人的妒忌，招惹麻煩。

26 結識同鄉，藉梯登高

「美不美，家鄉水；親不親，故鄉人。」如今，背井離鄉的漂泊人士愈來愈多，如果能夠在異地遇到一位志同道合的同鄉，的確是人生一大幸事。同鄉關係是無法改變的，如果能夠妥善處理好同鄉間的關係，同鄉情誼也不會褪色。有了這份情誼，就不怕在人生道路上沒人幫忙。

三國中，有好幾處寫到了同鄉關係：

李肅奉董卓之命去勸降呂布時，使以「故人」身分前去拜訪呂布。結果，呂布在沒有任何猜疑的情況下投降了董卓。

李傕、郭汜令樊稠引軍追趕韓遂時，韓遂以「同鄉」身分使得樊稠放了他一馬。

除此之外，很多人都利用過同鄉關係，比如劉備、簡雍、關羽等人。有的是無意中得到了同鄉的幫助，有的是利用同鄉關係勸降，有的是憑藉同鄉關係求得生命。總之，同鄉關係的作用是很大的。

西元前二〇六年，項羽攻入咸陽以後，殺秦將王子嬰，然後又火燒秦宮阿房宮，而後就回他的楚國老家去了，當時有人勸他在關中稱王，但項羽卻理由十足地說「富貴不還鄉，如錦衣夜行」。項羽因此而失去了大好江山，被後人譏笑為「楚人沐猴而冠」。

自己富裕了，他就是要讓鄉親們親眼看看。這種炫耀鄉里的心態，暴露了他無大志無見識。但是，在這淺薄無知之中，卻是顯出對鄉里鄉親的深情厚意。

在中國，人們都有著一種強烈的鄉土觀念，這種觀念主要表現在對同鄉有著一種與生俱來的熱情，特別是到外地打工和求學的那些人，這種同鄉感情是特別強烈的。

在每所大學裡面都會發現，常可見到有某區同鄉學生組織成的「聯誼會」，有些人或者會覺得他們落後狹隘，但後來發現有些教師也參與其中，更覺不可思議。但事實證明，同鄉之間的宗旨確實給大多數的同鄉們帶來「實惠」，比如說解決生活等方面的困難。但再後來，這種同鄉會性質的團體幾乎到處都可以見到。它的形式雖是鬆鬆散散的，但「親不親，故鄉人」這種觀念還是有一定凝聚力的，這種同鄉性質的聯誼在「對外」上是保持一致性的。而對內則是互相幫助，互相提攜的，這種聯誼的好處在於對外一定要團結一致，共同抵抗困難和一些外來的威脅。

在當今這個社會人口的流動性在不斷的擴大。許多人離開家鄉以後，到他鄉去求職謀生，自己在一個陌生的環境之中，發展自己的人際關係是有一定難度的。那就得從同鄉的關係入手，打開這個局面。

在當今社會，利用人脈關係辦事可以說都有自己的門道。想想看，生活中的我們，誰都免不了會遇到各種各樣的事：大事小事、公事私事、好事壞事、喜事悲事、雜事瑣事、煩心事特別是難事急事等。哪個人不是這些事情中忙忙碌碌呢？

每個人都要辦事，都想成事。無論是誰，若要人生精采，就絕對少不了能辦事、會辦事、成大事的智慧和勇氣。仔細分析一下，我們不難發現：人生中每一個幸福，不過是一種辦事順暢、結果圓滿的喜悅與欣慰。

而人生中每一個痛苦，也不過是一種辦事艱辛、難成其事的悲哀與失落。其實，人生的哲學早就告訴了我們：生活就是辦瑣事，艱辛就是難辦事，智慧就是會辦事，成功就是成大事。

一個人倘若什麼都有了，不會辦事仍會一無所有。但一個人倘若什麼都沒有，學會了辦事就能從無到有，脫胎換骨，再造一個全新的自我。而這種方法是求人辦事的成功絕招。世上又有誰不希望自己如此呢？

求助於別人是辦難事和急事的一條近路，藉助他人的力來辦自己的事則是成功辦事的一種智慧。

藉力辦事，即充分利用各種人際關係的資源，藉勢造勢，藉力發力，藉光沾光，藉用各種可藉之力，使自己要辦的事輕而易舉地完成，使自己期望的夢想憑藉好風，直上青雲。在一個遍佈各種網絡，交織各種關係的現代社會中，唯有會藉者成，唯有善藉者贏。

聰明人與一般人的不同之處在於，能夠不斷突破自己的交際圈，努力使自己進入更高的交際圈中，或是爭取擁有更多不同的交際圈讓自己進入各種交際圈。

二十一世紀到處充滿著機遇與挑戰。無論我們辦什麼事，都要面對激烈的競爭和複雜的關係。雖然人人都渴望事事如意，事事辦得圓滿，但是，現實生活中辦事難、事難辦卻成了普遍現象。這其中缺少方法，不講策略，沒有一套高超的計謀手段則是最關鍵的要因。

人不會生而知之，人也不可能天生就會辦事。辦事的能力是在挫折與失敗中磨練出來的；辦事的技巧是在成功與勝利中總結出來的；辦事的智慧是在人際交往中用腦思考累積的，而辦事的藝術，則是在為人處世中用心感悟出來的。「大千世界，人性的各異決定了辦事的難易；環境的複雜，更造成了成事的複雜。」但謀事在人，無論面對什麼難事，我們一定都要牢記這一古訓：天下無難事，只怕有心人。

27 急人所急，得己所需

當與他人之間存在相互需求的關係時，一定要主動滿足他人的需求。如果能夠做到這點，他們也會主動透過自己的表現方式來滿足你的需求。

呂布見曹操兵力強大，難以抵擋，於是想透過聯姻得到袁術的救助。為了避免再受呂布所騙，袁術要求呂布先將女兒送至其寨。考慮到上次派人去見袁術時已被曹軍發現，呂布將女兒背在身上，打算把女兒送到安全地帶。誰料，他們一行人剛經過劉備寨，就被劉備發覺。劉備率部奮力廝殺，後徐晃、許褚前來助戰，呂布抵擋不住，只得退回。至此，呂布的計畫失敗，並最終被曹操所殺。劉備立下了軍功，曹操回許都後上奏獻帝，希望獻帝加封他。

曹操引劉備見了獻帝後，獻帝問劉備的家譜。劉備上奏說道：「臣乃中山靖王之後，孝景皇帝閣下玄孫，劉雄之孫，劉弘之子也。」於是，獻帝令人取來宗族世譜，並令宗正卿宣讀。按照世譜所寫，孝景皇帝的第七子是中山靖王劉勝，然後劉勝生劉貞、劉貞生劉昂、劉昂生劉祿、劉祿生劉戀、劉戀生劉英、劉英生劉建、劉建生劉哀、劉哀生劉憲、劉憲生劉舒、劉舒生劉誼、劉誼生劉必、劉必生劉達、劉達生劉不疑、劉不疑生劉惠、劉惠生劉雄。獻帝按照世譜來排輩分，劉備應該是他的叔叔。於是「帝大喜，請入偏殿敘叔姪之禮。」

按常理來講，即使獻帝將劉備看作了自己的遠房親戚，也不至於如此高興。因為像劉備這種關係的親戚，可以說是不計其數的。那麼，獻帝排完世譜後為什麼會大喜呢？這與當時的環境是有密切關係的。

當時，曹操將獻帝移駕許都後，掌握了朝政大權。他不僅大興土木，而且自封為大將軍武平侯，給部將一一封官。另外，朝中的重大事務必須先經過他，然後再由他上奏獻帝。獻帝有名無實，終日受到曹操的監督，自然鬱悶至極。劉備的出現無疑讓獻帝在黑暗中見到了一絲光明，於是想到「曹操弄權，國事都不由朕主，今得此英雄之叔，朕有助矣」，便順水推舟，封劉備為左將軍、宜城亭侯。

事實上，劉備也早想得到這種關係。他胸懷大志，時時不忘表露自己的高貴身分。在與張飛結識時，張飛介紹道：「某姓張，名飛，字翼德。世居涿郡，頗有莊田……」劉備的介紹方式卻有些特別，他介紹道：「我本漢室宗親，姓劉，名備……」劉備不先介紹姓名，而先以「漢室宗親」自居。劉備之所以有如此表現，同樣與當時的環境有關。

在那個年代，人們是很注重身分的。身分不同，待遇也不同。當曹操會合十八路諸侯討董卓時，北平太守公孫瓚帶著劉備三兄弟前來。袁紹從公孫瓚口中得知劉備是漢室宗派後，賜座給他，然後說道：「吾非敬汝名爵，吾敬汝是帝室之冑耳。」由此可見一斑。獻帝稱他為皇叔後，他便是後來眾人皆知的「劉皇叔」。有了這層關係，他便可以底氣十足地打著「漢室宗親」的旗號「上報國家，下安庶民」，不僅有利於討伐「挾天子而令諸侯」的曹操，而且有利於收復人心。

如果站在客觀的角度上來看待這個細節，可以發現：劉備與獻帝之間的關係是相互需求的關係。當雙方存在相互需求的關係時，一般都不會相互冷落，而是從對方手中得到自己想要的東西。

福特重視從員工的實際利益出發來考慮公司的長遠發展，他非常關心員工，總是為員工的利益著想，員工們因此也願意用自己的實際行動回報他的恩惠。因此，當遇到困難時，福特公司總能上下團結一致共度難關。

隨著福特公司規模的不斷壯大，董事會的每位成員都獲得了十分可觀的利潤，大家對福特都十分欽佩。然而，與他們的收入形成鮮明對比的是，他們的工作負荷逐漸加大了，因此薪資實際上是降低了。最先發現這種情況的並不是福特，而是庫茲恩斯。

一天晚上，庫茲恩斯參加完一個社交活動，回到家已經很晚了。他在寬敞明亮的書房裡向窗外街道上望去，只見一些剛下夜班的工人們穿著單薄的衣衫，拖著疲憊的身體，邁著緩慢的腳步在刺骨的寒風中艱難地走著。他的內心深處突然湧起了一陣酸楚，他非常同情這些工人，他自己也是由一個煤廠的普通員工一路披荊斬棘地走過來的，他想到了福特公司員工的辛苦，他決定告訴福特，為員工爭取一些利益。

第二天，庫茲恩斯來到福特的辦公室，他將昨晚自己的所見所感告訴了福特，並且把一份統計文件擺在他的面前。統計資料顯示，由於生產量的不斷增加，生產方式的日益落伍，福特汽車公司工人的工作量與其他工廠的工人相比增大了數倍，他們連續勞動四個小時才能得到片刻的休息，每個人的神經時刻都處於高度緊繃狀態，而他們的薪資水準卻僅相當於整個底特律的人均薪資水準。當年夏天，公司的生產技術改進以後，實行流水線作業，還相應取消了「多勞有獎」的分級薪資制度，這對工人勞動積極性又是一次沉重的打擊，因此大批的工人沒做多久就紛紛離開了福特汽車公司。

據統計得出，當年福特汽車公司的員工流動率很高。年底公司需要增加的工人人數與實際的招聘定額之間存在較大的差距。按照這樣計算，假如公司培養一名熟練的工人需要花費一百美元的話，那麼一年下來僅僅用於培養工人的費用就會很多。而培訓完後，工人由於薪資問題又離開，公司在下一年又得花不少的錢培訓新工人，這樣會造成更大的損失。

同時，庫茲恩斯還告訴了福特一個壞消息，「世界產業工會聯合會」開始在福特汽車公司的工人中散發傳單和各種資料，稱福特為「血汗工廠」的廠主，指責福特壓榨工人，並且還要鼓動工人們舉行大罷工。

庫茲恩斯向福特提出了他想為工人調漲薪資的想法，福特微笑著說：「你的想法與我不謀而合。」同時，福特也給庫茲恩斯講述了昨天發生的一件事。

福特帶著兒子愛德賽在公司的廠房裡巡視。當他們剛進一個廠房時，一名新來的義大利籍工人停下手邊的工作，牢牢地盯著愛德賽講究的衣著和黑亮的皮鞋。一剎那間，福特看到了他臉上充滿了仇恨的神情，福特感受到了這個義大利工人的嫉妒心理。

福特猜測到了工人的心理，他想他的心裡一定是在咒罵我說：「老闆的兒子多麼的富有，而我的孩子卻一無所有，為什麼我們所付出的與所得到的不能成正比？」福特把此種想法悄悄地告訴了兒子。愛德賽卻對福特說：「爸爸，給工人們降低點工作量吧，他們像機器一樣不停地工作，很可憐。」

福特深有感觸地說完此事，然後抬頭看著庫茲恩斯問道：「你認為應給他們增加到多少錢？」

「三美元行嗎？」

庫茲恩斯搖了搖頭，他微笑著伸出五個手指道：「五美元。」

庫茲恩斯的回答顯然是嚇了福特一大跳。

福特說：「我考慮一下。」

不久之後，福特汽車公司召開了董事會，主要商討為工人把薪資漲到日薪五美元的事情，最終董事會通過了此項決定，並鄭重宣佈：「將實現五美元工作日，只要是福特汽車廠的工人，都能領到屬於自己的一份。」

「日薪五美元」的薪資制度就這樣誕生了，這個舉措在全美國引起了強烈的迴響。工人們對福特汽車公司的這一決策都讚不絕口，因為從此他們也可以過著體面的生活，感受到充實的日子。然而，工人的薪資問題順利解決了，「麻煩」卻隨之而來，全國各地的工人們都紛紛湧向底特律，人們都非常希望在福特汽車廠工作。福特汽車廠因此也招收了更多數量的高素質工人，這一舉動不僅壯大了公司的整體實力，也加快了公司的發展速度。各大報紙的頭版新聞都刊登了福特公司的加薪政策，新聞界對福特的這一舉措大加讚揚。

福特公司體恤員工，能為員工的實際生活著想，在提高員工薪資的同時，換來的是員工們的熱情和忠心，從而以更大的工作積極性來回報公司，最終也使公司贏得了更多的利益。

28 站在對方的立場看問題

只有站在對方的立場上看問題，才能夠瞭解到對方的需求。只有瞭解對方的需求後，才能夠採取些實用性的方法來滿足對方的需求。要知道，在滿足對方需求的同時，自己的目的也就達到了。

袁尚、袁熙在烏桓被曹操打敗後，又帶著殘兵敗將投奔遼東太守公孫康去了。曹操西征烏桓回兵後，謀士郭嘉已經死了好幾天。不過，他在臨死前為曹操留了一封信，並囑咐道：「丞相若從書中所言，遼東事定矣。」

曹操看了郭嘉留給他的信後，按兵不動。第二天，夏侯惇帶著眾人稟告曹操：「遼東太守公孫康，久不賓服。今袁熙、袁尚又往投之，必為後患。不如乘其未動，速往征之，遼東可得也。」曹操笑著說：「不煩諸公虎威。數日之後，公孫康自送二袁之首至矣。」諸將聽了曹操的話後，雖然不大相信，但也不敢擅自行動。

袁熙、袁尚投奔遼東後，公孫康聚眾商議。他們認為，如果不除掉二袁，二袁有可能圖謀遼東；如果除掉二袁，曹操引兵下遼東時便少了幫手。經過一番商議後，他們決定：如果曹兵來攻，就留下二袁；如果曹兵不動，就將二袁除掉，獻給曹操。公孫康一方面假託有病，不與二袁相見；一方面派人打聽曹操的動向。當得知曹操毫無動兵的跡象後，他果斷除掉二袁。

夏侯惇、張遼見曹操一直按兵不動，便建議曹操回許都。曹操說道：「待二袁首級至，即便回兵。」果然，就在當天，公孫康派人將二袁的頭顱獻上。眾人大驚，不知其中奧妙。這時，曹操才拿出郭嘉的書信。書信上寫道：「今聞袁熙、袁尚往投遼東，明公切不可加兵。公孫康久畏袁氏吞併，二袁往投必疑。若以兵擊之，必並力迎敵，急不可下；若緩之，公孫康、袁氏必自相圖，其勢然也。」

曹操採用了郭嘉的建議，不用一兵一卒便剷除了袁熙和袁尚。他按兵不動卻能夠達到自己的目的，關鍵在於能夠站在公孫康的角度來看問題。

有時候，站在對方的立場看問題是很重要的。如果在適當的時候善於採用這種方法來處理事情，能節省很多資源和力氣。

松下電器公司創始人松下幸之助先生，在做生意的過程中，常常會站在對方的立場看問題。

由於每個生意人都有自己的立場和觀點，所以在相互交往的過程中難免會出現分歧。松下幸之助在做生意的過程中雖然希望縮短溝通時間、提高會談效率，但卻一直因為雙方存在的分歧而不能如願。後來，他從下面這個「犯人的權利」的故事中學到了一個實用的道理。

某個犯人被單獨監禁。監獄當局已經拿走了他的鞋帶和腰帶，這樣做只是不想讓他傷害自己（他們要留著他，以後有用）。這個不幸的人用左手提著褲子，在單人牢房裡無精打采地走來走去。

他提著褲子，不僅是因為他失去了腰帶，也因為失去了十五磅的體重。從鐵門下面塞進來的食物都是些殘羹剩飯，他拒絕吃。當他用手摸著自己肋骨的時候，他嗅到了一股萬寶路香菸的香味，他喜歡萬寶路這種牌子。

藉由門上一個很小的窗口，他看到門廊裡那個孤獨的獄警深深地吸了一口菸，然後滿足地吐出來。這個囚犯很想要一支香菸，所以，他用他的右手指關節客氣地敲了敲門。

獄警慢慢地走過來，傲慢地哼道：「你有什麼事？」

犯人結結巴巴回答說：「對不起，請給我一支菸……就是你抽的那種萬寶路。」

獄警錯誤地認為囚犯是沒有權利的，所以，他嘲弄地哼了一聲就轉身走開了。

這個囚犯卻不這麼看待自己的處境。他認為自己有選擇權，願意冒險檢驗一下他的判斷，所以他又用右手指關節敲了敲門。這一次，他的態度是威嚴的。

那個獄警吐出一口菸霧，惱怒地扭過頭，問道：「你又有什麼事？」

囚犯回答道：「對不起，請你在三十秒之內把你的菸給我一支。否則，我就會用我的頭撞擊這結實的混凝土牆，直到弄得自己血肉模糊、失去知覺為止。如果監獄當局把我從地板上弄起來，然後讓我醒過來，我就會發誓說這是你幹的。當然，他們絕不會相信我。但是，想一想你必須出席每一次聽證會，你必須向每一個聽證委員證明你自己是無辜的；想一想你必須填寫一式三份的報告；想一想你將遇到的麻煩吧——所有這些都只是因為你拒絕給我一支劣質的萬寶路！就一支菸，我保證不再給你添麻煩了。」

獄警會從小窗裡塞給他一支菸嗎？當然給了。他替囚犯點上菸了嗎？當然點上了。為什麼呢？因為這個獄警知道事情的得失利弊。

這個囚犯看穿了獄警的立場和禁忌，或者叫弱點，因此達成了自己的要求——獲得一支香菸。

松下幸之助先生立刻聯想到自己：如果我站在對方的立場看問題，不就可以知道他們在想什麼、想得到什麼、不想失去什麼了嗎？

他終於從中領悟到一條人生哲學。憑藉這條哲學，他與合作夥伴的談判變得簡潔有效，愈來愈多的人成為了他的合作夥伴或朋友，他的生意也愈做愈好。

站在對方的立場考慮問題，你會發現，你變成了別人肚子裡的蛔蟲，對方所思所想、所喜所忌，一切都在你視線中。在各種交往中，你就可以從容應對，要嘛伸出理解的雙手，要嘛防範對方的惡招。

如果你不想造成尷尬局面和被動局面，那麼最好的辦法是多站在對方的立場去觀察，這樣就能拉近雙方的距離，彌合雙方的間隙。成大事者深知此理，因此也是運用此理的高手。

用那些你想去影響別人的眼光來看問題，是你在任何情況下都可以採用的思考原則。

29 雪中送炭情更長

一個人處在最困難的時候，也是他最需要幫助的時候。而且，只有在這個時候，他才會體會到人情冷暖、世態炎涼。如果在此時能夠向他伸出援助之手，無疑會令他「感激涕零」，將你的這份誠意牢牢記在心中。當你時運不濟而他已經時來運轉時，他便會毫不猶豫地拉你一把。

馬超攻破長安時，曹操令曹洪去守潼關。曹洪不聽勸阻，導致潼關失守。曹操要以軍法處治他，受到眾人勸阻。隨後，曹操親自率軍趕往潼關。初次交戰，曹操便被來勢兇猛的西涼兵窮追猛打。

當時，西涼兵中有人喊道：「穿紅袍的是曹操！」曹操立即將紅袍脫掉。接著，又有人喊道：「長髯者是曹操！」曹操又用佩刀將鬍鬚割斷。再接著，馬超在軍中大喊：「短髯者是曹操！」曹操無奈，只得扯下戰旗的一角裹住頸部。

儘管如此，還是被馬超發現了。馬超尾隨而至，出槍便向曹操身上戳去。在這緊要關頭，曹洪趕上前來，奮力保護曹操，曹操得以脫險。曹操脫險回寨後，長嘆道：「吾若殺了曹洪，今日必死於馬超之手也！」隨後，他重賞了曹洪。

患難中伸出援手，哪怕只是一句溫馨的安慰，對方也會銘記於心，把你當做知己般對待，等到將來你有需要時，他會像及時雨一樣來到你的身邊助你一臂之力。大凡有心人都如此。

第一次世界大戰結束後，德皇威廉一世的下場最可悲，落得個眾叛親離。許多人對他恨之入骨，無奈之下他只好逃到荷蘭保命。正在這時，他接到一位單親小男孩的來信，雖然信的內容非常簡短，但是字裡行間都流露出真情。小男孩在信中向德皇表達了深深的敬仰之情。他說：「不管別人如何看待您，您將永遠是我最尊敬的皇帝。因為我一直都很敬仰您。」德皇看完信後，被小男孩的真情深深地感動了，危機過後便邀請小男孩到皇宮作客。小男孩受到德皇的邀請，異常興奮，與母親一同進了皇宮。後來，小男孩的母親便嫁給了德皇。

有人喜歡為他人雪中送炭，而有些人卻沒有意識到這種做法的可貴。當朋友擺脫困難糾纏後，這種人會說：「怎麼會這樣啊！你為什麼不早點告訴我，早知道你有困難我一定會幫上點忙的！」有這種說辭的人，與其說他不知道朋友正需要他的幫助，倒不如說他根本就不想拉朋友一把。

人們可以敏感地察覺到自己的苦處，可是對別人的痛處卻很難意識到，那是因為他們不夠重視朋友。正是因為對朋友缺乏瞭解，所以忽視了他人的需求，這種思想意識下就更不會花功夫去解讀朋友的需要。那些假裝不知道朋友需要幫忙的人，或許是沒有切身之苦、切膚之痛吧！等到他們真正體會到身處困境而無人雪中送炭的滋味後，就會瞭解自己以前的做法有多麼愚蠢。

如果要求人們都達到「人飢己飢，人溺己溺」的境界，似乎有些不切實際，但至少可以隨時觀察一下身邊的朋友，看他們是不是正等待著你的幫忙！如果有需要，立刻伸出你溫暖的手，幫助他們脫離困境。

當朋友在事業上不順心的時候，你主動向他詢問自己能為他做點什麼，或者用關心的話語開導他，即使你不能為他解決當前的煩惱，你的關心也會像春雨般撒在他飢渴的心田，他也會由衷地感謝你，把你視為他的知己，日後會在適當的時機回報你。

30 慎選朋友，重質不重量

選擇朋友的時候，一定要摒棄「多多益善」的觀念，而應該始終抱持一種「寧缺勿濫」的態度。朋友在精而不在多，好的朋友能夠昇華自己，壞的朋友卻會污染自己，正所謂「近朱者赤，近墨者黑」。而且，身邊有了壞的朋友，好的朋友便不敢與你靠近，因為他們會認為：一個人有什麼樣的朋友，他自己就是什麼樣的人。》

《三國演義》中如此描寫呂布：頭戴三叉束髮紫金冠，體掛西川紅棉百花袍，身披獸面吞頭連環鎧，腰繫勒甲玲瓏獅蠻帶；弓箭隨身，手持畫戟，坐下嘶風赤兔馬：果然是「人中呂布，馬中赤兔」。

呂布不僅看起來威風凜凜，而且驍勇善戰。論功夫，當時無人能及。然而，就是如此一位英雄人物，卻被利色所誘。

最初，呂布在荊州刺史丁原手下效力，並把丁原認作義父。董卓專權後，想廢除皇帝，另立陳留王，結果遭到丁原的強烈抗議。第二天，丁原率兵前來搦戰。雙軍剛剛交鋒，董卓見呂布勇猛，急忙逃走。董卓見呂布是非凡之人，於是想將其納入麾下。這時，董卓旗下的虎賁中郎將李肅主動請纓，願意讓呂布「拱手來降」，董卓大喜。李肅帶著「黃金一千兩、明珠數十顆、玉帶一條」和赤兔馬前來拜見呂布。見到呂布後，李肅用珠寶及赤兔馬輕而易舉地為董卓收復了呂布。呂布感慨「恨無涓埃之功，以為進見之禮」，遂殺了義父丁原，取其首級獻給董卓。

接著，呂布見董卓對自己如此賞識，下拜道：「公若不棄，布請拜為義父。」董卓自然樂意，賞賜給呂布一件金甲錦袍，然後封呂布為騎都尉、中郎將、都亭侯。丁原被殺，董卓又添一員虎將，朝中眾官無不戰戰兢兢。為了除掉董卓，先有曹操獻刀之計，又有十八路諸侯同討董卓，但皆以失敗告終。司徒王允見董卓日益猖獗，悲憤難忍。這時，他府中的一名叫貂蟬的歌伎挺身而出，願意為其分憂。王允先許諾將貂蟬嫁給呂布，再將貂蟬獻予董卓，引起董、呂兩人爭風吃醋。呂布為得到貂蟬，最終殺了董卓。

呂布這樣的人，雖然才華出眾，但卻不是一個值得交往的人。如果與這樣的人交朋友，早晚有一天都會被他給「賣」了。

交朋友的時候，一定要細心地選擇，做到寧缺毋濫。其實，值不值得與一個人交往，可以從他的言行舉止中看出。

荀巨伯不遠千里來看望一位病重的朋友，正遇上兇悍的胡賊進犯。友人對荀巨伯說：「我的病情已經惡化，恐怕活不過今天了。這裡兵荒馬亂，你趕緊離開吧！」荀巨伯正言回答道：「我不遠千里來與你相見，你卻要讓我速速離去。敗義而求生，不是我荀巨伯的行風！」胡賊入郡後，見到荀巨伯後問道：「我大軍已到，全郡的人已經一走而空。你是哪裡人，竟敢獨自待在郡中？」荀巨伯鎮定自如地說道：「友人患了大病，我不忍拋棄他。請你們不要傷害我的朋友，我願意替他死。」胡賊相互議論道：「吾輩無義之人，而入有義之國。」隨後便班軍而回，整個郡縣得以保全。

像荀巨伯這樣的人，便是一個值得交往的人。這種人能夠與朋友同甘共苦，幫助朋友排憂解難。

郭林宗同樣是一位擅長擇友的人。他到了汝南後，經過袁奉高的家時，「車不停軌，鸞不輟軛」，不願意在他家作片刻停留；到了黃叔度的家時，一住就是兩天兩夜。有人問他其中的緣故，他回答說：「叔度汪汪如萬頃之陂，澄之不清，擾之不濁，其器深廣，難測量也。」

交朋友必須謹慎，只有這樣才能夠從朋友身上學到更多的東西，而不會被朋友的不良行為所影響。

古人最不贊成以利相親的交友原則，認為僅僅為了利益而結交朋友，勢必影響生活的品質和人品。

孟子說：「友也者，友其德也，不可以有挾也。」顯然，孟子交朋友，是為了提高自己的品德和學問，而不是有利可圖才和他相交。

司馬遷說：「以權利合者，權利盡而交疏。」這種人在現實生活中並不少見，如果他有求於你，就會對你體貼入微，多方照顧；如果用不到你了，就會對你不理不睬，甚至老死不相往來。

其實真正知心的朋友是很少的，只有知心的朋友才能相知、相親、相敬，同甘共苦交友貴多，樹敵務少。如果交到賢明的朋友，志同道合，共同促進，那當然愈多愈好；如果交到志趣低下、見利忘義的朋友，那顯然是得不償失的。因為自古就有「禽鳥必擇良木而棲」的古訓，良鳥與良木是不可分割相依相存的。

第四章：修身自省，累積自身實力

每個人的命運都掌握在自己手中，平庸一生也好，輝煌一世也罷，全由自己做主。不過，既然人們來到世上，就不應該荒廢這彌足珍貴的生命。與其怨天尤人無所事事，不如砥礪自我實現價值。

31 吃得苦中苦，方為人上人

「不吃苦中苦，難熬人上人」，要想成就一番事業，沒有吃苦精神是難以實現的。吃苦的過程便是磨練體膚、心智的過程，能夠讓自己在逆境中不放棄，在順境中不得意忘形，從而一步步登上事業高峰。

袁紹大破公孫瓚後，勢力更加強盛。而在此時，其弟袁術卻因為驕奢過度落得個眾叛親離的下場。於是，袁紹準備棄淮南而歸河北。如果他們兩人同心協力，河北地區將更難收復。劉備趁機主動請纓，得到曹操許可後，率軍前往徐州截住袁術。

劉備到徐州後不久，袁術引兵前來。術軍先鋒紀靈剛來交戰，就被張飛斬殺。隨後，袁術親自引軍來戰，又被張飛、關羽等人殺得大敗，術軍「屍橫遍野，血流成渠；兵卒逃亡，不可勝計」。

沒想到，屋漏偏逢連夜雨，船破又遇頂頭風。術軍糧草又被嵩山的雷薄、陳蘭劫去。袁術無法，本打算返回壽春，又遇到群盜的襲擊，只得暫時在江亭停留。這時，袁術營中只剩下一千餘人，而且都是一些老弱傷殘者。由於糧食不足，袁術命令將糧食全部分派給軍士，家人中有許多因無食而餓死。當時正值盛夏，袁術吃不慣粗糧，於是令廚子取來蜜水。廚子答話說只有血水。袁術坐在床上，「大叫一聲，倒於地下，吐血斗餘而死」。

要想成就一番事業，沒有吃苦精神是不行的。既然想帶兵打仗、爭奪地盤，就要有吃苦的心理準備。然而，袁術卻過慣了錦衣玉食的生活，根本無法嚥下粗糧。像他這樣的人，是不會有什麼建樹的。

孟子說過：「天將降大任於斯人也，必先苦其心志，勞其筋骨，餓其體膚，空乏其身，行拂亂其所為，所以動心忍性，增益其所不能。」

這段話的意思是：上天要想把重大的使命交給一個人，必定要首先鍛鍊他的思想意志，使他的筋骨勞累，使他忍受飢餓，使他身受貧困，使他的行為顛倒錯亂，用來使他內心警覺，使他的性格堅忍，增強原本不具備的能力。

孟子的這段話蘊含著深刻的哲理，二千多年來一直激勵著有志之士克服了無數的艱難困苦，成就了偉大的事業。

我們不相信什麼上天的意志，但是一個人要想成就大事業，擔當大責任，必須從精神到肉體都能承受住常人所難以想像的磨練。為什麼呢？因為安樂的境遇容易消磨人的意志，使人萎靡不振，無所事事；而艱難困苦的境遇則使人奮發，從而求得生存和發展，也就是「生於憂患，死於安樂」。孟子還一口氣舉了六位古代的大賢為例：舜發跡自田地中間，傅說舉自築牆的人中間，膠鬲舉自魚鹽販子中間，管夷吾任用自獄官手裡，孫叔敖騰達自隱居的海邊，百里奚崛起自市井。由此可見艱難困苦乃是人才成長的必要條件，如果能經受住艱難境遇的重重考驗和磨練，那麼就多了一份成功的把握。

如今，生活的磨難已經不像以前那樣多，大多數人都能過著衣食無憂的生活。於是有人說了，現在沒有條件吃苦了。其實並非如此。吃苦的方式有很多種，勤奮便是其中的一種。儘管現在不需要臥薪嚐膽，不需要鑿壁偷光，但還是可以做到勤奮的。在勤奮的過程中，一個人的知識逐漸豐富，能力逐漸增強，成就一番事業的基礎將愈來愈穩固。

一個屢遭失意打擊的年輕人，千里迢迢尋找高僧，為他未來的生活道路指點迷津。他來到一座寺廟，求見該寺廟的著名長老釋圓。他沮喪地對釋圓長老說：「人生總是不如意，同事看不起，老闆不賞識，活著還有什麼意思呢？」

釋圓長老靜靜聽著年輕人的嘆息，並沒有對他大加教誨，而是吩咐小和尚說：「施主遠道而來，燒一壺溫水送過來。」

一會兒，小和尚提著一壺溫水來到了佛堂。只見釋圓長老拿起一個杯子，並往裡面放了一些茶葉，接過小和尚手中的溫水沏了茶，然後他微笑著請年輕人喝茶。茶杯裡冒出微微的熱氣，茶葉靜靜地漂浮在水面上。年輕人對釋圓長老的用意十分困惑：「長老為什麼用溫水沏茶呢？」釋圓長老笑而不語，示意讓他品茶。年輕人端起茶杯放到嘴邊品了一口搖搖頭說：「沒有一點兒茶香味！」

釋圓長老說：「這可是當地的名茶啊！怎麼可能沒有味道？」

年輕人又品嘗了一下茶，依然肯定地說：「我說的是事實，真的沒有一絲茶香。」

釋圓長老又吩咐小和尚：「去燒一壺沸水送過來。」

又過了一會兒，小和尚提著一壺冒著熱氣滾燙的沸水來到佛堂。釋圓長老依然重複那一套動作，取杯子、放茶葉、倒沸水，再放在茶几上。這次看到的情景與前一情況不同，杯子裡冒著熱氣，茶葉在杯子裡上下沉浮，不時地散發出陣陣清香，使人望而生津。

年輕人剛要端杯品茶，釋圓長老卻作勢擋開了，他又提起水壺向茶杯裡注入一些沸水。只見茶葉在杯子中不斷地翻騰著，頓時一縷更濃厚的茶香嫋嫋升騰，一會兒，整個佛堂中都被茶香瀰漫了。

釋圓長老笑著問年輕人：「施主可知道，同樣的茶、同樣的環境，為什麼會產生不同的味道呢？」

年輕人說：「因為泡茶所選用的水不同。」

釋圓長老微笑著點點頭：「沒錯，正是這個原因。用溫水沏茶，怎麼會品嘗到茶的芳香呢？人的生存之道，也和沏茶如出一轍。你現在的處境就相當於用溫水沏茶，水的溫度不夠，很難沏出香味飄散的茶。當你自己的能力不足時，要想處處得力、事事順心自然很難。解決問題的唯一辦法也是最有效的方法就是苦練內功，不斷地提高自己的能力。」

大師的一番指點使年輕人茅塞頓開，他回去後刻苦學習，虛心向人求教，不久就贏得了老闆的重視，被提升職位。

一位學者指出：「勤，勞也。無論勞心勞力，竭盡所能勤勉從事，就叫做勤。各行各業，凡是勤奮不怠者必定有所成就，出人頭地。」

一個人只有不斷地勤奮努力，才能找到自我發展的空間；一個人只有不斷地完善提高自己，才能將所有的才能表現出來，趕上時代的步伐。

32 認識自我，量力而為

要想充分實現自己的人生價值，就應該全面地分析自我、認識自我，然後從各個方面不斷地完善自我。不能夠認識自我的人，就如同在茫茫黑夜中行走，沒有一個明確的方向；而認識自我的人，就如同在白天裡趕路，向著明確的目標不斷前進。

袁紹在官渡大敗後，回冀州調養。正在心煩意亂之際，袁熙、袁譚、高幹忽然引兵前來助戰。袁紹大喜，整頓好人馬後又來戰曹操。

兩軍對峙，袁紹回顧眾將問道：「誰敢出馬？」袁尚飛馬出陣，將曹操軍中徐晃部將史渙射殺。

曹操用「十面埋伏」之計大勝袁紹後不久，主動出擊，引兵北征袁紹。此時，袁尚自負其勇，不待袁譚、袁熙等援軍至就引兵迎戰曹操的先鋒部隊，結果不到三個回合就被張遼打敗，首戰便挫傷了士氣。

袁尚犯了一個錯誤，這個錯誤就是他不能認識自我，過高估計了自己的能力。一個不能認識自我的人，要嘛會高估自己的能力，要嘛會低估自己的能力。高估自己的能力，能夠得到的更多是失敗，而低估自己的能力，無疑會影響一個人自我價值的實現。

那英是流行樂壇上一顆耀眼的明星。她僅憑著自己獨具魅力的演唱風格就征服了一大批年輕樂迷。她演唱的許多的好歌，一直被廣為傳唱。

在藝術的行業中流傳著這樣一句話：「台上十分鐘，台下十年功。」這話說得一點也不錯。大家都看到了那英風光的一面，卻不知道為了這一天她付出了多大的努力。初闖樂壇時，那英僅僅是無名之輩，艱苦努力、不斷自我提升後，那英才獲得了在舞台上展露才華的機會。

那英從小就具有非常強的模仿能力，而且在音感方面也有很高的天賦，這為她的成功做了一個很好的鋪墊。由於她的音色與蘇芮相近，所以在早期的演唱活動中，她就是因為這個原因而被大家關注的，她的模仿功力簡直可以達到以假亂真的地步。

一九九〇年以後，蘇珊．維格等世界級巨星的歌曲給那英一個很大的啟示。直到後來她才將那次的感悟說出來：「其實，流行歌曲的演唱並不是『西北風』式的唱法，只有在本能的音色上唱出來的東西才能真正地打動別人，那種風格並不是連喊帶叫。以前總認為，只有連喊帶叫才能證明自己是個實力派歌手的想法，現在想起來不免覺得有些荒唐可笑，尤其是在一九八八至一九九〇年間，我的表現想來真是幼稚無知。」

從此，那英在許多作曲家的幫助下，逐漸地擺脫了蘇芮的影響，形成了自己獨特的風格。她開始成熟，並走向一個新的高度，從而將自己的音樂事業推上了一個新的高峰。

一九九二年的「奧林匹克風」演唱會上，那英與蘇芮同台獻藝。不過，原來以效仿蘇芮的聲音和風格而出名的那英，此時此刻卻在演唱中表現出了自己獨特的聲音和風格。

效仿他人雖然可以為自己當時帶來一定的好處，但那絕非長久之計，久而久之就會迷失真正的自己，永遠活在他人的背後，那英沒有這樣做。在一番自我認識後，她不再模仿別人，而是以自己的風格在演藝事業中走得更遠。

一個人能不能擁有一個成功的人生，關鍵要看他能不能正確認識自我。不過，認識自我並不是一件容易的事情。有人說過：「認識別人難，認識自己更難。」事實的確如此，如果我們不能夠認真對待這件事情，自然不能夠將它處理好。

為了能夠讓人們能夠充分地認識自我，社會學給我們指出了認識自己的三個途徑：

第一，在和別人的比較中認識自我。〈鄒忌諷齊王納諫〉裡，鄒忌不斷地拿自己與徐公比較，從不同人的回答中正確地認識了自己，並且悟出了其中的道理，突破了蒙蔽，超越了自我。

透過和他人比較，我們才能認識到自己的長處與短處。因為一個人的長處和短處都是相對他人而言的，沒有比較就沒有長處和短處之分。

第二，從別人的評價中認識自己。人們常說當局者迷，旁觀者清。自己的言行相貌，自己難以判斷其正誤；別人是一面鏡子，能把自己照得很清楚。因為別人的評價是綜合了更多的比較得出來的，因而在一般情況下是比較公允的，聽聽別人的評價會有助於認識你自己。

第三，從自己的實踐中認識自己。在閒下來的時候回想一下：自己做了哪些事情，長於什麼或拙於什麼，成功了多少或失敗了多少。回顧自己走過的人生之路後，對自己就能有一個比較全面的瞭解。

充分認識自我後，在做事情的時候才能夠量力而行。只有做到了量力而行，才能夠使自己的能力得到充分展現，既不至於埋沒才華也不至於因能力不足而承受不必要的壓力。

有一位武術大師隱居於山林中。他的聲望十分顯赫，只要是得知其行蹤的人，無論有多遠，都不辭辛苦地將自己的孩子送到他的門卜，向他拜師學藝。因為，在他的指導下每個弟子都有相當出色的成績。

一天，一對夫婦去深山找他，只見他正在檢查弟子們挑水的多少，他們奇怪地發現，每個弟子的水桶都不是滿的，而且參差不齊，有的多有的少。可是大師看了還不住地點頭、稱讚。

他們不解地問：「大師，這是什麼道理？他們的水桶都不滿，你還稱讚他們，這豈不是在縱容他們嗎？這樣如何能教育好弟子呢？」

大師說：「挑水之道並不在於多，而在於挑出能力。一味貪多，結果會適得其反。」

他們更加不解。大師從弟子中拉出一個人，叫他從山谷裡打兩滿桶水。那人挑得非常吃力，沒走幾步，就跌倒在地，辛苦挑的水全灑了，而且膝蓋還受了傷。

大師說：「你們看水灑了，還要重新去挑，膝蓋破了，走路不是更艱難，是這樣好還是讓他們量力而為比較好呢？我是想告訴他們一個做人的道理：不管做任何事情都要量力而行，只有在自己能力範圍內才能將力量發揮到極限。」

夫婦倆恍然大悟，立刻讓自己的愛子跪在地上向大師磕頭，並希望大師能夠收下自己的兒子。

在現實生活中，很多人喜歡急功近利，這樣的人太過於自負。在找工作時，他們沒有全面衡量自己的能力，換句話說就是不知道自己到底有「幾斤重」。在這樣的情況下，就算是拿到了高薪也只是暫時的。正所謂「路遙知馬力」，一段時間過後，上司就會看出他們的能力，最終還得被解雇。

33 樂觀豁達，笑對人生

保持樂觀心態的秘訣主要有三個：一是善於幽默，善於找樂；二是遇到失敗挫折絕不氣餒，有繼續努力、再創輝煌的信念；三是為人和善，與人為友。

諸葛亮舌戰群儒時，孫權手下的首席謀士張昭首先用言語挑釁。他說，劉備自稱得到諸葛亮便「如魚得水」，而諸葛亮也常常自比管仲、樂毅。然而，自從諸葛亮跟隨劉備後，劉備「上不能報劉表以安庶民，下不能輔孤子而據疆土」，而且「棄新野，走樊城，敗當陽，奔夏口」。管仲能夠幫助齊桓公成就霸業，一匡天下，樂毅能夠幫助弱燕攻下強齊七十餘座城池，而劉備在諸葛亮的輔佐下，不僅沒有像以前那樣「縱橫寰宇，割據城池」，反而弄得無立錐之地。

諸葛亮並沒有被張昭的話征服，而是巧妙地表明了自己的能力。他先是分析了劉備當時的實力：兵不過千，將只有關羽、張飛和趙雲，所據之地不過一個新野小縣，且人少糧缺，再客觀表述自己的戰果：博望燒屯和白河用水，先戰敗夏侯惇十萬大軍，再戰敗曹仁十萬大軍。以「甲兵不完，城郭不固，軍不經練，糧不繼日」，卻令夏侯惇、曹仁「心驚膽裂」，即使是管仲、樂毅用兵打仗，在這種情況下也未必能夠以少勝多、以弱敵強。

儘管張昭指出了劉備在諸葛亮輔助下的種種敗績，但諸葛亮沒有因此而感到絲毫沮喪，反而能夠透過表面的敗績看到在自己指導下打下的勝仗，並且還能夠在這種情況下與管仲、樂毅相比。從諸葛亮的表現中可以看出，樂觀的心態是多麼重要。

樂觀的人，能夠在災難中看到希望；而悲觀的人，卻在希望中看到了災難。

曾經有兩個囚犯，從獄中望窗外，一個看到的是滿目泥土，一個看到的是萬點星光。面對同樣的遭遇，前者悲觀失望，看到的自然是滿目蒼涼、了無生氣；而後者樂觀積極，看到的是星光萬點、一片光明。因此，前者整天鬱鬱寡歡，後者快樂從容。

人生在世，浮載浮沉在所難免，唯有樂觀豁達，才能無所羈絆。

一位水手準備遠航，出發前，有人與他這樣交談。

他問：「你父親是怎麼死的？」

水手回答：「出海捕魚，遇上風暴，死在海上。」

那人又問：「那你祖父呢？」

水手回答：「也死在海上。」

那人又問：「既然這樣，你還去航海嗎？難道不害怕死在海上嗎？」

水手沒有直接回答他的問題，而是微笑著回問：「你父親死在哪裡？」

那人說：「死在床上。」

水手又問：「你的祖父死在哪裡呢？」

那人回答：「也死在床上。」

水手問道：「既然這樣，難道你每天睡在床上不害怕嗎？」

這個故事言簡意賅，卻含有深刻的人生哲理。水手明知祖父、父親都死在海上，卻沒有因失去親人的痛苦而改變自己的奮鬥目標，仍然樂觀地從事自己的事業。

生活中，每個人都會遇到挫折，甚至有時一些挫折的現狀難以突破。面對挫折有的人便會不戰而敗，捶胸頓足，怨天尤人。這樣的人永遠也無法走出困境。真正的成大事者，則會滿懷希望。

有一位外國女人的頭部被搶劫犯擊中了五槍，竟然還能繼續活下去，醫生把她的康復歸功於求生的希望。她自己也說：「希望和積極的求生意念是我活下去的兩大支柱。」和她一樣，許多癌症患者在面臨死神的威脅下對生命還寄託著希望，竟然活了許多年。在挫折面前只有充滿希望，永不放棄，才有機會取得成功。

希望，使人增強了對挫折的心理承受能力。經歷過挫折打擊而能心平氣和地忍下來的人都有一種切身體驗：人之所以能夠忍耐，是因為他對未來充滿了希望。比如，一些受到不公平待遇的人產生了極強的挫折感，他們本來可以找有關人士去討個公道，可是，又怕因此會給其他人留下話柄，說他們計較個人名利。為了日後的前途，他們忍了，一次、二次、三次，每次忍讓時他們心中想的都是希望。如果一個人絕望了，對未來不抱任何希望，他就不會忍耐，而會自暴自棄，不去做任何努力，對一點點挫折都失去了承受能力。從這個意義上說，希望是奔向前途的航標和指路明燈。人若沒有了希望就會迷失方向，生活就會失去意義。成大事者之所以對挫折的心理承受力強，就是因為他們相信「山重水盡疑無路，柳暗花明又一村」。

成大事者在對人生充滿希望的同時，也表現了他們對人生積極樂觀的態度。成大事者積極樂觀的態度就是在挫折中主動尋找幸福。即使道路坎坷，荊棘繞身。

近年來，有研究顯示，日本的自殺人數逐年上升。很多人遇到挫折，首先想到「勇敢」的切腹自盡，而不是思索該怎樣戰勝困難。

生命對於每個人來說都只有一次，是否以積極樂觀的態度去看待人生，這對一個人一生的影響是重大的。

樂觀是指人在遭受挫折打擊時，仍堅信情況將會好轉，前途是光明的。從EQ的角度來看，樂觀是人們身處逆境時不心灰意冷、不絕望或不抑鬱消沉的心態。與希望一樣，樂觀施恩於人生。

樂觀對挫折中的人有如下作用：

第一，樂觀能為人排遣痛苦。

樂觀是一種良好的心理特徵，能挫敗一切痛苦與煩惱，給人生活的勇氣、信心和力量。醫學家認為，愉快的情緒能使心理處於怡然自得的狀態，有益於人體各種激素的正常分泌，有利於調節腦細胞的興奮和血液循環。馬克思也說：「一種美好的心情，比十副良藥更能解除生理上的疲憊和痛楚。」

第二，樂觀能促進身體健康。

樂觀者一生中最大的收益是身體機能完好。人們常說「笑一笑，十年少」。沒錯，樂天派自然心寬體胖，會笑對人生中的坷坎與挫折。他們不容易被疾病擊垮，他們抗禦心腦血管病、癌症和糖尿病等慢性病的能力遠勝過悲戚憂鬱者。一項新的研究成果證明了樂觀與健康的對應關係。研究發現，對自我前途和未來持冷淡態度是身體健康不良的前兆。有一位外國的流行病學家斷言，長期有這種絕望意識的人，其死亡率高於心臟病、癌症和其他病因造成的平均死亡率。這說明樂觀心態對於健康的確大有裨益，悲觀絕望則嚴重影響身體健康。

34 經一事必長一智

每個人都會經歷或大或小的失敗，這是無可否認的。失敗並不可怕，可怕的是不能從失敗中吸取經驗和教訓，從而在遇到類似的事情時再次面臨失敗的厄運。一個善於從失敗中吸取經驗教訓的人，失敗對他來說是有價值的。但一個對失敗置之不理的人，注定要不斷面臨失敗。

曹操在赤壁之戰後，元氣大傷。在之後的戰爭中，他變得謹慎起來。比如：

曹操破了西涼後，於建安十七年冬率軍南下，與吳軍對陣於濡須口。兩軍在一個多月內交戰數次，不分勝負。曹軍中有人建議繼續作戰，有人建議暫回許都，曹操猶豫不決。這時，孫權派人送了封信到曹操處，上面寫道：「孤與丞相，彼此皆漢朝臣宰。丞相不思報國安民，乃妄動干戈，殘虐生靈，豈仁人之所為哉？即日春水方生，公當速去。如其不然，復有赤壁之禍矣。公宜自思焉。」曹操看後，人笑道：「孫仲謀不欺我也。」隨後班師回許都。

曹操平定漢中後，司馬懿進諫道：「劉備以詐力取劉璋，蜀人尚未歸心。今主公已得漢中，益州震動。可速進兵攻之，勢必瓦解。智者貴於乘時，時不可失也。」聽了司馬懿的話後，曹操卻發出了「人苦不知足，既得隴，復望蜀」的感慨。儘管還有其他人建議他立即攻取西川，他也按兵不動。不久，孫權攻打合淝，曹操引兵回救。

正所謂「經一事，長一智」。曹操嘗盡了赤壁之戰的苦頭，在日後的行動中自然變得謹慎。

然而曹操手下的謀士蔣幹卻與曹操相反，是一個不會記取經驗教訓的人。

蔣幹第一次到周瑜處勸降，被周瑜的話堵死了，沒有達到自己的目的。當晚，周瑜與他同睡一床。在此之前，周瑜令人偽造了一封蔡瑁、張允暗接東吳的書信，然後將其放在室內文案上。周瑜佯裝大醉，然後「鼻息如雷」，蔣幹心中有事，無法安睡，發現文案上有文書，於是起床偷看。見到蔡、張兩人寫的書信後，蔣幹心中大驚，拆開便讀，只見上面寫道：「某等降曹，非圖仕祿，迫於勢耳。今已賺北軍困於寨中，但得其便，即將操賊之首，獻於麾下……」隨後，周瑜在「夢中」呼喚蔣幹，口中念念有詞，所言之事與信中相關。蔣幹立即將信藏在身上，回到床上裝睡。

夜至四更，有人入帳叫周瑜。周瑜醒後，問道：「床上睡著何人？」來人告訴他說是蔣幹，而且是他自己要和蔣幹同寢的。周瑜後悔說道：「我平常不曾飲酒，昨天大醉後，不知道有沒有失言。」來人告訴他江北有人到，周瑜讓他低點聲，然後叫了蔣幹一聲，見蔣幹未答應，於是偷偷出帳。蔣幹立即起身竊聽，模糊聽到有關蔡、張兩人謀害曹操的事情。周瑜入帳後，又叫了蔣幹一聲，蔣幹仍然不應。

待周瑜熟睡後，蔣幹偷偷溜出帳外，被軍士發現，以「吾在此恐誤都督事，權且告別」為由，順利離開了吳營。曹操從蔣幹口中得知詳情後，立即喚來蔡、張兩人，令他們立即進兵。蔡瑁說水軍還未訓練好，不利出兵。曹操怒言：「軍若練熟，吾首級獻於周郎矣」，蔡、張兩人不知其意，因驚慌不能作答，遂被曹操斬首。

蔣幹去周瑜處勸降，不僅沒有達到勸降的目的，反而害得曹操在一怒之下誤殺了深諳水戰的蔡瑁、張允，妨礙了水軍訓練。

按常理來說，如果蔣幹要是再次去周瑜處時，應該有些警覺。然而蔣幹雖為謀士，卻再次被周瑜利用。

黃蓋被周瑜毒打後，令闞澤去曹操處納降；甘寧為黃蓋說情，被周瑜用亂棍打出，表示願意為曹操作內應。曹操幾乎在同時得到兩份降書，自然疑惑不定，不知道他們是真降還是假降。為了打探虛實，曹操決定派一人去周瑜寨中探聽虛實。此時，蔣幹進言道：「某前日空往東吳，未得成功，深懷慚愧。今願捨身再往，務得實信，回報丞相。」於是，蔣幹再次到了周瑜處。

周瑜見了蔣幹後，提及上次盜書之事，並假裝責怪他壞了自己的大事，然後以擔心其洩漏軍情為由把他安排在西山庵中歇息。如此一來，蔣幹的任務又無法完成了。

蔣幹來到西山庵中，又像上次一樣，得到了意外收穫。他在這裡遇到了龐統，於是立即將其帶到曹操處。令曹操沒有想到的是，龐統的到來正是周瑜的計謀。

與其說周瑜太聰明，不如說蔣幹太糊塗。如果蔣幹稍微聰明一點，便不會上當一次又一次。

人在生活中也常常會遭遇挫折或失敗。但是，有些人在遭遇失敗後，善於從失敗中吸取教訓，並能勇敢地從失敗中站起來，繼續奮勇前進，最終成為生活中的佼佼者。與此相反，有些人遭遇挫敗後，不能積極地從中總結經驗、吸取教訓，而是一蹶不振，始終生活在失敗的陰影裡，他們便是生活中的那些失敗者。

思高酷愛炒股，但一直沒有賺到大錢，甚至連點小利也沒撈到。他由VIP室坐到貴賓室，由貴賓室坐到散戶大廳，最後走出散戶大廳退出了股市「江湖」。

思高失敗的原因，是因為不會吸取教訓和總結經驗。據他說，他買的股票，大部分都可以賺錢，有的還可以賺大錢。可是當股票上漲時，他總捨不得拋出，想著既然漲了我還幹嘛要賣，說不定還能再漲個十%二十%的。不料，天不遂人願，高峰過後，股市一落千丈，他只得認賠拋售。就這樣，他一次一次地失去賺錢的機會，直至血本無歸，最終退出了股市。

從這裡，我們很容易就能看出思高先生炒股失敗的原因，就是不善於從失敗中記取經驗，總是重蹈覆轍，以致一敗塗地。

失敗是避免不了的，我們應該對失敗有正確的認知，坦然地面對失敗，總結教訓，從頭再來，你總會有成功的那一天。如果你一味地自責、懊惱，生活在失敗的陰影裡，只能於事無補。

愛迪生之所以最終能夠發明電燈，是他經歷了上萬次失敗，並從中吸取教訓、總結經驗的結果。

失敗並不可怕，可怕的是失敗後不去思考。失敗後要仔細地反省自己，但不要過度自責，因為誰都可能失敗，要做的是分析失敗的原因，找出解決問題的方法和途徑。

西方有句諺語說得好：「不要為打翻了的牛奶而哭泣。」

牛奶已經打翻了，無論你怎麼惋惜，都無濟於事，牛奶不會再跑回杯子裡。但如果因為今天打翻了牛奶，我們以後更加小心謹慎，不再犯類似的錯誤，即使打翻一杯牛奶也是很值得的。

35 盛怒中仍舊保持清醒

憤怒只會讓人失去理智，只會令人在衝動的情況下做出不明智的選擇。要想在人生路上少走彎路，就應該學會克制自己的憤怒情緒或用其他方式來轉化自己的憤怒。只有這樣，才能夠在遇到問題時透過冷靜的思考來得到正確的對策。

關雲長失守荊州後，從麥城逃亡的時候被吳軍所殺。劉備知道後大怒，遂打算起兵攻打東吳。

趙雲勸諫道：「如今，國賊是曹操，而不是孫權。曹丕篡取漢位，人神共怒。陛下應當及早在渭河上流屯兵，聲討曹賊，奪取關中。如此一來，關東義士一定會帶著糧食、策馬趕來加入討賊大軍中。如果捨魏伐吳，一旦兩軍交戰，很難速戰速決，而且會給雙方都造成嚴重的損失，曹賊便能坐收漁翁之利。希望陛下明察。」

劉備說：「孫權害了朕弟，與朕有不共戴天之仇，而且傅士仁、糜芳、潘璋、馬忠等人都與朕有深仇大恨，朕恨不得吃了他們的肉，滅掉他們的宗族！愛卿為什麼要阻止呢？」

趙雲回答道：「討伐漢賊曹操，報的是公仇；攻打東吳，報的是私仇。希望陛下以社稷為重。」

劉備則說：「如果朕不能為弟報仇雪恨，即使擁有萬里江山又有何用？」於是，他不聽趙雲的勸諫，加緊練兵，隨時準備攻打吳國。後來，諸葛亮雖然勸諫多次，劉備始終不聽。

劉備與張飛商量好伐吳事宜後，便回了閬中。沒過幾天，張飛的兒子張苞前來報告劉備：「范疆、張達殺了臣父，將首級投吳去了！」由此一來，劉備既要為關羽報仇，又要為張飛雪恨，伐吳之心更加堅定。兩軍交鋒數回後，蜀軍兵敗於彝陵。不久，劉備鬱鬱而終。

為了能夠遏制曹操，孫劉聯合是最好的決策，魯肅、龐統、諸葛亮等人都如此認為。然而，劉備卻不能夠控制住自己的憤怒情緒，誓與東吳決一死戰，從而加深了雙方的隔閡。劉備死後，儘管諸葛亮仍然堅持與東吳聯合，但效果已經遠遠沒有以前那麼好了。

與劉備不同的是，劉邦卻能夠控制住憤怒情緒，從而穩住了韓信的心。

西元前二〇八年，劉邦與項羽在戰場上進行激烈的戰爭，就在此時，韓信攻佔齊地後派人給劉邦送來了信，要求封他為假齊王。劉邦見信後勃然大怒，說道：我被困在這裡天天盼他來幫助，他卻想自立為王。

這時，張良用手拉了拉劉邦的袖子，悄聲對他說：「現在戰場形勢於我不利，怎麼能阻止韓信稱王呢？不如答應他的要求，立他為王以穩住其心，否則他會倒戈叛亂的。」劉邦這才恍然大悟，忙改口對使者說：「大丈夫平定諸侯，當就當個真王，哪能當假王呢？」隨後，劉邦就封了韓信為王。這一步棋穩住了韓信，在以後的日子裡，韓信盡心竭力地為劉邦效命，為漢朝的統一立下了汗馬功勞。

人如果養成了動輒發怒的習慣，那麼想成就一番自己的事業是非常困難的。我們每個人都避免不了動怒，憤怒情緒看似沒有什麼，但也會對人生造成很大的損失。憤怒情緒還是一種心理病毒，它和其他病一樣，可以使你重病纏身，一蹶不振。也許你會說：「是的，我也明知自己不該發怒，但就是控制不住自己。」如果你是一個欲成就一番事業的人，那麼從現在開始就應該時刻注意制怒，不能讓憤怒俘虜了自己的情緒。

憤怒既是你自己做出的選擇，是你經歷挫折的一種後天性反應，以自己所不欣賞的方式消極地對待與你的願望不相一致的現實。那事實上，無端憤怒就是一種精神錯亂。因此，每當你氣得失去理智時，你便暫時處於精神錯亂狀態。

和其他所有情感一樣，發怒是大腦思維後產生的一種結果，它不會無緣無故地產生。當你遇到不合意願的事情時，就告訴自己：事情不應該這樣或那樣，於是你感到沮喪、灰心。然後，你便會做出自己所熟悉的憤怒的反應，因為你認為這樣會解決問題。只要你認為憤怒是人的本性之一，就總有理由接受憤怒情緒而不去改正。

但事實是，只要你不去改正，你的憤怒情緒將會阻止你做好任何一件事情。成功的人是不會被憤怒情緒所俘虜的。

下面是消除憤怒情緒的一些具體方法：

第一，當你憤怒時，首先冷靜地思考，提醒自己：不能因為過去一直消極地看待事物，現在也必須如此，自我意識是至關重要的。

第二，當你想用憤怒情緒教育孩子時，可以假裝動怒，提高嗓門或板起面孔，但千萬不要真的動怒，不要以憤怒所帶來的生理與心理痛苦來折磨自己。

第三，不要欺騙自己。你可以討厭某件事，但你不必因此而生氣。

第四，當你發怒時，提醒自己，人人都有權根據自己的選擇來行事，如果一味禁止別人這樣做，只會加劇你的憤怒，你要學會允許別人選擇其言行，就像你堅持自己的言行一樣。

第五，請可信賴的人幫助你。讓他們每當看見你發怒時，便提醒你。你接到訊息之後，可以想想看你在幹什麼，然後努力延遲動怒。

第六，在大發脾氣之後，大聲宣佈你又做了件錯事，現在你決心採取新的思維方式，今後不再動怒。這一聲明會使你對自己的言行負責，並表明你是真心誠意地改正這一錯誤。

第七，當你要動怒時，儘量靠近你所愛的人。

第八，當你不生氣時，和那些經常受你氣的人談談心，互相指出對方最容易使人動怒的一些言行，然後商量一種辦法，平心靜氣地交流看法。比如可以寫信、由中間人傳話或一起去散步等，這樣你們便不會以憤怒相待。其實，只要在一起多散幾次步，你便會懂得發怒的荒謬了。

第九，當你要動怒時，花幾秒鐘冷靜地描述一下你的感覺和對方的感覺，以此來消氣。最初十秒鐘是至關重要的，一旦你熬過這十秒鐘，憤怒便會逐漸消失。

第十，不要總是對別人抱有期望，只要沒有這種期望，憤怒也就不復存在了。在遇到挫折時，不要屈服於挫折，應當接受逆境的挑戰。這樣你便沒有空閒來動怒了。

憤怒沒有任何好處，它只會妨礙你的生活。和其他所有盲點一樣，憤怒使你以別人的言行確定自己的情緒。現在，你可以不去理會別人的言行，大膽選擇精神愉快，而不是憤怒。

第十一，生活中遇到能引起人發怒的刺激時，應當力求避開，眼不見，心不煩。這是自我保護性的制怒方法。

第十二，怒從何來？常常是虛榮心強、心胸狹窄、感情脆弱、盛氣淩人所致。對此，可以用疏導的方法將煩惱與怒氣引導到高層次，昇華到積極的追求上，以此激勵起發奮的行動，達到轉化的目的。

第十三，這是一種主動的意識控制，主要是用自己的道德修養、意志修養緩解和降低憤怒的情緒。有人在要發洩怒氣時，心中默念「不要發火，息怒、息怒」，會收到一定效果。

總之，你應當提高自己控制憤怒情緒的能力、時時提醒自己，有意識地控制自己情緒的波動。千萬別動輒就指責別人，喜怒無常，改掉這些壞毛病，努力使自己成為一個容易接受別人和被人接受、性格隨和的人，只有這樣的人才能成就一番事業。

36 廣納人言切勿剛愎自用

每個人都有自己的長處和短處。長處代表著自己的優勢，短處代表著自己的劣勢。優勢能夠顯示自己在某一領域中超過別人，但劣勢只能保證自己在某一領域中落後於別人。要想成就一番事業，就應該有不甘落後的精神。

孟達守新城失敗後，被亂軍所殺。在祁山寨坐鎮的諸葛亮聽到這一消息後，猜測司馬懿此次出關，一定會盡力奪取街亭。如果街亭失守，就等同於割斷了蜀軍的咽喉。

諸葛亮深知守街亭任務艱鉅，於是大聲向眾將領問道：「誰敢率軍去守街亭？」參軍馬謖(ㄙㄨˋ)立刻回答：「我願意率軍前往。」

諸葛亮說：「街亭雖然是個小地方，但它的戰略位置很重要。如果稍有差池，街亭失守，我們的大軍將面臨覆沒的危險。你雖然精通各種謀略，但此地既沒有城郭可以依恃，也沒有天險作為屏障，要想固守，難度很大。」

馬謖自豪地說道：「我從小就熟讀兵書，頗諳兵法，難道會連一個小小的街亭都守不住嗎？」諸葛亮勸誡馬謖：「司馬懿並非等閒之輩，而且他的先鋒張郃是魏國的名將，我擔心你沒有把握取勝。」馬謖誇口道：「不要說是司馬懿和張郃(ㄏㄜˊ)，就是曹睿親自率軍前來，也沒有什麼好怕的。」

結果，馬謖立下了軍令狀。諸葛亮除了撥給馬謖兩萬五千名精兵外，還讓處事謹慎的上將王平同去，並細細囑咐了王平一番。然而諸葛亮仍不放心，他喚來高翔，讓他率一萬士兵，在街亭東北處的列柳城屯兵，一旦街亭有難，立即前往救援。接著他又把大將魏延喚來，讓他屯兵在街亭之右，以便對付蜀軍先鋒張郃。

馬謖和王平率軍來到街亭並察看地勢後，便笑著對王平說道：「不知道丞相為何這麼擔心街亭失守，這裡的位置如此偏僻，魏軍敢不敢來應戰還是一回事呢。」

王平建議在五條通往此處的道路總口紮寨，然後砍伐側面山上的木頭做柵欄。馬謖則認為側面的山與四面都不相連，而且樹木茂密可以看作天險，打算在山上屯兵。王平不同意馬謖的策略。他勸說：「如果在路口屯兵並用木頭建起城牆，魏軍就難以從此處通過。如果捨棄這個要道而將軍隊駐紮山上，魏軍就會長驅直入直逼山下。到時候，我軍面臨四面被圍的境地，還如何保住街亭？」

馬謖稱王平的看法是婦人之見，並引兵法中的「憑高視下，勢如劈竹」來證明駐軍山上可以把魏軍殺得片甲不留。王平並不放棄，他繼續勸道：「我數次跟隨丞相一起，見過了許多排兵佈陣的方法，並且常常得到丞相的誠心指導。如今，我觀察了此地的形勢後，可以毫不猶豫地肯定駐軍山上是條絕路。如果魏兵將我們圍困並從山下斷了我們的水道，我軍軍心必會動搖，在作戰前已經自亂陣腳。」

馬謖怒道：「你不要瞎說！孫子曾經說過『置之死地而後生』，如果我們的水道被切斷，我軍軍士沒了依靠，難道不會拚死殺敵嗎？到時候，我軍可以以一擋百。我讀遍了兵書，丞相有時候還要和我商討兵法，你有什麼資格阻止我這樣做呢？」

王平見馬謖主意已定，於是便請求他分給自己部分兵力，以便在山的西面駐紮一個小寨，與山上駐軍形成犄角之勢，以便接應。馬謖不同意，於是王平準備辭他而去。馬謖對他說道：「你既然不聽我的命令，我就給你五千士兵。我破了魏兵後，你可沒有功勞！」王平帶著五千士兵下山後，在離山十里的地方安營紮寨，並立即將詳細地形和蜀軍在街亭的佈局畫成圖本，派人火速送往諸葛亮帳中。

馬謖失守街亭，全是他自己一手造成的。如果他能夠接受王平的觀點，司馬懿即使要得到街亭也不會這麼容易。但是，馬謖沒有這樣做，他自認為比王平更懂兵法，不把王平放在眼裡，最終因失職而被處死。

人無完人，金無足赤。每個人都有不足的地方，都應該學習他人的優點來彌補自己的缺點。只有這樣，一個人的優點才會愈來愈多，缺點才會愈來愈少。如此一來，阻礙成功的因素也會變得愈來愈少，成功的機率也會愈來愈大。

37 信心常在，傲骨長存

人不可有傲氣，但一定要有傲骨。有了傲骨，才能夠在人生路上堅持自己的目標和原則，才能夠有信心去實現自己的偉大目標。無論遇到多大的困難和挫折，只要有了傲骨和信心，便能夠奮勇向前，不達目的誓不休。

劉備在汝南駐守時，正逢袁紹舉四州之兵再戰曹操，於是趁曹操發兵之際偷襲徐州。不料曹操速戰速決，立即引大軍來戰劉備，劉備落荒而逃。

劉備大敗後，與殘部逃至漢江。劉備感嘆道：「諸君皆有王佐之才，不幸跟隨劉備。備之命窘，累及諸君。今日身無立錐，誠恐有誤諸君。君等何不棄備而投明主，以取功名乎？」眾人聽了劉備的話後，都掩面哭泣。此時，關羽說道：「兄言差矣。昔日高祖與項羽爭天下，數敗於羽；後九里山一戰成功，而開四百年基業。勝負兵家之常，何可自隳其志！」關羽的這種豪氣便是一種自信心的體現。一個人只有相信自己的能力，才能夠走上成功之路。

心理學家研究發現，自信是人們心中的明燈。正是如此，成大事者總是能走好明燈照亮的路。因為自信，他們就會比別人更早、更容易找到成功的鑰匙。自信就成了他們成就大事的催化劑。

在心理學上有一個著名的實驗，心理學家要改變一個女孩因長相醜而缺乏自信心的心理狀態，使她能夠擁有自信心，改變自己的邋遢生活，並使她產生對事業的上進心理。為此，心理學家要求常和醜女接觸的人每天都對女孩說「妳真漂亮」、「妳真能幹」、「妳真好」等等讚揚她的話。

經過一段時間的努力，大家驚奇的發現，醜女孩真的改變了。她開始打扮自己，生活上也不再邋遢，做事也積極、認真起來，並且出現了愛表現自我的現象。

其實，女孩的長相並沒有改變，而是她的精神狀態發生了變化。其根源正在於大家的努力，使女孩對自己有了自信，她要留給人們一個好的印象。

在心理學中還有一個著名的實驗。一位教育界的權威人士曾經把一名學習優秀的學生當作學習成績較差的學生來對待，而將一個成績不好的學生用優秀學生的心態來教導。在期末考試的時候，發現情況發生了變化：本來是兩個成績相差甚遠的學生，在考試的平均成績上竟然相差無幾。

透過這個實驗，更加說明了自信心對一個人的影響。用對待好學生的態度來對待差學生，使學生的自信心得到鼓勵，因而學習積極性大增，而原來好學生受到老師懷疑態度的影響，信心受挫，致使學習態度轉變，影響了學習成績。

很多人不是因為別人看不起自己垂頭喪氣，而是因為總是愛貶低自己，才使得自己變得無精打采，毫無鬥志。

如果一個人總認識自己滿身都是缺點，自以為絕不能取得其他人所能取得的成就，或者認為自己是一個笨拙的人或不幸的人，那麼，他只會因為自我貶低而失敗。

其實，這種「自我貶低自己」受制於一種古老的教義，即人類本質上是墮落的。實際上，上帝創造的人類一點也不卑劣，一點也不墮落。我們身上卑劣和不好的一面都是自己造成的。由於我們總是往壞的、差的方面想，因而總會認為自己渺小、無能。如果我們想突破自卑的境地，那就應該向上看，多想想自己好的、崇高的一面。

被稱為「世界最偉大的推銷員」的喬．吉拉德就是經過了挑戰自我的過程，才有了後來的成就。

喬．吉拉德於一九二九年出生在美國一個貧民窟，從他懂事起就開始為生存而從事一些簡單的工作，先後做過鞋匠、報童、洗碗工、送貨員、電爐裝配工、住宅建築承包商等等。可以說，在三十五歲以前，他在事業上一路坎坷，只能算一個全盤的失敗者。朋友遠離了他，債務困擾著他，不僅如此，就連妻子、孩子的吃喝都成了令他頭疼的問題。

喬．吉拉德從小就有嚴重的口吃毛病，他換過四十多個工作仍然一事無成。最後，他賣掉了汽車，開始了他的推銷生涯。

剛開始時，喬．吉拉德對推銷行業並不瞭解，但他總是反覆對自己說：「你認為自己行就一定能行。」這已經成了他多年的口頭禪。正是他的這種「相信自己一定能做得到」的勇氣使他走出了第一步。每拜訪一個顧客，他總是恭敬地把名片遞過去；不管是在街上還是在商店裡，他抓住一切機會推銷他的產品。正是因為他的不懈努力和自信，三年以後，他成為了全世界最偉大的推銷員。

其實，每個人的生命過程都在複製一個心中的理想圖景，為自己描繪畫像，沒有哪一個人會超越自我評價。如果一個天才相信自己只是一個笨蛋，並且一直那麼想，那麼他就會真的成為一個「笨蛋」。

一個人目前的能力是不是很強，這一點倒不太重要，因為他的自我評估將決定努力的結果，將決定是否能取得成功。一個自信心很強但能力平平的人所取得的成就，往往比一個具有卓越才能但自信心不足的人所取得的成就大得多。

低劣、平庸的自我貶低所產生的有效力量遠沒有偉大、崇高的自我評價所產生的有效力量強大。如果你形成了偉大、崇高的自我評價，那麼，你身上的所有力量就會緊密團結起來，幫助你實現理想，因為精力總是跟隨著你確定的理想。

一定要對自己有一種高尚的自我評價，一定要相信自己有非同一般的前途。如果你堅持不懈地努力達到最高的要求，那麼，由此而產生的精神動力就會幫助你去實現心中的理想。

生活對於任何人都非易事，你必須要有堅忍不拔的精神，最重要的，還是自己要有信心。你必須相信，你對每件事情都具有天賦，並且無論付出任何代價，都要把這件事情完成。當事情結束的時候，你要能夠問心無愧地說：「我已經盡我所能了。」

38 認錯能將大事化小

「人非聖賢，孰能無過。過而改之，善莫大焉。」因為犯錯是不可避免的，改錯的過程便是自我完善的過程。不過，在犯錯和改錯間有一個很重要的步驟，這就是認錯。如果一個人不願意認錯，就表示自己沒有意識到自己的錯誤，也不會將改錯當成一回事。如此一來，既不能夠從錯誤中吸取經驗、教訓，也不能夠得到他人的諒解。「大丈夫敢作敢當」指的不僅是一種做事勇氣，而且包括認錯的勇氣。

赤壁鏖ㄠˊ戰後，孫權一直都在合淝與曹兵交鋒，但大小進行了十幾次戰爭，並未取勝。周瑜班師回柴桑後，令程普去合淝支援孫權。

孫權見程普率兵前來，盛情接待，與其共商破合淝的策略。正在這時，張遼派人前來下戰書。孫權大怒，認為張遼在嘲笑自己，於是決定不動新兵。結果，在與張遼交戰時，孫權折了部將宋謙。

孫權回營後大哭，長史張紘（ㄏㄨㄥˊ）說：「主公恃盛壯之氣，輕視大敵，三軍之眾，莫不寒心。即使斬將搴旗，威振疆場，亦偏將之任，非主公所宜也。願抑賁、育之勇，懷王霸之計。且今日宋謙死於鋒鏑之下，皆主公輕敵之故。今後切宜保重。」孫權聽了張紘的話後說道：「是孤之過也。從今當改之。」

孔子說：「過而不改，斯謂過矣。」意思是說：犯了一回錯不算什麼，錯了不知悔改，才算真的錯了。

人無完人，沒有人不犯錯誤，有時甚至還一錯再錯，既然錯誤是不可避免的，那可怕的就不是錯誤本身，而是知錯而不肯改，錯了也不悔過。

其實，如果人們能坦誠面對自己的弱點和錯誤，再拿出足夠的勇氣去承認它、面對它，不僅能彌補錯誤帶來的不良後果，在今後的工作中更加主動，而且能加深上司和同事對你的印象，從而原諒你犯的錯誤。這不但不是「失」，反是最大的「得」。

事實上，一個有勇氣承認自己錯誤的人，也可以獲得某種程度的滿足，這不僅可以消除惡感和自我保護的氣氛，而且有助於解決這項錯誤所造成的問題。戴爾．卡耐基告訴人們，即使傻瓜也會為自己的錯誤辯護，能承認自己錯誤的人，就會獲得他人的尊重，而且給人一種高貴誠信的感覺。

喜歡聽讚美是每個人的天性。忠言逆耳，當有人尤其是和自己平起平坐的同事對著自己狠狠數落一番時，不管那些批評如何正確，大多數人都會感到不舒服，有些人更會拂袖而去，連表面的禮貌也不顧，常常令提意見的人尷尬萬分。下一次就算你犯更大的錯誤，相信也沒有人願意勸告你了，其實這是做人的一大損失。

做錯事時，如果人們可以對自己誠實，主動而真誠地認錯，會產生令人驚奇的效果，那要比為自己開脫更有意義。

如果你害怕在別人面前承認自己曾經犯的錯，那麼，請接受以下這些建議：你必須向別人交代，與其替自己找藉口逃避責難，不如勇於認錯，在別人沒有機會把你的錯到處宣揚之前，對自己的行為負起一切的責任。

如果你所犯的錯誤，會影響到其他同事的工作成績或進度，無論同事是否已發現這些不利影響，都要趕在同事找你「興師問罪」之前，主動向他道歉、解釋。千萬不要企圖自我辯護，推卸責任，否則只會火上澆油，令對方更感憤怒。

當你意識到自己要受到他人的批評時，你自己首先把錯誤講出來，這樣對方就無法與你爭辯，一場口舌之爭也就避免了。你要確信，你這樣做必然會引起對方的寬容，對你的過錯也就由大化小了。

而且，即使不是自己犯下的錯誤，如果敢於承擔，同樣對自己有好處。

一天，艾森與一位中年婦女發生了口角，原因是四十九美元。

艾森是某超級市場的一名收銀員，中年婦女是該超級市場的一名顧客。中年婦女十分和善地說：「我已將一百美元交給您了！」

艾森卻說：「尊敬的女士，我記得非常清楚，我並沒收到您給的錢啊！」

中年婦女有點生氣，就與艾森爭執了幾句。艾森理直氣壯地說：「我們一起去看看現場錄影帶，這樣，誰是誰非就很清楚了。」

中年婦女堅定地跟著他走進了監控室。原來，當中年婦女把錢放到桌子上時，被前面的一位顧客給拿走了。艾森說：「女士，對於您的遭遇我們很同情，可是按照我們的規定，錢交到我的手上時，我們才承擔責任。現在，請您付款吧。」

中年婦女被他的話氣得滿臉通紅，臨走前說道：「這是什麼道理！我絕對不會再來這家超市了。」

超市總經理得知此事後，當即做出了辭退艾森的決定。超市的許多員工都在為艾森抱不平，但最終他還是被超市開除了。

經理對艾森說：「據專家統計，每位顧客的身後大約有兩百五十名親朋好友，而這些人又有同樣多的各種關係。經營者得罪了一名顧客，就相當於得罪了幾十名、乃至更多的潛在顧客。保守地算，假如一個人每週到超市裡購買二十美元的商品，那麼，失去一個顧客，一年之中就會有幾十萬甚至上百萬美元的損失。這樣算起來可不是個小數字。這雖然只是推測，與實際運作必然會有一定的出入，但任何一個精明的商家都不會犯這種得罪顧客的低級錯誤。那位中年婦女被我們氣走了，可是至今我們還不知道她的真實姓名，家住哪裡，所以即使我們想向她說聲『對不起』也沒有機會了，更不必說挽回這一損失了。所以為了以儆效尤，我決定辭退你，請你不要以為我的這一決定是在小題大作。其實，你完全沒有必要採取這種極端的處理事情的辦法，你可以這樣說：『尊敬的女士，我可能忘了把您交給我的錢放到哪裡去了，這是我的過錯，我們一起去看一下錄影帶好嗎？』顧客看到你把『過錯』攬到自己身上，既覺得保住了面子，也不會做出激烈的反應。在你弄清事實真相後，再向她說明，我想她不會怨恨超市或者你個人。」

經營管理界始終崇尚著這樣一句名言：「顧客就是上帝，顧客總是正確的。」

緊急情況下，有些事情不能馬上分辨出真假對錯時，把過錯攬在自己身上並不是懦弱的表現，也不是令人丟臉的事，而是表現出一種風度。不管誰對誰錯，一聲「對不起」總可以把即將激化的衝突緩和下來，也將會成為一種奇妙的消除衝突的調和劑。

工作中，誰都會遇到一些當時難以分辨是非對錯的事情。這時，聰明的人會將錯誤完全地攬到自己的身上，然後再尋找適當的時機還自己一個清白。這種敢於承擔錯誤的做法，既維護了對方的面子，又在一定程度上保護了自己。

39 修才之餘別忘養德

才德兼備既是成就一番事業的必備條件，也是得到人心的最好途徑。成大事者對才德要給予同樣的重視，而不能偏重任何一方。如果做到這點，才就能夠在德的輔佐下發揮到極致，德就會才的背後為才開闢更大的施展空間。

劉備乘「的盧」馬躍過檀溪，逃過了劉表後妻蔡夫人的謀害，然後返回新野。孫乾帶著劉備的書信去荊州將謀害之事告知劉表，劉表得知後，令長子劉琦和孫乾前往新野請罪。第二天，劉備送劉琦出縣城後返回，結果在城裡遇到了徐庶。劉備在返回新野前曾在司馬徽處歇息了一晚，當夜，徐庶很晚來到這裡。劉備聽到有人叩門，於是起床偷聽他們談話。司馬徽問徐庶為何深夜到此，徐庶答道：「久聞劉景升善善惡惡，特往謁之。及至相見，徒有虛名，蓋善善而不能用，惡惡而不能去者也。故遺書別之，而來至此。」

司馬徽責怪他不能「責人而事」，並告訴他英雄豪傑就在眼前，只是他不認識罷了。天亮後，劉備問起夜間來者，司馬徽並不作答，以至於他並不認識徐庶。徐庶受了司馬徽的指點後，便來到了新野。但他並不急著投奔劉備，而是先要考察劉備一番。

徐庶在集市上唱道：「天地反覆兮，火欲殂；大廈將崩兮，一木難扶。山谷有賢兮，欲投明主；明主求賢兮，卻不知吾。」劉備聽後，立即下馬相見。徐庶表明自己的投靠之意後，要求看一看劉備的馬，劉備欣然同意。看後，徐庶說：「此非的盧馬乎？雖是千里馬，卻只妨主，不可乘也。」劉備把此馬越檀溪的事情講給了徐庶聽，徐庶說：「此乃救主，非妨主也；終必妨一主。某有一法可禳。」劉備向他請教，他建議劉備把此馬送給與自己有仇怨的人，等到此馬妨害了此人後再騎乘就沒有危險了。劉備聽完徐庶的話後，「聞言變色」。他說道：「公初至此，不教吾以正道，便教做利己妨人之事，備不敢聞教。」這時，徐庶笑著對劉備說：「向聞使君仁德，未敢便信，故以此言相試耳。」隨後，徐庶便成為了劉備的軍師。

古語云：「良禽擇木而棲，賢臣擇主而事。」作為一個領導者，要能夠以自己的德行為感召力，得到他人的支持。作為一個求職者，同樣要能夠以自己的德行打動上司。

深山裡住著一位得道高僧，因而來此拜師的人絡繹不絕。不過，並不是每個人都有資格做高僧徒弟的。

原來，每一個前來拜師的人必須要按照高僧的要求做一件事情。這件事雖然做起來不難，但卻是高僧衡量一個人是否能夠作為他徒弟的唯一標準。那麼，這件事情究竟是什麼呢？掃地。

一天，又一個人來深山拜師。高僧指著牆角的一把掃帚對他說：「給你一個時辰，把這間屋子打掃乾淨。」說完後，高僧轉身就離開了這間屋。這個人拿起掃帚就掃了起來，不到一會的工夫就把屋子打掃乾淨了。他把掃帚放在一旁，然後靠在椅背上閉目養神。

一個時辰過去了，高僧準時過來檢查此人的掃地情況。他問道：「你把屋子打掃乾淨了？」這個人立即起身回答說：「早就打掃乾淨了。」高僧並沒有留意地面是否乾淨，而是直直地看著這個人並繼續問道：「你真的把屋子打掃乾淨了？」這個人掃視了一下地面後肯定回答道：「是的。」高僧搖了搖頭說：「你還是下山去吧。」接著，便緩緩走出了這間屋子。這個人並不甘心，緊緊跟著高僧，質問高僧為什麼不明不白地就趕自己下山。高僧略作沉思狀，隨後長嘆道：「天機不可洩漏。」這個人見拜師無望，便悻悻回了家。

那麼，高僧又是如何否決了這個前來拜師學藝的人呢？原來，每當有人前來拜師，高僧都會在那間屋子的隱蔽處放好數枚銅板。如果拜師之人打掃完屋子後沒有將銅板交給高僧，高僧便會毫不猶豫地拒絕收此人為徒。因為如果此人在打掃屋子的時候始終沒有發現銅板，則證明此人要嘛心浮氣躁，要嘛偷奸耍滑；如果此人發現了銅板而沒有將其交給他，問題則更加嚴重。無論是心浮氣躁、偷奸耍滑，還是貪圖錢財，都是高僧不齒的行為。具有這類行為的人，高僧自然不願意收之為徒。

德者，道德、品德。古人說「德行謂人才堪任之優劣」，道德、品德關係到一個人的行為動機，是人才的首要問題。一個人的道德人品很高決定著他的行為是向有利於社會、團體、企業的方向努力；反之，只會給企業、團體帶來損害。那麼判斷人才的「德」的標準是什麼呢？就是對道義與功利的取捨上。

現在用人講究「德才兼備」。目光短淺者，常盯著才；而目光長遠的管理者，則更注重「德」。

錢尼到一家公司去面試，他在一間空曠的會議室裡忐忑不安地等待著。不一會兒，有一個相貌平平，衣著樸素的老者進來了。錢尼站了起來。那位老者盯著錢尼看了半天，眼睛一眨也不眨。正在錢尼不知所措的時候，這時老人一把抓住錢尼的手：「我可找到你了，太感謝你了！上次要不是你，我女兒可能早就沒命了。」

「怎麼回事呢？」錢尼丈二金剛摸不著頭腦。

「上次，在某某公園裡，就是你，就是你把我失足落水的女兒從湖裡救上來的！」

老人肯定地說道。錢尼明白了事情的原委，原來他把錢尼錯當成他女兒的救命恩人了：「老伯，您肯定認錯人了！不是我救了您女兒！」

「是你，就是你，不會錯的！」老人又一次肯定地回答。

錢尼面對這個感謝不已的老人只能做些無謂的解釋：「老伯，真的不是我！您說的那個公園我至今還沒去過呢！」

聽了這句話，老人鬆開了手，失望地望著錢尼：「難道我認錯人了？」

錢尼安慰老伯：「老伯，別著急，慢慢找，一定可以找到救您女兒的恩人的！」

後來，錢尼在這家公司上班了。有一天，他又遇見了那個老人。錢尼關切地與他打招呼，並詢問他：「您女兒的恩人找到了嗎？」

「沒有，我一直沒有找到他！」老人默默地走開了。

錢尼心裡很沉重，對旁邊的一位資深同事說起了這件事。不料那人聽完哈哈大笑：「他可憐嗎？他是我們公司的總裁，他女兒落水的故事講了好多遍了，事實上他根本沒有女兒！」

「噢？」錢尼大惑不解，那同事接著說：「我們總裁就是透過這件事來選人才的。他說過有德之才才是可塑之才！」

透過這個故事，我們不難看出這位成大事者「不拘一格降人才」的高明之處。

事實上，「德」確實是一個人最應具備的「才」。

40 誠以待人，金石為開

不造作、不虛假，沒有欺騙也沒有心術的情感便是「精誠」，即「真心誠意」的本質。只有這種情感才能真正的感動對方，讓對方接受你、認同你。

曹操為了得到徐庶，將其母接入許都，然後騙得徐母筆跡，偽造家書一封，並將家書送往徐庶處。

徐庶收到母親的家書後，帶著家書見劉備，打算與劉備辭別。孫乾建議道：「元直天下奇才，久在新野，盡知我軍中虛實。今若使歸曹操，必然重用，我其危矣。主公宜苦留之，切勿放去。操見元直不去，必斬其母。元直知母死，必為母報仇。力攻曹操也。」劉備並未採納孫乾的建議，認為「使人殺其母，而吾用其子」是不仁的做法，「留之不使去，以絕其子母之道」是不義的行為，並表示：「吾寧死，不為不仁不義之事。」

劉備與徐庶分別的情景甚為感人。

劉備見徐庶要去救其母，求得徐庶再與他相聚一晚。當晚，劉備本打算與徐庶飲酒。結果，徐庶聽說老母被囚，「雖金波玉液不能下嚥」；劉備聽說徐庶要離他而去，如同失去了自己的左右手，「雖龍肝鳳髓，亦不甘味」。於是，兩人「相對而泣，坐以待旦」。

送別時，劉備舉杯對徐庶說：「備分淺緣薄，不能與先生相聚。望先生善事新主，以成功名。」徐庶哭著說道：「某才微智淺，深荷使君重用。今不幸半途而別，實為老母故也。縱使曹操相逼，庶亦終身不設一謀。」兩人惺惺相惜，告別許久，終不忍分離。劉備送了一程又一程，「淚如雨下」；徐庶走了一程停一程，「涕泣而別」。最後，劉備騎馬立於樹林邊觀望徐庶離去。劉備哭道：「元直去矣！吾將奈何？」再準備望徐庶時，卻被樹林擋住了視線。劉備用馬鞭指著眼前的樹林說：「吾欲盡伐此處樹木。」眾人問他為何要如此，他卻答道：「因阻吾望徐元直之目也。」

徐母自縊後，徐庶被曹操強留。徐庶果真一言九鼎，儘管身在曹營，卻從未替曹操出謀劃策。後來，他趁龐統向曹操獻連環計的時候，得到龐統的指點，終於從曹操處脫身。

徐庶雖然與劉備相處不久，卻為劉備立下了戰功；雖然與曹操相處許久，但最終沒有為曹操立下絲毫功勞。徐庶之所以會有這兩種截然不同的做法，就是因為劉備的真誠和曹操的狡猾。

由此可以看出，要想得到別人的真心，首先要學會用真誠來打動別人。

那麼，什麼是「真」呢？「真」就是不做假、不欺人。真誠待人是一種優良品質，只有具備這種品質的人，才會敞開心扉給別人看，使人們瞭解他、接納他、幫助他、支持他，使他在事業上獲得成功。

美國前總統羅斯福一直是個受歡迎的人，包括他的僕人都非常喜歡他。為此，他的黑人男僕詹姆斯．亞默斯寫了一本關於他的書，名為《羅斯福，他僕人的英雄》。在那本書中，亞默斯說出一個富有啟發性的故事：

「有一次，我太太問總統關於一隻鶉鳥的事。她從來沒有見過鶉鳥，於是總統詳細地描述一番。沒多久之後，我們小屋的電話鈴響了。我太太拿起電話，原來是總統。他說，他打電話給她，是要告訴她，窗外正好有一隻鶉鳥，如果她往外看的話，可能看得到。

「他時常做出像這類的小事。每次他經過我們的小屋，即使他看不到我們，他也要輕聲叫出：『嗚，嗚，嗚，安妮！』或『嗚，嗚，嗚，詹姆斯！』這是他經過時一種友善的招呼。」

這樣的一個人恐怕很難讓別人不喜歡他。

羅斯福卸任以後，有一天到白宮去拜訪，碰巧總統和他夫人不在。他向所有白宮舊識僕人打招呼，並且能叫出名字來，甚至廚房的小女孩也不例外。

「他對待每一個人，都和他以前一樣，他們仍然彼此低語討論這件事。」麗艾克．胡福眼中含著眼淚說，「這是將近兩年來我們唯一有過的快樂日子，我們之中的任何人，都不願意把這個日子跟一張百元大鈔交換。」

完善的人格魅力，其基本點就是真誠，而真誠待人，恪守信義亦是贏得朋友的必要前提。待人心誠一點，守信一點，能獲得他人更多的信賴、理解，能得到更多的支援、合作，由此可以獲得更多的成功機遇。

我們主張知人而交，對不很瞭解的人，應有所戒備，對已經基本瞭解、可以信賴的朋友，應該多一點信任、少一些猜疑；多一點真誠，少一些戒備。如果對那些完全值得信賴的朋友遮遮掩掩、閃爍其詞，這種行為實在是不明智的。

著名翻譯家傅雷先生說：「一個人只要真誠，總能打動人的，即使人家一時不瞭解，日後便會瞭解的。」他還說：「我一生做事，總是第一坦白，第二坦白，第三還是坦白。繞圈子，躲躲閃閃，反易叫人疑心；你耍手段，倒不如光明正大，實話實說，只要態度誠懇、謙卑、恭敬，這樣許多人就爭著和你交往。」

以誠待人是值得信賴的人們之間的心靈之橋，透過這座橋，人們打開了彼此心靈的大門，並肩攜手，合作共事。自己真誠實在，肯露真心，對方會感到你信任他，從而卸除猜疑、戒備，把你視為知心朋友，樂意向你訴說一切。其實，每個人的思想深處都有封鎖的一面和開放的一面，人們往往希望獲得他人的理解和信任。然而，開放是有選擇性的，即向自己信得過的人開放。

以誠待人能夠獲得他人的信任，從而爭取到一位用全心幫助自己的朋友。如果在發展人際關係的過程中，學會了用誠信取代猜疑和防備，往往能獲得出乎意料的好效果。

英國一位名叫哈爾頓的作家為了編寫《英國科學家的性格和修養》一書，採訪了達爾文。達爾文的坦率是盡人皆知的，為此，哈爾頓毫不客氣地直接問達爾文：「您主要的缺點是什麼？」達爾文答：「不懂數學和新的語言，缺乏理解力，不善於合乎邏輯地思維。」哈爾頓又問：「您的治學態度是什麼？」達爾文又答：「很用功，但沒有掌握學習方法。」

聽過這些話的人無不為達爾文的真誠與坦率而鼓掌。按說，達爾文這樣蜚聲全球的大科學家，在回答作家提出的問題時，說幾句不痛不癢的話，甚至為自己的聲望再添幾圈光環，有誰會產生異議呢？但達爾文卻沒有這樣，而是把自己的缺點毫不掩飾地袒露在人們面前。正是因為他的高尚品德，他得到了真摯的信賴和尊敬。朋友的交往亦是如此。

《晏子春秋．內篇》中就有「信於朋友」的話，把「信」看成是朋友之間的一個重要環節。在封建社會被視為五常之一的「信」是人的一種美德。有一本古老的孩童啟蒙讀物《幼學瓊林》中，就有專門講交友的章節，並有種種概括：「爾我同心曰金蘭，朋友相資曰麗澤。心志相孚為莫逆，老幼相交曰忘年，刎頸之交相如與廉頗，總角之好孫策與周瑜」，這裡所指的都是來源於真誠待人的深厚友情。

要懂得人與人的感情交流具有互異性。融洽的感情是心的交流。真誠待人，敞開自己的心扉，肝膽相照，赤誠相見，才會心心相印。真誠的光澤不僅不會因歲月流逝、時代變遷而減弱，反而會隨著社會的進步增添光彩。

如果為人處世離開了真誠，則無所謂友誼可言。一個真誠之人的心聲，才能喚起一大群真誠之人的共鳴。「投之以木桃，報之以瓊瑤。」

有一位出版商剛出道時，一直希望能出版一位名作家的著作，但他沒什麼資本，一直不敢去和那些名作家接觸，可是他實在很想接觸那些作家。某天，便抱著他從報上剪下來的一位作家的文章，硬著頭皮去拜訪那位作家。他坦誠地說明自己的狀況，也表明了出書的意願，這位作家不置可否，但也沒有給他壞臉色看。他無功而返，過了一個月，他又去拜訪那位作家，誠懇地說明他的想法，就這樣連續去了十次，經過了半年，他獲得了這位作家一本新作的版權。

精誠所至，金石為開。真心誠意的力量是巨大的，這是無法用科學方法去加以分析的，只能說「真心誠意」是一個人內心真實的自然湧現，所以能直接感動對方，和對方內心的真實情感產生共鳴和交流，而且超越了現實利益的層次。

真心誠意不僅可以解除對方的武裝還可以激起對方同情不忍之心，因而鬆懈了原本的立場——「看他那麼真心誠意，就接受他的要求吧！」因為如果拒絕，自己多少也會自責，認為自己太無情了，會難過半天。這種人性中「善」的作用，是很奇妙也很微妙的現象。

第五章：洞察微末，把握細節

老子曰：「天下難事，必作於易；天下大事，必作於細。」在某些時候，細節具有足夠的影響力，甚至會影響到一個人的成敗。注重細節的人，常常能夠從細微處發現為數不多的機會，將事業不斷地推向頂峰。

41 誤解帶給人的常是悔恨

誤解常常令人陷入無意義的思考中，而且這些思考常常會加深誤解。有人因誤解而離開了自己的情人，有人因誤解而離婚，有人因誤解而失去了朋友，有人因誤解而走上了犯罪的道路。誤解是一種病毒，能夠醫療這種病毒的東西則是思考和時間。當看到一件令自己無法想像或難以忍受的事情時，不妨三思而後行。有了冷靜的思考和檢驗事實的時間後，誤解便會煙消雲散。

曹操欲藉獻刀之計除掉董卓，不料被董卓察覺，於是把刀獻上後趕忙逃走。董卓確認曹操要刺殺他後，立即展開了追捕行動。

曹操在逃命時遇到陳宮，然後帶他一起往成皋方向趕去。兩人到達成皋後，天色已晚，於是曹操打算去呂伯奢家歇息一晚。呂伯奢是曹操父親的結義兄弟，見了曹操後自然高興。為了能夠好好招待曹操，他一面吩咐家人宰豬，一面騎驢去買酒。

曹操在莊上聽到莊後有磨刀聲後，遂與陳宮前去竊聽。曹操僅聽到一句「縛而殺之，何如？」便以為呂伯奢要加害於他，於是與陳宮一起將呂伯奢的家人全部殺死。兩人見到被捆的豬後才發現誤殺好人，於是急忙驅馬離開。路上遇到呂伯奢後，曹操為斬草除根，遂將其殺害。陳宮見曹操如此不義，於是斥責他。曹操卻說道：「寧教我負天下人，休教天下人負我。」陳宮聽後不再言語……

正是由於誤解，曹操枉殺了好人。正是由於枉殺了好人，他又故意殺人。如果他沒有誤解呂伯奢的家人，就不會殺了呂伯奢的全家，陳宮也不會離他而去。其實，曹操雖然說過「寧教我負天下人，休教天下人負我」，但他並沒有完全這樣做。在有些時候，他也不願意誤解他人。

曹操敗師淯水後，「路逢諸將，收集殘兵」。當時，夏侯惇帶領部下的青州兵下鄉劫掠。平虜校尉于禁見夏侯惇胡作非為，於是率本部軍沿路剿殺，以便安撫百姓。青州兵在迎拜曹操時誣陷于禁，說他趕殺青州兵馬，有造反的跡象。於是，曹操率領諸將前去迎戰于禁。于禁見曹操引兵前來，沒有為自己辯解，而是安營紮寨。當有人問他為何如此時，他答道：「今賊追兵在後，不時即至；若不先準備，何以拒敵？分辯小事，退敵大事。」

于禁剛紮好營寨，張繡便引軍前來。于禁挺身出寨迎敵，其他諸將也紛紛出擊，張繡大敗。曹操見張繡已去，收兵點將。于禁將趕殺青州兵的經過告知曹操，曹操問他為什麼不在下寨前分辯，他還是用前面的話作答。曹操誇獎他說道：「將軍在匆忙之中，能整兵堅壘，任誇任勞，使反敗為勝，雖古之名將，何以加茲！」然後封賞了他。

誤解常常會帶給人意想不到的後果，輕則會使人與人之間產生隔閡，重則會使人喪失理智，做出本不應該做的事情。為了讓人生之路上多些理解，少些悔恨，必須要及時地消除誤解。

博克那渴望的目光穿梭在形形色色的人群中。忽然間，她那修長秀麗的身影吸引住了他的視線。她穿了一條「超時髦」的緊身牛仔褲。

那女孩的個子十分高窕，兩條修長的腿，十分迷人，再加上這種牛仔褲的修飾，顯得更加完美。此情此景使博克不由自主地跟隨在這位女孩的身後。因為，這種款式的牛仔褲是他一直追求的最高理想，他是一名服裝設計者。

他希望能以一種特殊的方式接近她。可是再三斟酌，也沒有找出令他滿意的方法。他將一切可能想出的結識方法統統在腦子裡過了一遍，但是，他對每一個辦法又一一否定了，因為要想博得這樣一位女孩的好感，不是一件容易辦到的事情。

就在他苦思辦法的同時，女孩搭上了公共汽車，博克的行為似乎已經與大腦脫節，不由自主地也跟著上去了。他費了九牛二虎之力才擠到那女孩的跟前，開始比手劃腳地對她說些什麼，沒說幾句，只見她的眉頭緊皺，躲閃到一邊去了。

不一會兒，女孩下車了，而他依然緊跟著下了車。當女孩走到了一棟房子前面，正準備進去時，博克忙喊了一聲：「請等一下。」

女孩轉過身來注視著他。博克氣喘吁吁地說：「聽我把話說完，我需要和您談談。」

女孩依然不動聲色地望著博克。博克繼續說著：「我發誓，我這是第一次跟隨一位女孩這麼長時間，因為我……我遇到了我幻想已久的……可以說是半輩子的……對我來說，您……」

女孩開口打斷了博克的話說：「小夥子，我已經結婚了。」

博克笑著說：「這個對我來說沒有什麼關係。與我想要的也沒有什麼抵觸，我求求您！我可以付錢給您……」

剛聽到這裡，少婦破口大罵道：「你是個瘋子，給我滾！」

博克依然對她穿的那條牛仔褲念念不忘，「我只想買您身上的牛仔褲。」少婦明白博克的意圖後，臉上生起了一陣燥熱。

誤解不會憑空產生，有時候是自己的表達方式引起了對方的誤解，有時候是他人無意的舉動引起了自己的誤解。但不管是哪種現象，都應該保持理智，透過適當的方法消除雙方的誤解。

一個窮人某一天得到了一筆意外之財，暴富了起來。可是他雖然有了錢，卻不知道如何處理這些錢。於是他向一位鄰居訴苦，鄰居便開導他說：「你一向貧窮，沒有智慧；現在你雖然有了錢，但依然沒有智慧。你還是進城裡去看看吧，那裡有具備大智慧的人，你拿出些銀子，就會有人教你智慧之法。」

聽了鄰居的話後，他去了城裡，逢人就問哪裡有智慧可買。

這時候他遇見了一位哲人，哲人告訴他：「如果你遇到疑難的事，不要急著處理，先朝前走七步，然後再後退七步，這樣反覆做三次，智慧自然產生了。」

「『智慧』原來這麼簡單啊！」他半信半疑地回去了。

他回到家時已是深夜，推開門後，他模模糊糊看見妻子身邊睡著一個人，頓時怒起，拿出刀來便要砍下那個人的頭。

這時，他忽然想起白天哲人所說的話，心想：試一試也不遲。

於是，他前進七步，再後退七步，反覆做了兩遍後，他點亮了燈，這時他發現與妻子同眠者原來是自己的母親。

42 小地方中蘊藏大玄機

要想成為一位成功的商人，就應該練就一雙敏銳的眼睛和靈敏的「嗅覺」。只有這樣，才不會放走每一個獲得利潤的機會，甚至有可能從一個小資訊中發現令所有人感到意外的大商機。正所謂「一樹一菩提，一沙一世界」，一個有用的小資訊有時候醞釀著可以扭轉的乾坤。

曹操將戰船連在一塊後，便在水上與吳軍進行了一場小規模的作戰。結果，曹軍兵敗，吳軍乘勝追擊。周瑜擔心追兵深入曹兵重地難以脫險，於是鳴金收兵。周瑜隨後站在山頂上看著隔江戰船，向眾將問道：「江北戰船如蘆葦之密，操又多謀，當用何計以破之？」眾將還來不及回答，只見曹軍寨中的中央黃旗被風吹折。周瑜大笑道：「此不祥之兆也！」突然，「狂風大作，江中波濤拍岸。一陣風過，颳起旗角於周瑜臉上拂過」，周瑜「大叫一聲，往後便倒，口吐鮮血」。

從這簡單的描述中，很難看出周瑜為什麼會有如此奇怪的舉動。但稍作分析，事情便會變得明朗起來。周瑜已經決定用火攻來對付曹操的戰船，然而當狂風將旗角吹拂在他臉上的時候，他便意識到火攻的計策難以實現。因為風是往吳軍這個方向吹來的，如果放火的話，只會燒傷自己。接著，便出現了周瑜吐血的一幕。他沒有得病，而是患上了心病。

周瑜有著敏銳的洞察力，能夠從小現象中看到成敗，不能不令人佩服。

生活中，人們同樣應該具有一定的洞察力，能夠從小資訊中發現一些大利益，從而加快成功的步伐。

哈默是一位有名的魔術師，平常他只是使用障眼法從大禮帽中變出一隻隻兔子或一束束鮮花。可是，有一次他突然變換了一個花樣，從一只實實在在的「大酒桶」裡跳了出來……

他為什麼會這樣做呢？這是有原因的。

當時，富蘭克林．羅斯福正在競選總統，正在逐漸走近白宮總統寶座，哈默的眼睛雖然盯著羅曼諾夫藝術品的銷售生意，可是他的耳朵卻在打聽著總統競選的事情，他聽到了一個清晰的資訊：新政。哈默的精明就在於他能利用捕捉到的資訊迅速領悟，做出驚人的判斷。他認為，有朝一日，只要羅斯福的新政得勢，禁酒法令就會被廢除。

果然不出他的預料，富蘭克林．羅斯福在一九三三年宣誓就職，接著就簽署了一道法令：廢除禁酒令。十四年來，全美國都實行禁酒令，但事實上，人們一直暗中走私酒，可以說是有令不止。羅斯福解決這個衝突的方法很直接，就是徹底廢除禁酒令，誰想喝酒就喝個夠。

威爾·羅傑斯對羅斯福這種態度給予了很高的評價：「羅斯福只說了三個字：『讓人喝。』前兩個星期，美國政府就收到一千萬美元的酒稅。如果他有優質啤酒，現在已經能付清國債了。」

廢除禁酒令之後，熱銷的商品不是啤酒，而是裝啤酒的酒桶，特別是經過處理的白橡木製成的酒桶（可用來裝啤酒和威士忌的那一種），在市場上並沒有銷售。

裝啤酒的酒桶現在身價百倍，特別是用經過曬乾的白橡木製成的酒桶，需要量更大。這種桶板必須是白橡木板，要一寸厚，至少要經過兩年的風乾。自然，全美國也無法找到這樣的木板。

哈默清楚地知道在哪裡可以弄到桶板，那就是蘇聯。

他在蘇聯住了很久，蘇維埃政府有哪些東西可以出口，他是一清二楚的。在兩個月之前，也就是他認為羅斯福很可能當選總統的那個時候，他就發電報給蘇聯外貿部，以每只酒桶五美元的價格訂購了幾船桶板，同時，哈默立刻到安豪澤·布希酒廠，表示願意供給他們酒桶，他們立刻給他一張十萬美元的支票，訂購了一萬只酒桶，平均每只酒桶十美元，當其他酒廠得知他從蘇聯進口桶板的消息時，也紛紛爭著向哈默訂購。

哈默洋洋自得，但他並沒有預料到，運來的不是成形的桶板，而是一塊塊曬乾了的白橡木板，還要經過加工才能製成桶板。當哈默訂購的幾船桶板抵達紐約時，他才發現這個問題。

在全美國無法找到一家這樣的加工廠，哈默感到意外，自然也很沮喪。他付給蘇聯人的是美國酒廠老闆的訂金，這些訂金是向他買加工成形的酒桶的。眼下只有一條出路：立刻創辦自己的酒桶加工廠。

在停泊蘇聯貨船的布魯克林，哈默利用紐約船塢公司的一處碼頭修建了一座臨時的酒桶加工廠，當時到處都可以找到在禁酒時期被解雇的酒桶加工工人，他們都很樂意重操舊業。就是這樣一家工廠，一日三班，每班八小時，每班可生產一千只酒桶。

因為供不應求，哈默又在新澤西州的米爾敦建立了一個現代化酒桶工廠。

禁酒令廢除之日，也正好是他的酒桶從生產線上滾滾而出的時刻。安休斯、布希、庫爾斯、中利和其他各家製酒廠用高價把哈默製桶公司的酒桶搶購一空。

不少人看到哈默將大把的美元裝進了口袋，眼都氣紅了，但也只能罵句：「這小子鬼頭鬼腦，真他媽的運氣好。」

其實，哈默的成功並不是運氣所致，而是因為他善於觀察，能夠從小資訊中發現大商機，從而沒有花費多少時間和精力便獲得了令人豔羨的成就。

43 勝利就在放棄背後

勝利和失敗是相對互生的關係，短暫的失敗過後就有可能是成功，短暫的成功過後也有可能是失敗。不過，人人都嚮往成功。既然如此，就應該時時抱有成功的信念，勇敢地面對失敗。只有這樣，才不會因為對失敗的膽怯、沮喪而造成失敗背後的成功離你而去。

張繡用賈詡(ㄒㄩˇ)之計打敗曹操後，得知援軍劉表起兵阻截曹軍後路，於是帶兵攻打曹操。曹操得知劉表屯兵安眾後，令三軍火速趕至安眾邊境。到了安眾後，曹操令軍士在夜間鑿險開道，然後在道中暗藏奇兵。張繡帶兵追至安眾與劉表會合後，見曹軍人少，以為曹操已經離去，於是引兵入險道進攻曹軍，結果被曹操打敗。

曹操出了安眾隘口後在隘口外下寨，得知袁紹欲襲許都後，立即率軍返回。張繡聽說後，準備再次追擊。賈詡說：「不可追也，追之必敗。」劉表不想錯失良機，勸動張繡與他一起趕追曹軍，結果大敗而回。這時，賈詡又說：「今可整兵再往追之。」張繡不信，賈詡發誓說：「今番追去，必獲大勝；如其不然，請斬吾首。」這次劉表不敢同往，張繡引一軍前去，果然大勝。張繡不明其因，賈詡解釋說：「此易知耳。將軍雖善用兵，非曹操敵手。操軍雖敗，必有勁將為後殿，以防追兵；我兵雖銳，不能敵之也：故知必敗。夫操之急於退兵者，必因許都有事；既破我追軍之後，必輕車速回，不復為備；我乘其不備而更追之：故能勝也。」

有時候，勝利就在失敗背後。之所以有人在失敗後不能夠迅速取得勝利，是因為失敗已經消磨了他們的鬥志，讓他們無法看清繼之而來的成功機會，從而將機會白白浪費掉。然而聰明的人卻不會這樣做。儘管自己失敗了，他們也不會陷入失敗的痛苦中，而是積極地尋找生機，從而能夠抓住失敗背後的機會，並轉敗為勝。

二十世紀六〇年代末，美國實業家哈默踏上了利比亞的土地。利比亞國王伊德里斯一世在王宮的宴會上對哈默說：「真主派您來到利比亞。」這句話表示了這位鬍子全白的西奴西部落領袖對哈默的尊重與敬佩。

哈默到了利比亞才發覺，除了美國為維持其轟炸機基地而支付的費用外，利比亞幾乎無其他外來財政資助。在早年義大利佔領期間，墨索里尼為尋找石油花費了千萬美元而一無所獲。埃索石油公司也花費了數百萬美元，鑽了好幾口井仍未發現一點油，只好打道回府。另外還有殼牌公司，耗資五千萬美元鑽出的全是廢井，法國公司也好不到哪去。只是當埃索公司準備撤離時才鑽出了一口油井，又重新喚起人們對利比亞這塊土地的興趣，認為這裡是一處聚寶盆。

哈默到達利比亞時，正值利比亞政府準備進行第二輪出讓租借地的談判，出租地大多是原先某些公司所放棄的地域。根據利比亞法律，各國石油公司應儘快開發其租得的地域，如開不出油，就須將部分租借地歸還利比亞政府。

談判開始後，來自九個國家的四十多個公司參加了投標。這些公司大致分為三類：一類是財大氣粗的國際性大石油公司，像埃索、美孚、殼牌等；第二類是像哈默這樣的西方石油公司，它們的規模較小，但具有專業經驗，利比亞也希望其參與競爭；第三類是一些投機性的轉包公司，希望得標後再轉手賣出，以從中漁利。

儘管哈默和伊德里斯國王有著良好私人關係，但公司的實力是有限的。哈默與匆匆趕來的董事們分析了第二輪競爭的形勢，在四塊租借地上投了標。等到開標時，哈默得到了其中的兩塊。一塊是被殼牌等幾家公司組成的「沙漠綠洲」財團認為無望出油而放棄的；另一塊是莫爾比石油公司耗資百萬美元採出淨是乾井而匆匆撤走的地域。

哈默對得標的兩塊地並不很滿意。但他還是投注了大本錢，立即開始鑽井。剛開始，公司在第一塊租借地鑽的前三口井，滴油不見。西方石油公司第二大股東里德堅持要撤出利比亞，說：「這裡不是我們這樣的小公司應該來的地方，已扔了五百萬美元，我們還能扔得起多少？」這是一番經驗之談，小公司不可能花大本錢開採這種沒有幾分把握的地域。但是哈默的第六感卻促使他堅持在這裡繼續鑽下去，他認為不應該放棄最後的努力。

幾週後，在幾家優柔寡斷的大石油公司放棄的地域上，西方石油公司鑽出了石油，而且這是一種異乎尋常的高級原油，含硫量極低，每天可產十萬桶原油。更重要的是，這個奧吉拉油田在蘇伊士運河以西，產出的石油通過地中海和直布羅陀海峽，不到十天就可以運抵石油奇缺的歐洲國家。而大量的阿拉伯石油在蘇伊士運河不通時，只有被迫繞道好望角，歷時兩個月才能運抵歐洲。與此同時，哈默的好運氣又在第二塊租借地上出現了。西方石油公司利用新的地震探勘技術，僅耗資一百萬美元就鑽到了一口珊瑚礁油藏，不用油泵，石油也會無休止地噴湧而出。不久又鑽出了第二個日產七萬三千桶原油的珊瑚礁油藏。

至此為止，哈默這個規模不大的西方石油公司竟成了利比亞最大油田的主人。他得到了比奇特爾公司的支援，著手進行一項耗資一億五千萬美元的油田開發計畫，要鋪設一條巨大的輸油管道，全長一百三十英里，每日輸送原油一百萬桶。這條管道將成為利比亞境內最大的輸油管。

44 等機會不如創造機會

有時候，機會是等不來的。這時需要改變一些思維方式：與其等待機會，不如創造屬於自己的機會。一個人創造機會的過程，便是積極思考的過程，是一種付出的過程。透過付出而創造的機會，其價值要遠遠高於等來的機會。

曹操聽了龐統的建議，將戰船首尾相連。看到軍士在戰船上調練時如履平地後，他更是高興。謀士程昱提醒道：「船皆連鎖，固是平穩；但彼若用火攻，難以迴避。不可不防。」曹操不以為意，大笑道：「凡用火攻，必藉風力。方今隆冬之際，但有西風北風，安有東風南風耶？吾居於西北之上，彼兵皆在南岸，彼若用火，是燒自己之兵也，吾何懼哉？……」

曹操無憂之處正是周瑜急憂之處，也正是因為憂心忡忡，周瑜吐血臥病。諸葛亮知道周瑜患病後，為其開了一副藥方：欲破曹公，宜用火攻；萬事俱備，只欠東風。

周瑜見諸葛亮洞察了自己的心事，於是向諸葛亮請教。諸葛亮於是說道：「亮雖不才，曾遇異人，傳授奇門遁甲天書，可以呼風喚雨……」

諸葛亮真的能夠呼風喚雨嗎？當然不會。不過，他能夠觀察天象，這一點周瑜不如他。諸葛亮為什麼不說自己能夠觀察天象而說自己可以透過作法能夠求得三天三夜東南大風呢？其實，這是有一定的目的的。他知道周瑜容不下他，時時處處都想除掉自己，如今周瑜正有求於自己，正好藉這個機會逃脫虎穴。

諸葛亮要借東風，周瑜求之不得，自然會對諸葛亮有求必應。於是，諸葛亮令人在離寨較遠的南屏山建起了「七星壇」。接著，他打發走了魯肅，然後向守壇將士下令：「不許擅離方位。不許交頭接耳。不許失口亂言。不許失驚打怪。如違令者斬！」這樣一來，諸葛亮就有機會去江邊與等待已久的趙雲會合了。

諸葛亮作法「呼風喚雨」，果然求得東南風。周瑜見東風已到，大事將成，於是立即派人除掉會成為後患的諸葛亮。不料，諸葛亮趁下壇之際披散著頭髮來到江邊，登上船後順風而去。當追兵趕來時，諸葛亮立於船頭大笑，讓他們回去轉告周瑜：好好用兵！……

諸葛亮是一個善於製造機會的人。他並不曾遇到異人，更不曾得到異人的傳授。他之所以能夠「呼風喚雨」，不過是因為他精通天文。正是因為他能夠解除周瑜的心病，周瑜不得不向他求救。在周瑜向他求救的過程中，他便利用法術巧妙地製造了一個逃跑的機會，從而安全地回到了劉備身邊。

有時候，機會不會按照人的意願而來去自如。與其苦等機會的到來，不如反客為主，創造一個有利於自我發展的機會。

委內瑞拉著名的石油大亨拉菲勒．杜戴拉是一位白手起家的富豪，他在不到二十年的時間裡創建了價值十億美元的巨型產業。他能夠成功的原因很多，但主要一點就是他善於創造機會。

二十世紀六〇年代，杜戴拉已經擁有了一家玻璃製造公司，但他對此並不滿足，一直渴望能進入石油行業。當得知阿根廷準備在市場上買三千萬美元的丁二烯油氣時，他來到了阿根廷，想看看能否有機會獲得合約。當他到達目的地的時候，才發現他的競爭對手是實力雄厚的英國石油公司和殼牌石油公司。他雖然無法與實力強大的對手競爭，但他也並不願意就此善罷甘休。

他瞭解到阿根廷牛肉生產過剩，頭腦中立刻生出了一番計畫。他找到了阿根廷政府說：「如果你們願意向我買三千萬美元的丁二烯，我就向你們採購三千萬美元的牛肉。」當時阿根廷政府正在為牛肉過剩的事情焦頭爛額，當聽了杜戴拉的條件後，認為這是件兩全其美之事，於是就把這個合約給了他。

杜戴拉得到許諾後，迅速飛到了西班牙，當時那裡的造船廠因無法正常經營而瀕臨倒閉，西班牙政府一直還沒有想出解決辦法。杜戴拉對西班牙政府說：「如果你們向我買三千萬美元的牛肉，我就在你們的製造廠訂購三千萬美元的油輪。」

然後，杜戴拉又馬不停蹄地飛到了美國的費城，這是他最後最關鍵的一次談判，杜戴拉做了詳細的準備。他對太陽石油公司的總經理說：「如果你們願意租用我在西班牙建造的三千萬美元的油輪，我將向你們購買三千萬美元的丁二烯油氣。」太陽石油公司並沒有提出異議就同意了。

杜戴拉透過自己的努力，不斷地創造機會，最後終於贏得了這場跨國交易，並從此邁入了石油業。

45不要授人以柄，為人所制

可以成為把柄的東西有很多，比如人情、欲望、秘密等。一旦有把柄落在他人手中，便有可能受到他人的要脅或令自己感到「難為情」，從而束縛了應有的自在生活。有人說「為人不做虧心事，夜半不怕鬼敲門」，也有人說「無欲則剛」，每個人都應該根據自己的情況認真對待這些問題。

曹操破袁紹後，令孫權遣子入朝隨駕。周瑜建議道：「將軍承父兄遺業，兼六郡之眾，兵精糧足，將士用命，有何逼迫而欲送質於人？質一入，不得不與曹氏連和；彼有命召，不得不往：如此，則見制於人也。不如勿遣，徐觀其變，別以良策禦之。」孫權聽取了周瑜的建議，沒有遣子入朝。

周瑜的分析很正確。如果孫權遣子入朝，無疑會陷入進退兩難的境地。為了不受他人限制，就絕對不要將把柄留在他人手中。

徐庶受制於曹操，關鍵是其母被曹操擄去。而當曹操想用諸葛亮的家人牽制諸葛亮時，諸葛亮卻早已經將家人安置到了安全的地方，使得曹操的想法落空。

在現代社會中，要想不受制於人，重要的一點是控制自己的欲望。只有這樣，才能夠對別人的利誘無動於衷。

春秋時期，宋國國君宋襄公在位時，子罕任司城。

當時，有一個宋國人從山中挖出了一塊璞玉。他找到子罕，將璞玉獻上。子罕沒有接受這個人的饋贈，並對這個人說：「你的心意我領了，請回吧。」

此人以為子罕不識貨，於是說道：「您可別小瞧我手中的這塊石頭，其實它是一塊璞玉。這麼貴重的寶物，您為什麼不接受呢？」

子罕知道這個人誤解了他，於是說道：「我之所以不接受你饋贈的寶物，是因為我已經有寶物，不再需要其他的寶物了。」

此人不相信有什麼寶物能夠比玉還珍貴，於是想看看子罕的寶物到底是什麼。

子罕解釋道：「我的寶物是看不見的，它的名字叫『不貪』。如今，不貪是我的寶物，而璞玉是你的寶物。因此，你和我都有寶物。但如果你把自己的璞玉獻給了我，而我又接受了你的饋贈，那麼，你的寶物沒有了，我的寶物也不見了。與其我們一起失去自己的寶物，不如我們各自擁有自己的寶物。所以，我不能夠接受你的寶物。」

此人並不甘心，非要把璞玉獻給子罕不可。他靈機一動，說道：「璞玉是個好東西，肯定會令很多人眼紅。我只是一個普通百姓，如果我把它據為己有，不僅不能夠保住它，而且會因它失去性命。大人接受我的璞玉，其實是在救我的命啊。」

子罕並沒有被此人的言語打動，堅決不收受此人的饋贈。為了讓此人安心回家，他找人把玉雕琢出來後賣掉，然後將換得的錢交給此人。

一個人只要沒有欲望，只要有回絕別人饋贈的想法，他就能夠想出回絕的辦法。但一個人如果有了欲望，別人饋贈的東西正好能夠滿足自己的欲望，這時候，即使他有回絕的辦法也不願意回絕。俗話說得好：「拿人手短，吃人嘴軟。」隨著欲望得到滿足的同時，束縛自己的那根無形的繩索也會變得愈來愈緊。

春秋時期，列子已經到了窮困潦倒的地步。鄭相子陽的賓客向子陽薦舉列子，說列子是個不可多得的奇才，學問不可估量、謀略不可小看。於是子陽就派人送他數十車的穀子，希望能得到列子的鼎力相助。

列子見子陽送穀子給他，再三拜謝，最後卻拒絕了子陽的贈送，讓使者又將那數十車的穀子原封不動地帶了回去。

使者見列子的態度如此堅決，只好離去。使者走後，列子的妻子對他捶胸頓足地埋怨說：「聽說有道之人的家室生活都能安樂幸福，可是現在我們已經窮困潦倒，個個都餓得面黃肌瘦。相國送你糧食，你為什麼不接受，這豈不是命中注定要窮困一輩子嗎？」

列子卻笑著對妻子解釋說：「我之所以拒收相國的糧食，是因為相國並不是真正瞭解我，而是聽信了別人的話才送給我穀子。以後，他也會因聽信別人的話怪罪於我，這是我不接受的原因。況且接受別人的供養，不為別人排憂解難，是不義；但若替相國這種沒有德行的人賣命，哪裡能算是義呢？」

後來，正如列子所言，子陽果然不值得他去效忠。鄭國人民發難，將子陽殺死了。

生活中，我們也應該像列子這樣，不要被眼前的利益所迷惑，從而避免為此付出更大的代價。

46 看清利弊，取捨有道

在面臨抉擇的時候，一定要做出理智的選擇。有些東西表面看起來很珍貴，但卻可以透過以後的努力得到，比如金錢；有些東西看起來很普通，卻能夠創造出珍貴的價值，比如勤勞的雙手。

十八路諸侯討董卓時，長沙太守孫堅無意中得到了傳國玉璽。孫堅死後，其子孫策得到了玉璽。

孫策在父親死後，先退居江南，後投靠了袁術。他是袁術的一位猛將，為袁紹立下了不少功勞。然而，孫策並不願意屈居袁術處。在孫堅舊部朱治和袁術謀士呂範的建議下，孫堅假藉報仇向袁術借兵，並表示用玉璽作抵押。袁術大喜，撥給孫策三千兵士和五百匹馬。於是，孫策帶領朱治、呂範、舊將程普、黃蓋、韓當等起兵回江東。

途中，孫策又得到周瑜、張昭和張紘；戰敗駐守曲阿的劉繇後，又將劉繇部下的猛將太史慈收於麾下。不久，孫策先後奪取了吳郡和會稽，剷除了山賊，將江南平定。如此一來，孫策據長江之險，在江東站穩腳跟。

此時，孫策寫信向袁術索回玉璽。袁術大怒，罵孫策無禮，但卻無可奈何，於是決定轉攻劉備。當時，劉備屯小沛，呂布屯徐州。袁術怕呂布幫助劉備，就想透過送糧及聯姻方式拉攏呂布。

袁術雙管齊下，一面準備攻打劉備，一面憑藉手中玉璽僭稱帝號，「建號仲氏，立台省等官，乘龍鳳輦，祀南北郊，立馮方女為後，立子為東宮。」袁術本想立呂布女兒為東宮妃，不料呂布卻將前去迎親的韓胤送到許都，被曹操所殺。袁術大為憤怒，立即兵分七路攻打呂布。

敗後，袁術向孫策借兵報仇，孫策毫不猶豫地拒絕了他，並把他羞辱一番。此後，袁術毫無作為，因驕奢無度而眾叛親離，於是想把玉璽送給袁紹，結果在前往冀州途中喪命。

孫策的做法無疑是明智的。他看清了軍隊與玉璽的本質區別，從而做出了正確的抉擇。有了玉璽，如果沒有軍隊作為強大後盾，稱王稱帝不過是一場夢。也許不能夠稱王稱帝，或者在短暫的稱王稱帝後被更多的實力派給除掉，從而連保身都困難。

在關鍵的時刻，要善於分析利弊，做出正確的取捨。只有這樣，才能夠有機會將捨去的東西再奪回來。

西元六一六年，李淵奉命留守太原，北邊的突厥曾多次以數萬精兵進攻太原。為守城池，李淵派部將王康達率千餘人出戰，但結果卻一敗塗地，幾乎落得個全軍覆滅的下場。

後來，李淵用計嚇住了突厥兵，暫時守住了太原城。雖然突厥兵被嚇走了，可是郭子和等人依靠突厥的支持和庇護，又紛紛向他挑釁，這讓李淵防不勝防，隋煬帝隨時都可能以失職為藉口，要了他的命。

面對內憂外患，大多數人都可能認為，李淵為自保必然會奮起反擊。但出乎意料的是，李淵並沒有那樣做，他反而甘願向突厥稱臣，也願意把自己所有的財寶全部進獻給突厥可汗。

很多人都不理解李淵這樣做的用意，其實，他早已經分析了天下大勢，決定要起兵反隋。但怎樣才能反隋成功呢？唯一的辦法就是西入關中。太原雖是一個軍事重鎮，但並不是他理想的發跡地。西入關中是最明智的選擇。可是，如果太原失守，對李唐大軍來說是一個重大的損失。那麼怎樣才能保住太原，順利西進呢？

李淵當時手下大約有三、四萬人馬，就算要與突厥決一死戰，也未必能守住太原，更何況在應付突厥的同時，還要抵抗有突厥撐腰的四周盜寇，由此看來勝利的機會顯然是微乎其微。而現在要進入關中，留下重兵把守顯然不是一個好方法。唯一的辦法就是與突厥講和，甘願獻寶、稱臣。所以李淵甘願忍讓向突厥低頭。

李淵的讓步策略果然奏效，始畢可汗果然與李淵修好。

李淵對突厥的讓步，得到了突厥的許多資助，始畢可汗送他大量的馬匹和士兵，李淵又趁機購買了許多馬匹，這為李淵興建一支強硬的戰鬥隊伍，奠定了強而有力的基礎。加之當時，漢人一向懼怕突厥兵的英勇善戰，而李淵軍中恰恰又有突厥騎兵，這一優勢自然為他增長了不少勢氣。

正因為李淵當時的讓步，才保住了打天下的資本。雖然當時向突厥稱臣，李淵付出了很大的代價，無論是名譽還是物質。可是，當時的情形，他選擇讓步不失為一種明智的策略。後來，李唐建國後，突厥鑑於唐朝的強大，向唐朝求和稱臣，做了唐朝的臣民。李淵當時的付出與突厥稱臣相比，又算得了什麼呢？

幾乎征服了整個歐洲的拿破崙，為了讓東方人也匍匐在他的腳下，他精心組織了一支五十萬人的大軍，以排山倒海之勢壓向俄國。法國不宣而戰，揮師跨過俄國邊境，並很快切斷俄國兩個集團軍的聯繫，佔領了莫斯科，長驅直入。

處在存亡之秋的俄國拚死抵抗。老帥庫圖佐夫臨危受命擔任了俄軍總司令。拿破崙和庫圖佐夫可以說是死對頭，五年前兩人就有過交鋒。但這次庫圖佐夫明顯處於劣勢。雙方經過部署後，在博羅委諾村附近拉開了戰幕。這是一場勢均力敵的大血戰，慘烈的戰鬥持續了一天一夜，最後俄軍被迫撤離，拿破崙佔領了庫圖佐夫的陣地。

作為一位首領，放棄一方領地，實屬無奈，但庫圖佐夫的放棄又不全是無奈之舉。他冷靜地分析了形勢和敵我雙方的實力對比，發現儘管拿破崙奪取了俄軍要塞，但實力已被削弱，由進攻之勢轉為防禦之勢。再者，法軍長驅直入，孤軍作戰，如果在此長久相持下去，必然對其不利。到那時，俄軍便可重振雄風。

於是，他發佈了一個讓眾人震驚而又大惑不解的決定——放棄莫斯科。

消息傳出後，人們都極力反對。是啊，把自己國家的首都拱手讓給敵人，這是一種何等的恥辱！於是，全國響起一片「情願戰死在莫斯科，也不交給敵人」的呼聲，就連沙皇也下令堅守都城。

此刻，庫圖佐夫的心情比誰都沉重，放棄莫斯科對他也是一種屈辱，然而作為一名軍事家，他清楚地意識到，假如憑一時之氣，爭一時輸贏，坐等法國轉攻，在敵強我弱的情況下，很可能會全軍覆滅最後導致國破家亡。為了顧全大局，庫圖佐夫承受著國內的壓力，毅然下令：「現在，我命令，撤退！」一時隔不久，拿破崙的軍隊佔領了莫斯科。

得意忘形的拿破崙沒有想到，他失敗的命運已由此決定了，俄國人留給他們的是一個一無所剩的廢墟，繼之而來的是乏糧、飢餓和嚴寒，法軍思鄉情緒上升軍心渙散。拿破崙只好下令撤出莫斯科，然而已經為時已晚，俄國人是不會輕易放走佔領他們首都的侵略者的，一場惡戰，使法軍四面楚歌，佔領莫斯科成了拿破崙一生中最大的敗筆。

47 攻城沒有一定的順序

堡壘雖然堅固，但防守堡壘的人心並不會像堡壘那樣堅固。善於攻破堡壘的人，常常能夠從堡壘的內部著手，先動搖人心。堡壘如此，人亦如此。正常的人都是有感情的，多多少少都有些顧忌。正是因為這些顧忌，每個人的人心都變得脆弱。要想征服一個人，不妨從他的顧忌著手，打開他的心房，動搖他的心。

關羽是位有血性、講義氣的男子漢，想要讓他投降是很困難的。然而，他在失守下邳後，卻向曹操投降了。那麼，關羽為什麼會投降呢？關鍵在於張遼的勸降技巧。

關羽被曹軍誘出下邳城後，又被截斷歸路，只得屯兵在一座土丘上。此時，張遼騎馬跑上山來。幾句簡單的交談過後，關羽知道張遼前來做說客，於是表示自己「今雖處絕地，視死如歸」，要他速速離去。張遼此時並沒有放棄勸降的念頭，而是大笑道：「兄此言豈不為天下笑乎？」他的這句話深深地擊中了關羽。試想，一個頂天立地的男子漢如果被天下人笑話，那是怎樣的奇恥大辱！於是，關羽反問道：「吾仗忠義而死，安得為天下笑？」

關羽如果對張遼的那句話置之不理，張遼的勸降無疑是失敗的。但是，張遼知道自己的那句話在關羽心中的分量，關羽是不可能對其置之不理的。當關羽反問他的時候，他知道自己已經成功了一半。接著，他繼續說道：「兄今即死，其罪有三。」關羽自然願聞其詳。於是張遼列舉了關羽的三大「罪狀」：一是有負當年盟誓，不能繼續幫助劉備成大事；二是不能照顧好劉備的家眷，完成不了劉備的託付重任；三是逞匹夫之勇，雖文武兼備卻不思與劉備同匡漢室。

關羽聽完張遼的訴說後，遂向張遼徵求意見。在這種情況下，張遼的勸降目的一步步實現了。

如果張遼直接來勸降，無疑達不到目的。但他沒有直接與關羽的頑固性格相抵觸，而是迂迴前進，攻破了關羽的心理防線，從而順利地達到了目的。

堡壘之所以最容易從內部攻破，是因為堡壘的外部是堅固的，而內部是空虛的。人也是如此。一個表面看起來再堅強的人，他的心也有脆弱的時候。如果能夠看到這一點，在辦事的時候常常能夠輕鬆達到目的。

戰國末期，燕國的一位將領率領燕軍攻下了齊國的聊城。

此時，聊城有人去燕國離間燕國國君和這位燕將的關係。燕將聽說燕王中了聊城人的離間計後，害怕回國後被燕王誅殺，不敢回去，於是就死死把守聊城。

齊國失了聊城後，齊王派田單率軍前去奪回領地。田單在聊城苦戰了一年多的時間，不僅沒有攻下聊城，而且犧牲了很多士兵。正在此時，魯仲連出現了。

魯仲連，齊國人。他口舌伶俐，能言善辯，而且不拘一格，能夠運用多種奇特而又巧妙的計策說服別人。魯仲連見齊軍久久不能攻下聊城，於是前來為田單出謀劃策。他寫了一封信給燕將，然後讓士兵用箭將信射進城中。

魯仲連在信中對燕將說：

「我聽說，智者不會因錯過時機而失去本可以得到的好處，勇士不會因懼怕死亡而使自己的名聲毀於一旦，忠臣不會因保全自己而不顧國君的安危。如今，您因一時的憤怒而固守聊城，不願意歸國，使得燕王失去了一位臣子，這是對燕王的不忠。為了保全性命，您打算與聊城同歸於盡，從而不能令齊國人感到敬畏，這是對自己勇氣的否定。您雖攻下了城池，卻因對燕王不忠而毫無功勞可言；您雖能夠暫且保住性命，卻因貪生怕死欲與聊城同歸於盡而毫無名聲可言。您的做法只能夠使你功敗名滅，這是沒有智慧的表現。因此，為了不失忠誠和名聲，為了能夠載入史冊，忠臣不會離開國君，勇士不會懼怕死亡，這也正是智者的作為。此時正是有關死生、榮辱、貴賤、尊卑的關鍵時機，而且這個時機一去便不會復返，希望您能夠認真考慮，做出超出世俗的決定。

「楚國攻打齊國的南陽，魏國攻打齊國的平陸，而在這種緊急情況下，齊國仍然沒有歸順秦國的心思。因為，齊國能夠分清輕重緩急。如今，秦國大勢已經形成，魏國因與秦國接壤將會受到直接的威脅；秦國一旦起兵，楚國形勢便會變得非常危急。在這種情況下，楚、魏兩國即使想佔有齊國的領地，也會顯得力不從心。因此，齊國是不會擔心失去南陽和平陸的。至於聊城，齊國自然是不會善罷甘休的。更何況，齊國已經將楚、魏兩軍趕出了齊國領地，正在商討奪回聊城，但燕王此時是不會派兵前來救援的。如此一來，您將會面臨雙重困難。一方面，齊國會動用全國的軍隊來圍攻您；另一方面，您據守聊城已經長達一年，糧草輜重日益枯竭。依我所見，在這種內憂外患的情況下，聊城恐怕要被攻破。

「而且，燕國國內已經大亂，燕王和眾臣都舉手無措。燕國丞相栗腹率領十萬大軍攻打趙國，卻被趙軍圍困在趙國。燕國雖是萬乘之國，卻要削地與趙國求和，令天下人恥笑。燕國如今破爛不堪，災禍不斷，國內百姓不知何去何從。在這種情況下，您卻要死守衰破的聊城，與齊國全軍對抗，無疑是墨翟之守，以卵擊石；您手下的將士餓得幾乎要啃食人骨，根本無心拒外，如同孫臏之兵，一觸即潰。這些道理都是很明顯的，只要稍微動動腦筋就能夠想明白。

「我站在您的立場上考慮，認為與其死守聊城、殊死掙扎，不如保全軍隊、返回燕國。如果您能夠把軍隊帶回燕國，燕王肯定會非常高興；士兵返回燕國後，能夠見到自己的親人，跟親人講述你們在齊國是如何與齊軍作戰的，您的功勞自然會得到燕國人的認同。如此一來，您既可以輔佐國君管理群臣，又可以安撫百姓穩住民心，功名可立。除此之外，您還有一條路可以走，就是投奔齊國。齊國會分封給您土地，讓您比范蠡更加富有。您返回燕國也好，投奔齊國也罷，總之各有各的好處。希望您能夠果斷決策，為自己選一條路。

「我還聽說，成大事的人是不會拘泥於小節的，立大功的人是能夠容忍小屈辱的，古代的管仲和曹子便是這樣的人。管仲不擇手段射殺齊桓公，這是因為他想篡權；不願意陪主人公子糾一起死，這是因為他怕死；後來被齊桓公束縛在囚車中，這是一種恥辱。如果一個人有過這三種經歷，君主不會認為他是一個合格的臣子，平民百姓也不願意接受他。如果管仲一直被囚禁，或者到死都沒有被送往齊國，那麼他的名字免不了會成為污穢之人和卑賤行為的代表。如果真是這樣的話，奴隸都不願意與他為伍，更何況世人！然而，管仲不以身遭囚禁為恥而以不能治理天下為恥，不以未與公子糾同死為恥而以不能夠在眾諸侯國中樹立威望為恥，正是因為如此，他能夠身帶這三種令君主和百姓都不齒的行為而使齊國成為五霸之首，使得自己名揚天下而光照鄰國。

「曹子身為魯國大將，三戰三敗，使得齊國喪失了五百里的領土。如果曹子計較這三次敗績而不願意悔過，或者無顏再見魯國國君而刎頸自殺，那麼，他的名字免不了成為敗軍禽將的代表。然而，曹子將三次敗績拋在一旁，返回魯國與魯國國君商議大計。後來，在齊桓公召集天下、會見各路諸侯時，曹子在會壇上僅憑著一把劍指著齊桓公的心口，臉色不變，言辭不亂，將三次戰敗帶來的恥辱在一日之內洗清，令天下震動、諸侯驚駭，威信頓時盛傳。如果魯仲連和曹子這兩人為了能夠不受小辱而被小節約束，以至於殺身亡軀、絕世滅後，就不會立下功名，這是不智的。因此，遠離憤怒招致的怨恨，就能夠立下終身的名氣；拋棄無關大局的瑣碎事情，就能夠定下累世的功業。正因為如此，他們的功業可以與三王爭流，名氣可以與天壤相比。希望您能夠從中選擇一條路。」

燕將看完魯仲連的信後，悲哭了三天，還是猶豫不決，不知如何是好。他想返回燕國，可是已經與燕王之間出現了感情上的裂痕，擔心回去後會被誅殺；他想向齊國投降，可是已經殺了很多齊國俘虜，擔心投降後會被齊人侮辱。他感嘆地說：「與其被別人所殺，不如自殺。」隨後便自我了結了性命。

魯仲連的一封書信便做到了「不戰而屈人之兵」，令人嘆服。他之所以能夠做到這一點，就在於他的說服技巧。

他首先指出了燕將犯了不勇、不忠、不智的錯誤；然後分析了當前的形勢，讓燕將感到手足無措；最後又站在燕將的立場上為其出謀劃策。燕將在權衡利弊後，選擇了自殺。

當魯仲連發現透過強攻的方式難以攻下聊城時，他並沒有建議齊軍繼續攻城，而是巧妙地利用了燕將的脆弱心理達到了奪城的目的，讓人嘆服。

生活中，當我們要說服某一個人或有求於某一個人時，不妨從人心著手。一旦能夠融化對方的心，便能夠征服他，讓他心甘情願地向你認輸或折服於你。

48 適時放棄可以得到更多

捨得捨得，有捨才有得。不懂得放棄的人，常常不能夠擁有更多。因為在很多時候，機會和好運常常蘊藏在放棄中。

曹操揮師西進，儘管經過了長途跋涉，最終還是平定了漢中。平定漢中後，曹操按兵不動。西川百姓聽說曹操攻佔了東川，西川必將岌岌可危，於是人心動盪。

為了解除危機，諸葛亮向劉備獻上了一計：「曹操分軍屯合淝，懼孫權也。今我若分江夏、長沙、桂陽三郡還吳，遣舌辯之士，陳說利害，令吳起兵襲合淝，牽動其勢，操必勒兵南向矣。」

劉備的使者來到孫權處說明目的後，孫權雖然知道這是劉備保存西川的策略，但同時也看到了兩個實惠：一是可以輕而易舉地得到三郡；二是此時攻打合淝是一個難得的好機會。於是，孫權向合淝進兵。在這種情況下，曹操不得不回救合淝之急，劉備的危機也順勢消解了。

劉備割讓三郡換來的利益是巨大的，不僅保住了西川，還為後來奪取漢中奠定了基礎。如果劉備不願意割讓三郡，只是派一名舌辯之士去遊說，結果可能會是另外一番景象。因為，孫權之所以會攻打合淝，很有可能會存在這樣一種想法：即使此次攻不下合淝，但至少可以得到三郡。

因此，懂得放棄是很重要的。

古希臘的佛里幾亞國王葛第士以非常奇妙的方法在戰車的軛上打了一串結。他預言：誰能打開這個結，誰就可以征服亞洲。然而，一直到西元前三三四年，還沒有一個人能夠成功地將繩結打開。這時，亞歷山大率軍入侵小亞細亞，他來到葛第士繩結之前，不加考慮，便拔劍砍斷了繩結。後來，他果然一舉佔領了比希臘大五十倍的波斯帝國。

一個孩子在山裡割草，被毒蛇咬傷了腳。孩子疼痛難忍，而醫院在遠處的小鎮上。孩子毫不猶豫地用鐮刀割斷受傷的腳趾，然後，忍著巨痛艱難地走到醫院。雖然缺少了一根腳趾，但孩子以短暫的疼痛保住了自己的生命。

一位朋友到一家餐館應徵鐘點工。老闆問：在人群密集的餐廳裡，如果你發現手上的托盤不穩，即將掉落，該怎麼辦？許多應徵者都答非所問。朋友答道：如果四周都是客人，我就要盡全力把托盤倒向自己。最後，這位朋友成功被錄取了。

亞力山大果斷地劍砍繩結，說明他放棄了傳統的思維方式；小孩子果斷地割斷腳趾，以短痛換取了生命；服務生果斷地把即將傾倒的托盤傾向自己，才確保了顧客的利益。在某個特定的時刻，只有敢於放棄，才有機會獲取更長遠的利益。

在放棄的例子中，華人首富李嘉誠先生在這方面就做出了相當驚人的舉措：八〇年代，李嘉誠就有收購香港碼頭九龍倉的意願。雖然李嘉誠在八〇年代中期已經登上了香港首席富豪的寶座，但當時他的實力和聲譽還都比不上船王包玉剛。在李嘉誠有意於九龍倉的同時，船王包玉剛也想第一個吃掉九龍倉，以便為自己減船登陸打好基礎。

李嘉誠在收購九龍倉的時候，遭到了九龍倉故主怡和財團的強力抵抗。在這種情況下，要想順利收購，將會付出沉重的代價。而且，包玉剛有可能還會加入這場收購戰。

李嘉誠權衡得失後，毅然把手中的一千萬股九龍倉股票轉給包玉剛，從中得到了豐厚的利潤。首先，他把原來十到三十元市價買的九龍倉股票以三十多元脫手給包玉剛，一下子就獲利數千萬元。更重要的是，他可以透過包玉剛的關係，從滙豐銀行那裡承接和記黃埔的股票九千萬股，並成為和記黃埔的董事會主席。

李嘉誠在這次對九龍倉的戰役中可謂是一本萬利，他的果斷放棄為他帶來了豐厚的回報，這種做法頗令人玩味。從李嘉誠的故事中不難看出，學會適時放棄才是成大事者明智的選擇。

49 不要輕忽小人物

人一生中要面臨各種的問題，有些問題可以自己解決，有些問題可以透過大人物解決，還有些問題則需要小人物來解決。因為不同的人有不同的價值，小人物也有他們的價值。如果身邊有一些小人物，便能夠在他們的幫助下解決一些小麻煩。

曹操引兵救合淝時，令夏侯淵守漢中定軍山隘口，留張郃守蒙頭岩等隘口。張郃吃了幾次敗仗後，聚集敗兵死守瓦口關。

張飛、魏延兩人連日攻打卻無濟於事。於是，張飛率軍撤退二十里地，然後與魏延帶了幾十人前去探路。途中，他們突然發現幾個背著小包的人正沿著山路行走。張飛用馬鞭指著這幾個人對魏延說：「奪瓦口關，只在這幾個百姓身上。」隨後，他吩咐幾個士兵前去把他們接來。張飛用好言好語安定他們，然後從他們口中得知：有一條小路可以通向瓦口關背後。張飛非常高興，將這些百姓帶入寨中，分給他們一些酒食，然後讓他們帶路。結果，瓦口關被順利攻下。

如果張飛不能夠從這些百姓口中得到資訊，便不能夠繞到張郃背後。要想拿下瓦口關，還付出更多的代價。然而張飛沒有忽視小人物的作用，而是利用他們熟悉當地地理的優勢減少了自己攻關的難度。

其實，小人物也有大用處。在適當的時候，他們甚至能夠幫上大忙。

春秋時期，四君子以養門客聞名，其中以孟嘗君為最。據說，他府下有三千門客。一次，又有兩人前來投奔，其中一個能鑽狗洞、能學狗叫；另一個會學雞叫。除此之外，他們別無所長。孟嘗君還是把他們留下了，當時許多門客都不服氣，總覺得這兩人沒什麼能耐，和這樣的人在一起覺得丟人，請孟嘗君將這兩人辭退。孟嘗君勸他們說，世無不可用之人，有一技之長就是人才，讓他們留下來吧。

沒多久，孟嘗君奉命出使秦國。鑑於孟嘗君的名聲，秦昭王想讓他留下來做相國。有人勸秦昭王說：「孟嘗君是齊國人又很有本事，如果在秦國做了相國，他不會替秦國謀利的，即便他肯為秦國出力，也一定是先想著齊國然後再考慮秦國。如果是這樣，秦國不就危險了嗎！」

秦昭王聽完覺得有道理，就打消了讓孟嘗君當相國的念頭，而且把他關起來，並想找機會殺掉他。孟嘗君請秦昭王的一名寵姬幫忙說情。這名寵姬說：「我想要孟嘗君的白狐狸皮裘。」原來，孟嘗君有一件皮衣，價值千金，天下無雙。他把這件皮衣送給了秦王，秦王的寵姬只有得到了這件皮衣才肯幫忙，這確實給孟嘗君出了一個難題。孟嘗君很煩惱，託人問遍門客，誰也想不出對策。

正在危難之際，那個能鑽狗洞學狗叫的門客說：「我想我可以弄件白狐裘。」於是，夜裡他裝扮成一條狗，偷偷地混進了秦王宮中儲藏東西的地方，將孟嘗君原先獻給秦昭王的那件皮衣又偷了出來。

孟嘗君把這件皮衣獻給了那名寵姬。得到白狐裘以後，秦昭王的寵姬果然沒有食言，代孟嘗君向秦昭王說了許多好話。秦昭王接受了寵姬的建議，把孟嘗君放出了大牢。重獲自由的孟嘗君，立刻喬裝打扮，隱姓埋名，混跡出了咸陽城，連夜逃往齊國。

時過不久，秦昭王後悔自己釋放了孟嘗君，趕緊派人去追。而此時孟嘗君早已經逃走了。可是，秦昭王仍不死心，他命人繼續尋找孟嘗君的下落。

半夜時分，孟嘗君已逃到函谷關下，出了函谷關就安全了。當他們剛準備出關時，卻被侍衛攔截住了。因為秦國有一條規定：雞鳴以後才准放人通行。孟嘗君擔心被追兵捉住，心急如焚。這時，那個會學雞叫的門客捏起嗓子，十分逼真地學著公雞打鳴，使得附近公雞也隨聲附和起來。侍衛聽到雞鳴聲，就開關門將他們放走了。孟嘗君得以順利脫逃。

50 那來這麼多面子問題

面子問題是一個嚴肅的問題，如果不能夠妥善處理好自己和他人的面子，就有可能給自己帶來不必要的麻煩或危險。因此，在與人交往的時候，一定要注意維護他人的面子。同時，也要防止自己被面子約束。

曹操聽說劉備自立為漢中王後，非常憤怒，打算舉兵攻打漢中。司馬懿勸住曹操，並建議曹操派一人去東吳遊說，說服孫權興兵取荊州，然後趁劉備來救之際攻打漢川。

曹操的使者滿寵到了孫權處後，向孫權說明來意：「吳、魏自來無仇，皆因劉備之故，致生釁隙。魏王差某到此，約將軍攻取荊州，魏王以兵臨漢川，首尾夾擊。破劉之後，共分疆土，誓不相侵。」孫權不知如何是好，在眾謀士的建議下做了兩手準備：一方面派人去荊州與關羽聯姻，從而試探關羽的態度；一方面向曹操表示願意與其聯合。

孫權的使者諸葛瑾來到關羽處後，同樣說明了來意：「吾主吳侯有一子，甚聰明；聞將軍有一女，特來求親。兩家結好，並力破曹。此誠美事，請君侯思之。」沒想到關羽聽完諸葛瑾的話後勃然大怒，並口出狂言：「吾虎女安肯嫁犬子乎！……」

諸葛瑾回東吳後，將實情詳細告訴了孫權。孫權大怒，立即與曹操聯合攻打荊州。不久，關羽便敗走麥城，被孫權斬殺。

如果關羽能夠顧及一下孫權的面子，也不會落到這種地步。諸葛亮前往西川前就叮囑過關羽要處理好與東吳的關係，誰料關羽在關鍵時刻卻將諸葛亮的話忘得一乾二淨，不僅不能夠保住荊州，而且把自己的性命也賠了進去。

生活中，我們一定要認真對待面子問題。既要懂得給他人留面子，又要做到不因面子為難自己。

喬治大學剛剛畢業，辛苦地找到了一份工作，工作不久，多年不見的叔叔前來看他。喬治在車站接到叔叔以後，陪著他在這個小城轉了轉。眼看就要到吃飯的時間了，這讓喬治心裡發愁，身上僅剩十美元，叔叔遠道而來說什麼也不能太寒酸，說出去肯定會丟了面子。

正當他為吃飯問題發愁時，叔叔把他帶到了一家小餐館。叔叔點了幾道便宜的菜，而喬治卻當著服務生的面對叔叔說：「怎麼能點這麼便宜的菜，再點幾道好菜，要不然多沒面子。」叔叔沒有辦法只得無奈地搖搖頭。

兩人坐下來後，不一會兒，他們點的菜就被侍者端了上來。喬治看著眼前的飯菜，心裡七上八下，放在衣袋中的手裡緊緊抓著那僅有的十元。錢是肯定不夠的，怎麼辦？

叔叔知道喬治把面子看得非常重，他的一舉一動也都被叔叔看在眼裡，叔叔不住地誇讚喬治點的菜好吃，可是這時的喬治哪裡有心思吃飯，還在為結帳的問題而發愁。

關鍵的時刻終於來了，彬彬有禮的侍者拿來了帳單，徑直向喬治走來，喬治吃驚地張開嘴，卻什麼也沒說出來。

叔叔溫和地笑了，他接過侍者的帳單，把錢給了侍者，侍者用怪異的眼神看了喬治一眼，轉身離去了。正當他們起身離開時，喬治發現幾個侍者在議論著什麼，而且不時地朝他們用餐的地方觀望。喬治匆忙的逃離了餐廳。

出了餐廳後，叔叔盯著喬治說：「孩子，我知道你把面子看得非常重要，所以你在點菜的時候我一直沒有說話，明明沒有錢為什麼要逞英雄，點那麼多昂貴的菜呢？要知道，有些時候面子並不重要。在小事上要面子，大問題上可能讓你的面子全無。我這次來看你最重要的事，就是告訴你這個道理。」

如果能夠認真對待面子問題，不僅能夠善待他人，也能夠善待自己。

51 打破常規，出奇制勝

在有些時候，保守的思想是行不通的。如果一味地用傳統的眼光看問題，就有可能找不到出路。這個時候，不妨改變一下思維方式，用一種全新的觀點和行動來解決問題。如此以來，就有可能從「山窮水盡疑無路」中擺脫出來，得到「柳暗花明又一村」的驚喜。

孔明兵出祁山，連戰皆捷，所向披靡，造成關中的緊張局勢。魏主曹睿不得不「御駕親征」，率軍前往長安，抗拒蜀軍。

當時，出任新城太守的原蜀軍降將孟達，由於既沒有被曹睿重用，又被「朝中多人嫉妒」所以，便想越曹魏後方空虛之際，舉兵謀反，直取洛陽，再歸降諸葛亮。孟達此舉若能成功，必將會與諸葛亮形成對曹魏前後夾擊的戰略態勢，陷敵於完全不利的境地。與此同時，曹睿為了抗蜀的需要，重新起用正在宛城閒賦的司馬懿。

孟達策劃謀反的消息，被即將去往長安的司馬懿得知了，在這危急時刻，他當機立斷，自作主張，一方面令大軍向新城進發，傳令「一日要行二日之路，如遲立斬」，另一方面，他又派參軍梁畿齎檄乘輕騎星夜先一步趕往新城，「教孟達等準備征進，使其不疑」，並製造司馬懿大軍已「離宛城，望長安去了」的假情報。

孟達果然中計，絲毫未加防範。結果，幾天之後，司馬懿率大軍突然出現在新城城下，以迅雷不及掩耳之勢，一舉平定了這場叛亂。

實現出其不意，攻其不備，首先必須要想方設法隱蔽作戰企圖。襲擊孟達一戰，司馬懿在這方面幹得十分漂亮。當他得知孟達企圖謀反的消息後，採取了一連串欺騙麻痹的手段，使孟達自以為得計，疏於戒備，為達成戰鬥的突然性創造了條件。

如果想為突襲行動爭取到極為寶貴的時間必須根據敵情果斷靈活地實施指揮。稍有軍事常識的人都清楚，所謂兵貴神速是實現出其不意的重要條件。但對一支軍隊來說，神速的行動，並不單單表現在部隊的行動能力上，更重要的還體現在軍事指揮員當機立斷的決策水準上。

當時司馬懿剛剛被任用，身在宛城，並非朝中之臣。按照規矩，採取如此重大的軍事行動，必須「寫表申奏天子」，待奏准後才可行事。而孟達也正是這樣判斷問題的，他認為「若司馬懿聞達舉事，須表奏魏主」；來回要費去月餘時日！這就可以使自己從容地作好迎敵準備。但聰明的司馬懿並沒有死搬教條，他深知「將在外，君命有所不受」的道理；在事關安危的決策問題上，敢於先斬後奏，毅然採取了果斷的行動。結果，使原先企圖乘虛直襲洛陽的孟達，反被司馬懿這一突襲打得昏頭轉向。

一個善於打破常規的人，常常能夠通過出人意料的舉動以奇制勝，威爾許便是這樣的一個人。

1981年4月，威爾許成為通用電氣公司歷史上最年輕的董事長和首席執行官。那年他45歲，而這家已經有117年歷史的公司機構臃腫，等級森嚴，對市場反應遲鈍，在全球競爭中正走下坡路。

在威爾許之前的總裁，他們只選擇修補，而不去徹底改造這條船。然而，威爾許不斷開拓創新的天性告訴他：要想在變化如此迅速的環境中生存下來，通用電氣就需要一種新的觀念，一種新的策略。從威爾許第一年進入通用時起，他就深知官僚主義和冗員的惡果，如今終於可以實施自己的計畫了。

上任初期，威爾許就說：「10年以後，我們希望通用電氣公司會被人看作獨一無二、精力旺盛、富有骨幹精神的企業，成為舉世無雙的第一流公司。我們要使通用電氣公司成為世界上獲利最豐厚、經營範圍高度多樣化的公司，使它的每一種產品都在同類產品中處於世界領先地位。」

通用公司有很多鬆散雜亂的企業，威爾許決定先從這些企業著手。於是，他對通用電氣公司所有企業的長處和短處進行了一項仔細的研究。威爾許回憶當年的變革時說：「開始的時候，我的步子邁得不大。我的前任是我所崇拜的一位傳奇人物，而我卻要改變他所做的事情。」

在認真研究後，威爾許認為，首要的任務是提高公司的股票價格。通用公司是由幾百家經營性質不同、發展方向各異的企業構成的，這樣的形象本身就無法取得華爾街的信任。如果要提高股票價格，必須改變公司的不良形象，這就需要一個新的組織機構來改變公司的形象。

為此，威爾許提出了著名的「數一數二」的概念。他預言，美國企業界在20世紀80年代的主要敵人不是市場而是通貨膨脹，它將導致全球性的增長停滯。在這種形勢下，競爭行列裡居中的產品銷售商和服務商將沒有存在的餘地，如果要避免被淘汰的命運，就必須發現並參與真正能產生增長的工業門類，並做行業裡的第一名或第二名。威爾許說，成為第一名、第二名的策略只有在通用公司採用某種「軟價值」的基礎上才能奏效，最重要的是「面對現實、注重品質、追求傑出以及發揮人的因素」。

以往通用電氣把子公司看作孩子，即使它們經營失敗，母公司也不會將它們拋開不管。威爾許說這場革命需要克服這種傳統，改變這種陳規陋習。通用電氣大家庭內部的新標準將會使工作卓有成效。一個子公司如果經營失敗，沒有達到第一名或第二名，公司就會拋棄它。這樣做可能會導致公司成千上萬的雇員失業，但威爾許認定，這種改革對公司的長遠發展來講是有益的。

威爾許經過十幾年的不斷改革，公司雇員減少了25％，調整為12個企業。從1995年開始，通用電氣成為全球最強大的公司，市場價值總額達到了1570億美元，1996年公司利潤為74億美元，成為美國最賺錢的公司。

第六章：攻心為上，展現領導風範

一個扮演監督角色的管理者，是不能夠與具有精神領袖作用的領導者相提並論的。因為，管理是一門藝術，而領導藝術則是管理藝術的極致。一位優秀的管理者會處處用自己的個人魅力來牽動下屬的心思，從而將下屬的能力發揮到極致。

52 稱讚，代表著認可

一位聰明的領導者不可忽視讚美的巨大作用。他會在適當的時候動動自己的嘴，讓員工熱血澎湃，在領導者讚美聲的鼓勵中投入更多的工作熱情。

曹操是一個會運用讚美的方法激勵下屬之人，從以下三個例子中可以看出：夏侯惇向曹操引薦典韋後，曹操見典韋氣宇非凡，開口便道：「此古之惡來也！」許褚輕而易舉地斬了李傕的姪子李暹、李別後，提著他們的人頭回到曹操陣中。曹操見他如此英勇，撫拍著許褚的背說：「子真吾之樊噲也！」荀彧投奔曹操後，曹操在與其交談的過程中發現他才華出眾，於是立即稱讚道：「此吾之子房也！」

樊城之圍被解後，曹操向眾將說道：「荊州兵圍塹鹿角數重，徐公明深入其中，竟獲全功。孤用兵三十餘年，未敢長驅逕入敵圍。公明真膽識兼優者也！」見到徐晃後，曹操見晃軍整齊有序，大喜道：「徐將軍真有周亞夫之風矣！」

曹操在稱讚部屬的時候，把他們與歷史上的優秀人物作比。在某些時候，這些精神上的獎勵遠勝過物質獎勵，因為它更能體現出領導者對下屬的認同。

一天晚上，一家大公司發生了竊盜事件，但盜竊者並沒有得逞。原因有些讓人感到吃驚：該公司聘用的一位清潔人員不顧生命危險，與盜竊者進行了一場驚險的搏鬥。

在這樣一家擁有數百名員工的大公司裡，論地位、論薪資，這位清潔工都難以在公司裡引起重視；論責任，防火防盜這些事情與一個小小的清潔員也沒有直接的關連。然而，是什麼讓這位清潔員產生如此強烈的正義感呢？

後來，有人從他的口中得知：他之所以會這樣做，是因為該公司的總經理每次看到他在辛勤工作時，總是微笑著讚揚他把地掃得很乾淨！

一句簡單的讚揚竟有如此大的驅動力，它竟然能夠驅動一位普通得不能再普通的員工願意以生命的代價保護公司的利益不受侵犯！

或許一句讚美的話並不能夠讓員工誓死捍衛公司的利益，但一句合適的稱讚往往能夠激發員工的積極性。如果一位領導者不能夠適時表揚或讚美員工，就有可能挫傷員工的積極性。

古時候，有位王爺一向嚴肅，非常不善於讚揚人。為此，有人主動求取他的讚揚。

這位王爺府中有位名廚，他特別擅長做烤鴨。府中的人吃了他做的烤鴨後，都會舉起大拇指表示稱讚。唯獨作為一府之主的王爺在吃完名廚做的烤鴨後，從來沒有做出任何帶有讚揚或鼓勵的表情，更不用說是帶有讚揚性質的舉動了。名廚很生氣，但又不敢質問王爺。於是，他總在琢磨著如何讓王爺「開竅」。

有一天，王府中來了貴客。為了款待貴客，王爺令廚房準備一桌好菜，這位名廚的烤鴨自然是少不了的。

飯菜燒好後，王爺和貴客隨後入席。王爺坐定後，立即為客人挾了一隻鴨腿，隨後想把另一隻鴨腿「據為己有」。王爺在翻遍整盤烤鴨後，卻找不到烤鴨的另一條腿。他心中有些不悅，小聲問站在身後的名廚：「怎麼只有一條腿呢？」

名廚低聲回答：「不瞞王爺，府中的鴨子全都是一條腿。」

王爺不再追問，繼續吃飯。飯後，王爺把名廚叫到後院，想讓廚師看看鴨子到底是幾條腿，然後批評他一番。

他們來到後院後，鴨子正躺在地上休憩，正好露出一條腿。

名廚說：「王爺您看，鴨子都是一條腿啊！」

王爺沒有理睬名廚，他使勁拍巴掌，結果鴨子都站了起來。王爺反問道：「你看，鴨子到底是一條腿還是兩條腿啊？」

名廚接過話頭：「鴨子本來是一條腿，在您鼓掌之後才變成兩條腿的。」

這位名廚為了得到王爺的讚揚，竟然想出了這樣一個辦法，可謂用心良苦。名廚做的烤鴨的確讓人眼饞，要不然府中的人就不會誇他，王爺也不會在入席後就連忙為貴客挾一隻鴨腿。總之，名廚的表現得到了王府中所有人的認可，包括王爺在內。名廚並沒有什麼過分的要求，他只想得到王爺的表揚、讚賞。然而，王爺就是沒有誇人的習慣。

作為領導者，千萬不要像故事中的王爺那樣，適當的時候還是要開開「金口」，讚揚一下有進步、表現優異的員工。

泰戈爾說：「讚美令我羞愧，因為我暗自乞求得到它。」從偉大詩人泰戈爾的這句話中可以看出，不僅是泰戈爾本人，而且所有的人都希望得到讚美。因為在讚美一個人的同時，也是對他表現的認同和肯定。

作為員工，更希望得到領導者的讚美。當管理者的讚美恰到好處時，員工將會受到巨大的鼓舞，這種鼓舞將會像火一般點燃員工的工作熱情。

53 以身作則，樹立威信

正所謂「君子犯法，與庶民同罪」。領導者不要因為自己處於管理階層的地位，便把自己該承擔的責任推卸給他人，這樣做只會加深下屬與領導者之間的隔閡。沒有人願意犯錯誤，但犯了錯誤一定要勇於承認。其實，領導者在承擔責任的過程中，也樹立起了自己的威信。

曹操會合劉備、孫策、呂布征討袁術時，正是麥熟季節。曹軍所到之處，百姓都在外逃避。曹操派人告訴遠近百姓及各處官吏：「吾奉天子明詔，出兵討逆，與民除害。方今麥熟之時，不得已而起兵，大小將校，凡過麥田，但有踐踏者，並皆斬首。軍法甚嚴，爾民勿得驚疑。」

誰知，曹操正行期間，其坐騎見田中飛起一隻鳥，因眼生而大驚，遂「竄入麥中，踐壞了一大塊麥田」。曹操叫來行軍主簿，擬議自己踐踏麥田的罪行。主簿說：「怎麼可以治丞相的罪呢？」曹操說：「我自己制定法令，又觸犯自己制定的法令，還怎麼服眾呢？」說完便要拔劍自刎，眾人趕忙止住。郭嘉以「法不加於尊」勸說曹操，曹操沉思一會後，割了一撮頭髮代替斬首。隨後，他派人以髮傳示三軍：「丞相踐麥，本當斬首號令，今割髮以代。」於是，「三軍悚然，無不懍遵軍令。」

諸葛亮同樣是一位以身作則的人。馬謖失守街亭，諸葛亮按照軍法處置他後寫了一份表文，然後讓從成都趕來的蔣琬帶回去讓後主劉禪過目。在表文中，他認為自己要為街亭失守承擔責任，要求貶職三級。劉禪看後，不知如何是好。他徵求了大臣們的意見後，按照諸葛亮的意願將諸葛亮降職為右將軍。

如今，一些領導者無形中養成了這樣一種不良習慣：一旦工作出現問題，就立即展開批評攻勢，將自己的責任推得一乾二淨；一旦有了業績，就立即歸功於己，將下屬的功勞忘得一乾二淨。正如人們常說的一句話：「黑鍋大家背，紅包自己拿。」

如果領導者養成了這種習慣，無疑會對管理工作造成嚴重影響。對員工來說，領導者的推責於人比歸功於己更加可惡。因此，要想管理好員工，領導者必須要善於承擔責任。

秦穆公在位時，晉國的實力非常雄厚，秦國只有繼續擴充實力才能夠趕上晉國。有一年，晉國國君因病去世。秦穆公認為此時晉國正沉浸在失君之痛中，無心與其他國家作戰，想藉此機會消滅鄭國。為了能夠順利攻下鄭國，秦穆公同時派出三員大將，他們分別為孟明視、白乙雨和西乞術。

鄭國是晉國的鄰國，要想到達鄭國國境必須先經過晉國國土。當秦國的三員大將率大軍經過晉國時，晉軍早已設下埋伏，結果秦軍慘敗，除了三員大將被活捉外，其他將士無一生還。

晉國之所以不殺秦穆公的三員大將，是想把他們放回，讓秦穆公親自懲罰他們，以此羞辱秦國。

聽到這樣的消息後，秦國上下頓時哭聲震天。除了悲痛之外，晉國的做法讓秦國人感到前所未有的羞辱。而作為領軍作戰的三員大將，更是無顏面對國君和全國軍民，只求秦穆公賜他們死罪。然而秦穆公並沒有這樣做，他身穿喪服親自為死去的將士們送行，然後將這三位敗將接回。隨後，秦穆公帶著悲痛作了一篇《秦誓》。在這篇文章中，他引咎自責：「這次我軍慘敗，責任在我。正是因為我的掉以輕心，結果犧牲了眾多的將士。孟明視、白乙雨和西乞術三人都很有能力，如果不是我的判斷失誤，他們定能夠高唱凱歌。希望他們能夠化悲痛為力量，為我大秦洗雪這次國恥。」

秦穆公的做法感動了孟明視等人，他們加緊練兵，以便在時機到來時給晉國一次重擊，報仇雪恨。一年後，秦軍已是兵強馬壯，孟明視等人認為時機已到，徵得秦穆公的同意後，便率軍討伐晉國。結果，秦軍再次慘敗。於是，在朝大臣均認為這三員大將並沒有什麼傑出才能，紛紛進諫將孟明視三人革職。秦穆公力排眾議，仍然賦予他們重任，希望他們能夠訓練出一支強大的軍隊。

秦穆公的做法再一次感動了孟明視等人，他們用心練兵，力求精益求精。幾年後，秦穆公再次派他們伐晉。此次戰役中，秦軍轉敗為勝，晉國只得求和。也正是在這一場戰役之後，秦國的實力大增，可以與晉國平起平坐了。

很明顯，秦軍第一次戰敗，主要責任明顯在秦穆公身上。如果秦穆公把責任都歸於三員大將，儘管這三員大將嘴上不說，心裡也是不舒服的。即使三位大將將責任全部包攬，參戰的秦國士兵也會感到不平。所幸秦穆公主動承擔責任，從而激發了秦軍的鬥志；再加上秦穆公後來的鼓勵，秦軍終於凱旋而歸。

如果一個領導者對下屬的過失嚴懲不貸，對自己的過失卻故作不知，那麼在管理的過程中，員工心中肯定會感到不平。進一步說，如果領導者的引導有誤造成了員工工作上的失誤，而領導者卻隻字不提自己的過失，員工的不滿將會更加明顯，不利於以後的管理。

但如果領導者能夠像曹操、諸葛亮、秦穆王這樣主動承擔責任，員工自然不敢越雷池半步，心甘情願地按照固有的規章制度辦事。一旦員工有了這樣的表現，領導者的威信就樹立起來了。

54 體恤讓人心存感念

下屬需要的不僅僅是物質報酬，而且還需要精神食糧。如果領導者忽視了感情管理，無疑會讓下屬感覺到領導者的不通人情和麻木不仁。其實，感情投資並不需要花費領導者多少精力。只要領導者有心關注下屬的感情，就能夠在舉手投足間輕而易舉地表現出來。

關羽遇害時，張飛正在閬中駐守。他知道這件事情後日夜悲哭，淚濕衣襟。帳下各位將領本想用酒來勸張飛不要傷心過度，沒想到他酒醉後，怒氣更重。他幾乎失去理智，發瘋似地鞭笞將士，甚至把有些將士鞭打至死。

趕往成都與劉備商議好伐吳事宜後，張飛立即趕回閬中。他打算統率三軍掛孝伐吳，於是下令在三天的時間內置辦好白旗和白甲。

第二天，末將范疆、張達入帳報告張飛：「我們一時難以置辦好這麼多的白旗和白甲，希望將軍能夠寬限幾天。」

張飛憤怒地說道：「我急著報仇，恨不得明天就能夠趕到逆賊那裡，你們竟敢違抗我的將令！」於是令武士將兩人綁在樹上，各鞭打五十。打完後，張飛用手指著他們說：「你們一定要按時完成任務，否則，我要殺掉你們兩人示眾！」

兩人回到營中商議，認為張飛性格暴躁，擔心真被他問斬，於是設計殺害張飛。這天晚上，張飛醉臥帳中。范疆、張達兩人在初更時分，身藏短刀，偷偷摸進張飛帳中，將張飛殺害，然後投奔東吳。

其實，張飛經常責罰下屬。從另一個角度來說，他的死是由自己造成的。如果他能夠善待下屬，自然不會遭此厄運。

張飛只會在下屬的身上留下一道道的傷痕，而孫權卻能夠用體恤將下屬身上的傷痕抹平，使下屬不再感到疼痛。

曹操平定漢中後，在是否奪取西川問題上舉棋不定，孫權趁機襲擊合淝。濡須一戰，周泰冒死保護孫權，身受重傷。孫權脫險後，為了表彰周泰的救護之功，在軍中設宴款待他。隨後，孫權親自把盞，淚流滿面。他撫摸著周泰的背說道：「卿兩番相救，不惜性命，被槍數十，膚如刻畫，孤亦何心不待卿以骨肉之恩、委卿以兵馬之重乎！卿乃孤之功臣，孤當與卿共榮辱、同休戚也。」說完後，他讓周泰解衣，令眾將觀看他身上的傷痕。眾將見周泰身上「皮肉肌膚，如同刀剜，盤根遍體」，孫權用手指著他背上的一道道傷痕，一一問明是如何得來的。周泰娓娓道來，令孫權更加感動。具言戰鬥被傷之狀。第二天，孫權把青羅傘賜給周泰，並令他出入張蓋，以盡顯榮耀。

稍作對比，差距立見。如果張飛能夠像孫權這樣做，他的命運或許會被改寫。不要說有人謀害他，就是背叛他的人估計也很難找到。

作為一位優秀的領導者，要學會體恤下屬。正所謂「士為知己者死」，只要把體恤工作做好了，下屬自然會為你效力的。

斯凱特朗電子電視公司是美國一家研製電視的公司，第一台閉路電視就是出自於這家公司。該公司總裁亞瑟・利維是一位關心人才勝過關心事業的企業家，在閉路電視的研製過程中，就有關於他關心員工的一例。

當時，該公司有一位名叫比利的技師。比利不僅富有才幹，而且非常敬業。為了能夠使閉路電視盡快問世，比爾投入了相當的工作熱情。每當走進實驗室後，他便彷彿與外界隔絕了，在他的腦海裡，只有一樣東西存在，那就是實驗，實驗，再實驗！有一次，他在實驗室裡竟連續待了近四十八小時！

由於實驗是分段進行的，比利總是堅持到一段實驗完成後才開始休息。每當一段實驗完成後，比利就會倒在床上蒙頭大睡，有時候一睡就是一天一夜。為了實驗，他的精力已經嚴重透支，但他從來沒有抱怨過，休息過後，再次投入到研究工作中。

有一次，亞瑟在與比利交談的時候，看到了他憔悴的面容後，頓時感到心疼，因為他知道比利的疲乏是由於熬夜造成的。他對比利說：「你的工作方式需要改變一下，如果你不願意的話，公司將不再研製閉路電視。」聽了亞瑟的話後，比利頓時大吃一驚，他不知道自己到底做錯了什麼才導致公司做出這樣的決定。

亞瑟看到比利疑惑的眼神後，立即解釋道：「你要明白一點，你的生命比閉路電視重要。如果你因為研製閉路電視而把身體累垮了，即使閉路電視問世了，對我們來說又有什麼意義呢？我可不願意做這種賠本生意。」

比利這才明白亞瑟前面那句話的意思，感激地對他說：「謝謝總裁的關心，我會注意身體的。我已經習慣這樣的工作方式了，總裁不必擔心。」

比利這樣說，亞瑟更加難受。他心疼地說道：「無論如何，我都希望你不要過分透支精力。你的敬業和執著是有目共睹的，我知道你一直在努力。所以，你千萬不要把壓力都扛在自己一個人身上。即使你不能夠研製出閉路電視，也不必一味責怪自己。」

亞瑟的真心關懷徹底打動了比利的心，為了報答亞瑟，他下定決心要將閉路電視研製成功。在他的持續努力下，第一台閉路電視成功問世。

人都是有感情的，下屬如果能夠從你的舉動中感受到你的關懷和慰勞，就能夠將心比心，全心全意地投入到工作中。

55 賞不計賤，罰不避親

賞的目的是為了激勵，如果在獎賞的時候存在私心，難免會挫傷下屬的積極性；罰的目的是為了發揮震懾作用，如果在懲罰的時候存有私心，難免會引起下屬的抱怨。在進行賞與罰的過程中，除了要注意公正外，還要注意賞和罰的時效性。如果不能夠及時賞罰，賞罰同樣不能發揮預期的激勵或威懾作用。

眾諸侯聯合起來討伐董卓時，孫文台和鮑忠被董卓手下一位名叫華雄的上將斬殺。於是，袁紹招來眾諸侯商議此事。待眾人坐定後，袁紹說道：「前天，鮑將軍的弟弟不聽從調遣，擅自出兵作戰，結果被華雄所殺。今天，孫文台又被華雄打敗，大大挫傷了我軍銳氣，該如何是好？」眾諸侯沉默不語，袁紹抬頭掃視了一周，發現北平太守公孫瓚背後站著三個人，他們容貌不凡，嘴角帶著冷笑。於是問道：「公孫太守背後站的是什麼人啊？」公孫瓚讓劉備站出來，然後向眾人介紹道：「他叫劉備，是和我從小住在一起的兄弟，現任平原令。」交談中，曹操知道劉備是漢室宗室後，賜座給他。劉備坐下後，關羽、張飛兩人站在他背後。

正在交談之際，探子來報說華雄來此叫陣。袁紹大聲說道：「誰敢前去迎戰？」袁術身後的驍將俞涉自告奮勇，表示願意迎戰。結果，不到三個回合，俞涉被華雄斬殺。接著，太守韓馥手下的上將潘鳳前去迎戰，同樣被華雄斬殺。

眾人大驚失色，無可奈何。袁紹嘆道：「只可惜我的上將顏良和文醜還沒有趕到，他們兩人只要有一人在，就可以對付華雄了。」袁紹話剛說完，關羽從台下大呼而出：「小將願意前去取下華雄人頭！」袁紹對其觀察一番後，問其是何人。袁術從袁紹與公孫瓚的交談中瞭解到關羽是劉備的兄弟、現任馬弓手後，頓時大怒，認為關羽在此胡言亂語，「欺吾眾諸侯無大將」，令人將其趕出。

曹操此時以「此人既出大言，必有勇略，試教出馬，如其不勝，責之未遲」為由，讓關羽出戰。爭辯過後，關羽準備出戰。曹操本打算與其共飲熱酒，關羽卻說戰後再飲。一陣廝殺過後，關羽將華雄的人頭獻上。此時，曹操為他斟的酒還是溫的。張飛此時插話，惹得袁術再次大怒道：「量一縣令手下小卒，安敢在此耀武揚威！都與趕出帳去！」曹操此時則反駁說道：「得功者賞，何計貴賤乎？」

事後，曹操為了避免引起袁術等人的不滿，私下派人送給劉備三人牛酒，表示犒勞。

曹操在管人用人的過程中，不僅能夠做到賞不計賤，還能夠做到罰不避親。即使是曹洪、曹仁違反了軍規，他也一視同仁，嚴格按照軍法執行。

當員工違反制度時，領導者必須拋開一切其他因素，嚴格按照明文規定對其進行處分，該辭退的就辭退，該降職的就降職。

如果有背景的員工違反制度後沒有受到處罰，就會給其他員工形成一個不好的榜樣。其他員工為了確保自己以後能夠避免處罰，就有可能透過各種各樣的方式與有背景的人拉關係，甚至直接討好領導者本人。而且，沒有受到處罰的違規員工會變得有恃無恐。如此一來，領導者管理的團隊中就會形成一種忽視制度的不良風氣，領導者的威信也會受到嚴重威脅。領導者要想運用這樣一支團隊來提高業績，無疑是在痴人說夢。

但如果領導者果斷而又嚴格地處理了有背景的違規者，並能夠使違規者認真改過，結果則大不相同。其他員工見領導者毫不將違規者的背景放在眼裡，便不會試圖去為自己尋找背景，而會更加努力地工作以避免處罰。當所有的員工都將心思用在了工作上，業績自然就上升了。

當員工做出了出色業績後，領導者應該以業績的多少為標準，給予相應的獎勵。如果管理者在獎勵的時候摻雜了一些個人因素，該獎不獎，無疑會挫傷員工的積極性。

56 請將還有激將法

激將法雖然能夠取得良好的激勵效果，但要運用得當。如果不能夠因人而異，只會適得其反。

袁紹收到鄭玄的信後，起兵征討曹操。曹操一方面親自去黎陽迎戰袁紹，另一方面派前軍劉岱、後軍王忠率軍五萬去徐州攻打劉備。他們奉命打著丞相的旗號趕往徐州，在離徐州一百里地下寨，只是虛張聲勢，並不進攻。得到曹操的進攻命令後，劉岱、王忠透過拈鬮的方式決定誰去進攻。結果，王忠帶著一半軍馬前來攻打劉備。

劉備得知曹軍到來後，與陳登商議，不能夠確定曹操是否在軍中。於是，劉備派關羽前去打探虛實。關羽出城後，將王忠擒入徐州城內見劉備。劉備從王忠口中得知曹操根本不在軍中。劉備令人善待王忠，等捉到劉岱後再作商議。關羽說道：「某知兄有和解之意，故生擒將來。」劉備順勢說道：「吾恐翼德躁暴，殺了王忠，故不教去……」張飛聽劉備如此說話，自然不服，於是說道：「二哥捉了王忠，我去生擒劉岱來！」劉備說道：「劉岱昔為兗州刺史，虎牢關伐董卓時，也是一鎮諸侯，今日為前軍，不可輕敵。」張飛見劉備如此小看他，更是不滿：「量此輩何足道哉！我也似二哥生擒將來便了。」劉備又說道：「只恐壞了他性命，誤我大事。」張飛自然不願意服輸，發誓說：「如殺了，我償他命！」於是，劉備同意讓他去擒劉岱。

劉岱得知王忠被擒後，堅守不出，見張飛前來搦戰，更不敢出戰。張飛見劉岱固不出戰，於是傳令當晚二更去劫寨，然後在帳內飲酒裝醉，痛打一位軍士後將其綁住，聲稱「待我今夜出兵時，將來祭旗」。接著，他私下派人將這位軍士放走。這位軍士逃出營後，立即將劫寨之事告知劉岱。劉岱見這位軍士滿身傷痕，不再懷疑，於當晚「虛營空寨，伏兵在外」。

當夜三更時分，張飛兵分三路：一路劫寨放火，兩路在外夾擊。結果，張飛輕而易舉地大破劉岱，將其擒住。張飛先派人入報劉備，後至徐州。劉備出城迎接，張飛說道：「哥哥道我躁暴，今日如何？」劉備說道：「不用言語相激，如何肯使機謀！」

激將法是一種非常管用的方法。如果領導者能夠將其用在合適的下屬身上，一定會發揮立竿見影的效果。

57 無信不立，令出必行

想管理好下屬，沒有一套明確的制度自然是行不通的。不過，僅有制度也不行，還需有執行力。只有這樣，才能夠讓制度發揮威懾作用，確保制度的順利推行。

街亭失守後，馬謖與同往的王平、魏延、高翔一同回到了營中。諸葛亮先將王平喚入帳中，問他為何不及時勸諫馬謖。王平將事情的經過詳細地說予諸葛亮聽。諸葛亮聽後，喚馬謖進帳。此時，馬謖已把自己捆起來並跪在帳前。諸葛亮出帳對他厲聲說道：「你從小就熟讀各種兵書，對各種戰法瞭若指掌。我一再告誡你街亭是如何重要。你以全家人的性命作保證，表示你能夠擔此重任。如果你及時聽取了王平的勸誡，又怎麼會有今天的大禍呢？如今，街亭失守，我軍傷亡慘重，這都是你一人造成的。如果不按律法公正處置，以後還如何服眾呢？如今，你觸犯了軍法，不要怪我無情。你死後，我會按月給你的全家老小送去祿糧。」諸葛亮說完後，立即令人將馬謖推出去斬了。

馬謖哭著說道：「丞相待我就像對待自己的兒子一樣，我也把丞相當作了父親。我死罪難逃，只希望丞相能夠想起舜帝殛鯀用禹的大義，那麼我在九泉之下也沒有什麼遺憾了。」說完後，馬謖大哭。此時諸葛亮也忍不住流下了眼淚，他對馬謖說：「我和你之間的義氣如同兄弟間的義氣，你的兒子就是我的兒子，我自然知道如何待他，不用囑咐。」

接著，馬謖被帶到轅門外。武士正要對其行刑時，被參軍蔣琬攔住。蔣琬見到諸葛亮後，說道：「如今天下的局面還沒有穩定下來，如果此時斬殺像馬謖這樣的智謀大臣，難道您不覺得可惜嗎？」孔明痛苦地回答說：「當年孫武之所以能夠制勝天下，就是因為他能夠按照軍法公正嚴明地懲處違法者。如今天下正處於紛爭狀態，如果將軍法作為擺設，不按軍法懲處違法者，還能憑藉什麼去討伐賊人呢？」片刻過後，武士捧著馬謖的人頭來見諸葛亮。諸葛亮拿著馬謖的人頭來到各營，讓各營將士們看到蜀軍軍法的嚴明。

要想訓練出一支戰無不勝的軍隊，必然離不開鐵的紀律。因為，沒有了紀律的約束，軍心就容易出現渙散現象，一支軍心渙散的軍隊是不可能戰無不勝的。於是，軍法便出現了。不過，要想用軍法立威，必須要以軍法作為違反紀律的執行標準。而要想做到這點，就必須一視同仁，誰違反了紀律都必須按軍法處置。

春秋末年，闔廬派人殺了吳王僚後自立為王。吳王闔廬的政治野心非常大，一心想擴張吳國的勢力。滅掉徐國後，他又想進攻其他的國家。不過，要想順利擴張，首要條件是要擁有一支強勁的軍隊。闔廬也深知這一點，他開始招納具有練兵才能的人才。後來，在吳國大夫伍子胥的極力推薦下，闔廬派人前往齊國禮聘孫武。

孫武，字長卿，齊國人。他致力於研究兵法，長期在各地考察戰場的地形地勢，有很強的實地作戰經驗。不僅如此，他還著有兵法，一共有十三篇，分別是計、作戰、謀攻、形、勢、實、虛、爭、雜變、行軍、地形、地、火攻、用間。吳國大夫伍子胥與孫武偶然相見，對孫武的才能非常佩服。如今，正逢吳王用人，於是將孫武推薦給了吳王。

孫武來到吳國後，先在客館住下。幾日過後，吳王闔廬親自來客館恭迎孫武。兩人見面後，促膝長談。當吳王提及兵法時，孫武口若懸河，滔滔不絕；問及兵法時，孫武又能夠對答如流。一番交談後，吳王甚是高興，將孫武迎入宮中。

吳王如此厚待孫武，孫武自然知道吳王對他的重視。入宮後，他將自己所著的兵法全部呈給吳王賞閱。吳王拿到孫武的兵法後，如獲至寶。在閱讀的過程中，吳王受到了很深的啟發。每每讀到經典之處，吳王便讚不絕口。

孫武的兵法雖然令吳王受益匪淺，但吳王並沒有憑此完全相信孫武的能力。他對孫武說：「將軍的十三篇兵法，我全看過了，的確令人佩服。不過，我並不知道它到底有沒有實用價值。我想看看將軍是如何運用兵法演陣操練的，如何？」孫武爽快答應。吳王問道：「既然如此，那麼將軍想用什麼樣的人進行操練呢？」孫武說道：「無論是行軍打仗的士兵還是生性嬌弱的婦人，我都可以按照我的兵法將他們操練成一支高素質的軍隊。」吳王見孫武如此自信，便想難為一下他，於是選出一百八十名宮中美女，讓孫武演練。

孫武把選出的宮中美女分為左右兩隊，令吳王的兩位寵姬各擔任一隊的隊長。然後，孫武令她們每人手持一支戟。待一切就緒後，孫武大聲喊道：「妳們能夠分清自己的心、左右手和背嗎？」美女們回答：「可以分清。」孫武繼續說道：「當我下令向前看的時候，妳們要向前心正對的方向看去；當我下令向左轉的時候，妳們要向左手的一側轉；當我下令向右轉的時候，妳們要向右手的一側轉；當我下令向後轉的時候，妳們要向後背正對的方向轉去。明白嗎？」美女們異口同聲回答道：「明白。」孫武交代清楚號令後，令人在演練場的正前方擺好鈇鉞等刑具，表示有違反號令者，軍法處置。然後，孫武將號令又重申了好幾遍。

演練開始，鼓手擊鼓後，孫武傳令向右轉，美女們根本沒有把孫武的號令當回事，竟然大笑起來，也不按照號令動作。孫武正言道：「約束不明，申令不熟，將之罪也。」然後，再次將號令重申數遍。接著，鼓手再擊鼓，孫武傳令向左轉，美女們還是不聽號令，再次大笑起來。孫武聲色俱厲地說道：「約束不明，申令不熟，將之罪也；既已明而不如法者，吏士之罪也。」於是，他下令按軍法將左右兩名隊長斬首示眾。

此時，吳王正在高台上觀看孫武操練。見孫武要斬殺自己的兩位愛姬，吳王頓時大駭，趕緊派人前去傳達他的旨意：「寡人已經知道將軍能夠帶兵打仗了。寡人的兩位愛姬萬萬殺不得，沒有了她們，我會茶飯不思的。」孫武毫不動容，讓使者傳話給吳王：「臣既已受命為將，將在軍，君命有所不受。」隨後，孫武斬了吳王的這兩名愛姬，然後令立隊長，繼續操練。吳王見愛姬被斬，頓時大怒，拂袖而去。

美女們受到驚嚇後，無不提心吊膽。孫武令出，她們再也不敢嘻鬧，而是全神貫注，將動作做得非常標準。幾日後，孫武操練完畢。這幾日，吳王怒氣一直未消，根本沒有心思再去看孫武練兵。於是，孫武派人告訴吳王：「臣已經操練完畢，大王可以前來檢閱。只要大王想用這支軍隊，即使讓他們赴湯蹈火，她們也能夠做到。」吳王不願意去檢閱軍隊，孫武知道後說：「王徒好其言，不能用其實。」

吳王闔廬雖然因痛失愛姬生孫武的氣，但他同時從這次操練中看出了孫武的用兵才能。於是，吳王正式啟用了孫武。吳國軍隊在孫武的有效訓練下迅速強大起來，為後來攻打各國打下了堅實基礎。據《史記》記載，吳王以孫武為將，使得吳國「西破彊楚，入郢，北威齊晉，顯名諸侯」。

領導者要想擁有一支優秀的團隊，必須要做到令出必行。不過，要想做到這點，首先要制定一套明確的制度。

唯有訂立明確的制度，員工才能夠有一個行為準則，才能夠主動約束自己。另外，有了明確的制度，管理者才能夠根據情節輕重來正確處理員工在工作中出現的違紀現象。

58 唯才是舉，不存定見

領導者在選擇人才的過程中，絕不能夠被各種雜念誤導。要想做到這點，必須要以企業的根本利益為重，根據個人能力的大小來選擇有益於企業發展的人才。

吳國的大都督周瑜死後，魯肅見吳國正需要用人，於是向吳王孫權進諫說：「我魯肅不過是一個碌碌無為的庸才，承蒙當年周公瑾錯愛，被推薦並擔任要職。其實，我的能力並不能夠使我勝任現在的職位。因此，我想推薦一人給主公您，以輔佐您成就大業。這個人上通天文，下知地理，有著淵博的學識。不僅如此，他謀劃策略的能力可以與管仲或樂毅平分秋色，他的心機可以與孫臏或吳起相提並論。周公瑾在世的時候，常常會思考他說過的話，諸葛孔明對他的過人才智也深表佩服。這個人現在就在江南一帶，如果不趁著如此的便利重用此人，以後定會被劉備、曹操所用，豈不可惜？」

孫權聽了魯肅對此人的描述後，心中大喜，他做夢也沒有想到在自己的統治範圍內竟然有如此奇才，於是向魯肅問起此人姓名。魯肅答道：「此人乃是襄陽人士，他叫龐統，字士元。」孫權對龐統這個人早有耳聞，於是讓魯肅去邀請龐統。

孫權見到龐統後，立即感到不悅。因為龐統臉面黝黑，眉毛濃厚，鼻孔朝天，兩腮的鬍鬚比較短，模樣非常古怪。但礙於魯肅推薦，孫權難以直接回絕，於是問龐統：「聽說先生學識淵博，不知道先生的學識以什麼為主？」龐統回答說：「我在求學問的時候，從不拘泥，可以靈活應變。」孫權又問：「先生的才學能否與公瑾相比？」龐統笑著回答說：「我學的東西和公瑾有很大的區別。」孫權向來非常喜歡周瑜，容不得他人說他半點壞話，如今龐統竟然輕視他，自然更加不悅，於是婉言回絕了龐統。

龐統對孫權十分失望，長嘆一聲便出去了。龐統出去後，魯肅問孫權：「不知主公為什麼不願意用此人？」孫權說：「龐統是個狂人，重用他沒有什麼好處！」魯肅為其辯解，非但沒有說服孫權，反而使得孫權發誓一定不會重用龐統。

魯肅問龐統有何打算，當龐統說要投奔曹操時，魯肅勸他前往荊州投靠劉備，以便孫劉兩家聯合破曹。龐統聽了魯肅的話，拿著魯肅的薦書去了荊州。在前往荊州的途中，龐統與諸葛亮相遇。諸葛亮要事在身，不能陪龐統一同去見劉備，於是替他寫了一封薦書。

龐統帶著兩封薦書來到荊州後，求見劉備。劉備聽說此人至此，非常高興，因為他久聞其名。然而與龐統相見後，他與孫權一樣，同樣對龐統的面貌感到不悅，敷衍道：「先生遠道而來，是不是很不容易啊？」龐統沒有將薦書呈給劉備，只是答道：「早就聽說皇叔求才若渴，樂意招賢納士，所以特意前來投靠。」

劉備以「荊楚稍定，苦無閒職」為由，將龐統安排在距荊州一百三十里地的耒陽縣做縣官。龐統礙於魯肅和諸葛亮的推薦，勉為其難地前往耒陽縣任職。

龐統到任後，整天以飲酒為樂，從來不去理會政事。劉備得知後，非常生氣，派張飛和孫乾前去視察。張飛和孫乾兩人到了耒陽縣後，見軍民都出門相迎，卻不見龐統。從龐統同僚的口中，張孫兩人知道了龐統的去處。他們在縣衙坐定後，龐統才在隨從的扶持下衣衫不整地來到大廳。張飛頓時大怒，厲聲斥責龐統。龐統不以為意：「耒陽不過是一個百里小縣，些許公事，何須費心？將軍稍坐片刻，看我如何處理。」話音剛落，龐統便令公差將三個多月來積壓的公務文案抱上廳堂，隨後便開堂審理。不到半日，龐統已將三個多月所有的公事全部辦妥，且所辦之事，公正嚴明，毫無偏差，使得縣內百姓向他叩首，其虔誠的樣子如同拜佛。

張飛的怒氣早已消去，敬佩之情油然而生，向龐統表示一定向劉備極力推薦他。此時，龐統才拿出魯肅的薦書。張飛回朝後，呈上了魯肅的薦書，並將在耒陽縣的所見所聞一一告知劉備。劉備驚奇，拆開薦書後，見魯肅寫道：「龐士元非百里之才，使處治中、別駕之任，始當展其驥足。如以貌取之，恐負所學，終為他人所用，實可惜也！」劉備看完後，心中不安。此時，諸葛亮正好趕回荊州。寒暄過後，諸葛亮立即詢問龐統的情況，並問劉備有沒有看到自己寫給龐統的薦書。商談過後，張飛前往耒陽縣將龐統請到了荊州。再次見到龐統時，劉備主動向龐統請罪，龐統這才拿出了諸葛亮的薦書。

司馬德曾對劉備說過「伏龍、鳳雛，兩人得一，可安天下」，如今兩人都在帳中，更加增強了劉備復興漢室的決心。他立即封龐統為副軍師，令其與諸葛亮一起討論方略、訓練將士。

除了相貌外，有些領導者還存在其他方面的偏見。

秦王政制定了統一戰略後，著手攻打韓國。韓國國勢薄弱，在秦國的攻伐下感到危急。為了苟延殘喘，韓國人想出了一個辦法，派出了一位名叫鄭國的人到秦國做「內間」。據史書記載，鄭國是一個從事水利工程建設的人才，他到秦國的目的就是想要讓秦國把人力物力投入到興修水利工程上，藉以削弱秦國的國力，使秦國無力東伐。

呂不韋失勢後，鄭國作間的事被發覺了，從而助長了秦人的排外情緒。許多宗室大臣向秦王政進言說：「諸侯國的人來秦做事，都是為他們的君主來遊說或離間秦國的，長此下去，秦就有危險了，現在應當把他們驅逐出去。」

秦王政想到了呂不韋曾經的威脅，同時又看到那麼多來自諸侯國的人，於是聽取了大臣們的意見，發佈了逐客令。正是在這種氛圍裡，秦國進行了一次大搜索行動，將諸侯國來的人一律驅逐出境。

「逐客令」公佈後，作為客卿的李斯極力反對，他認為此舉純屬荒唐。

李斯出身南方的楚國，曾拜著名學者荀子為師，學習「帝王之術」。他認定在七個強國中，只有在秦國效力才有前途，於是離開故鄉楚國前往秦國。他先在呂不韋門下充當舍人，後成為秦王政的客卿。

由於李斯只是客卿，又與呂不韋有關係，自然也被列在被驅逐的名單上。

在這個關鍵時刻，李斯展現了他的政治才華和長遠的戰略眼光，他向秦王政上了一封書信，這就是著名的《諫逐客書》。在這篇文章裡，他用熱情洋溢的語言和嚴謹務實的文風表達了自己的真知灼見。他說：「秦下逐客令是錯誤的舉措。從前，秦穆公求納四方賢士，從西得到了西戎的由餘，在東得到了百里奚，請到了宋國的蹇叔，晉的丕豹、公孫支。這五個人雖然都不是生於秦國，但卻使秦國能夠兼併二十多個國家，從而稱霸了西戎。秦孝公因為用商鞅變法，使秦國得以富強；秦惠王採用張儀的計謀，打破六國的合縱聯盟；秦昭王得到范睢，使王室權力增強，抑制權貴壟斷政治的局面，而這四位國君都是以客卿來為秦國建功立業的。

「從這些方面看來，客卿有什麼對不起秦國的呢？那些美女、樂聲、寶珠、好玉，雖然不是秦國出產的，但大王卻多方求取享用。而對於用人卻非如此，不問可不可用，不論是非曲直，只要不是秦人都不用，凡是來客都要驅逐出去。這是只看重美女、樂聲、寶珠、好玉，而輕視人民的舉措。臣聽說泰山不出讓每一塊土壤，所以才能成就其大；河海不拒納每一道細流，固能成就其深；做君主的只有不遺棄民眾，才能顯明其德。這正是五帝、三皇能夠天下無敵的原因。而如今秦卻要拋棄人民，讓他們去幫助敵國；辭退賓客，讓他們去壯大諸侯。

這實際上就是借武器給敵寇，拿糧食給盜賊的舉措。」

在這篇論理充分、舉例詳明的文章中，李斯列舉了諸多的歷史事實，並且都是有目共睹，不容秦王政不回心轉意。秦王政自有他的難處，他同意下逐客令，是因為他考慮到呂不韋的賓客黨羽在朝危害他，而現在他見李斯的諫文，卻沒有提到呂不韋，消除了他心中的疑慮。另一方面，李斯的諫文句句在理，已經打動了他，所以他當即派人把李斯召回，恢復官職，並取消了逐客之令。從此，李斯成為秦王政的重要謀臣，為秦的統一大業做出了積極貢獻。

秦王政因為一、兩位客卿對秦國帶來威脅便以偏概全，否定了所有的客卿。他在這件事情的處理上很明顯存在著偏見，無論這種偏見是大臣們強加給他的還是他心中早就存在的，總之他的做法受到了偏見的影響。不過，秦王政的偏見是站不住腳的，李斯的《諫逐客書》便能夠將他的偏見駁得一無是處。

從這這個故事中可以看出，在選用人才的時候，管理者如果抱有偏見，對企業帶來的只會是人才的流失和浪費。如果在一個企業中，人才流失和人才浪費成為了一種普遍現象，將會對企業造成無法估量的損失。

要想做到才盡我用，要想使企業獲得盡可能多的利益，領導者一定要拋開偏見，不能戴著有色眼鏡來選用人才。

59 用人好惡不能全憑第一印象

任何一個社會都會存在賢臣和小人，而且，在特定的環境下，賢臣有可能向小人轉化，小人也有可能向賢臣轉化。一位明智的領導者，應該用自己的「火眼金睛」將賢臣和小人區分開來。

《三國演義》中記載魏延：「面如重棗、目若朗星、五綹長髯、威風凜凜、執刀跨馬、衝鋒突陣。」魏延心高性烈、傲視同僚、熟曉軍機、久歷戎事、勤於謀略、善待士卒，是蜀國屈指可數的猛將之一。

魏延第一次出現的時候就一鳴驚人，劉備被曹操追殺，攜民渡江敗走襄陽，此刻的劉備狼狽萬分，身邊可用之兵不過上千，將僅張飛、趙雲而已，後有曹操大軍，前有蔡瑁、張允刁難，正處於進無門、退無路的生死存亡時刻。襄陽城下，劉備苦苦哀求守城軍士放難民進城，被守城軍兵無情拒絕。危急時刻，魏延憑著一顆男兒的血性之心，挺身而出，為了搭救劉備和數十萬百姓，不怕得罪蔡瑁、張允這些奸佞之輩，在襄陽城下與蔡瑁心腹大將文聘大戰，最後落得家人被殺隻身逃往長沙的下場。

赤壁大戰後，劉備派不可一世的關羽攻打長沙，遭到了老將黃忠的頑強阻擊，戰場之上，黃忠馬失前蹄，關羽念其是英雄，並沒有趁機斬殺。黃忠為報關羽不殺之恩，箭下留情，沒有傷害關羽。長沙太守韓玄認為黃忠通敵，要把黃忠斬首，千鈞一髮之際，又是魏延激於義憤振臂而呼：「黃漢升乃長沙保障，殺漢升即殺長沙百姓也。」於是，拔劍而起，斬了昏聵之輩韓玄，救出黃忠，打開城門，迎接劉備大軍進城，劉備因此收了兩員大將——黃忠和魏延。

豈知，諸葛亮一到，就下令斬首有功無過的魏延，其理由是「居其土而獻其地是不忠也，食其祿而悖其主是不義也」。幸虧，劉備不失為創業明智之主，替魏延求情，總算保住了魏延的性命。魏延歸順劉備後，東擋西殺，為劉備稱帝立下了汗馬功勞。

魏延在劉備帳下大顯身手和才華，衝鋒陷陣屢立奇功：劉備入川時，黃忠領了將令，攻打冷苞、鄧賢兩個大寨。這時，魏延也站了出來，爭著要代替黃忠領兵破敵，並說：「老將軍年紀已高，如何去得！小將不才願往。」黃忠自然不服，要與他比試武藝，後來多虧劉備從中調停。隨軍軍師龐統令兩人各打一寨才算了事。

戰東川時，張魯派馬超兵犯葭萌關，魏延為張飛的副將，擔任偵探任務。可是魏延一到關下，就殺敗敵兵先鋒，不顧自己人少勢孤，也不顧自己的任務並不是與對方主力作戰，一味向前衝擊，要奪主將張飛的頭功，結果誤將馬岱當作馬超，中了馬岱的詐敗計，被他回身一箭，射中左臂，多虧張飛趕到相救。魏延雖然戰敗，但可以看出魏延面對強敵毫無畏懼，勇猛頑強的精神以及愈挫愈勇，永不氣餒的豪氣。

劉備爭奪漢中的後期，魏延奉命出兵斜谷界口，迎戰曹兵。曹操招降魏延，魏延大罵曹操拒絕投降，趁曹操不備，一箭射中曹操。曹操翻身落馬，碰掉兩顆門牙，幸得龐德及時趕來救走曹操。曹軍大敗，不得不放棄漢中，班師回京。

在劉備的眼裡，魏延是一位智勇雙全的猛將。劉備稱漢中王遷成都時，提拔魏延「為督漢中鎮遠將軍，領漢中太守」。這一決定非同小可，因為漢中重鎮，「當得重將以鎮！眾論以為必在張飛，飛亦以心自許」，誰知卻委魏延擔此重任！當時，「三軍盡驚」，人們議論紛紛。為了樹立魏延的威望，劉備想出了一個辦法：召開群臣大會，劉備當眾問魏延：「今委卿以重任，卿居之欲云何？」魏延回答說：「若曹操舉天下而來，請為大王拒之；偏將十萬之眾至，請為大王吞之。」劉備非常高興，魏延的膽識與氣魄也令三軍折服。

後來諸葛亮率兵破孟獲苦戰數年，魏延都隨軍奮戰，而且屢屢打硬仗。

諸葛亮一出祁山時，派馬謖鎮守街亭，又派平生謹慎的王平協助，但恐兩人有失，遂又喚高翔屯兵附近的柳城，也好在關鍵時刻救應。之後，諸葛亮又思高翔非張合對手，必得一員大將，屯兵於街亭之後方可防之，遂喚魏延引本部兵去街亭之後屯紮。馬謖失了街亭敗逃後，魏延殺退魏軍先鋒張郃，驅兵去奪街亭，但終因大勢已去才未能成功。

諸葛亮二出祁山時，魏國派虎威將軍王雙任前部大先鋒，把守隘口，此人使六十斤大刀，開兩石鐵胎弓，暗藏三只流星錘，百發百中，有萬夫不當之勇，蜀軍數員大將皆喪命其手。諸葛亮命魏延在陳倉道口拒住王雙，魏延神勇，刀砍王雙於馬下。

後來，曹魏的張郃、郭淮等名將，都是被魏延殺死的，這些人是諸葛亮也十分頭痛的人物。到建興八年（西元二三一年），魏延升為西征大將軍，假節，進封南鄭侯。蜀國在關羽、趙雲死後，無論從哪一方面看，魏延當是首屈一指的人物。

可是，令劉備未想到的是，無論魏延的功勞有多大，也得不到諸葛亮的好感。諸葛亮自第一次見到魏延就認為魏延『腦後有反骨』，久後必反。劉備待諸葛亮視如師、奉如神，就是這位賢相導致了魏延的悲劇命運。

為了證明自己的預言沒有錯，諸葛亮在劉備死後自己被尊為相父的十幾年中，運用手中所掌握的大權，採取了一連串隱秘晦暗的手段，對魏延的正確建議與行動進行了多次的掣肘與壓制，使其在多年戰爭中累積的豐富作戰經驗根本無法得到發揮。

一出祁山魏延大膽倡議，自己要帶精兵取道子午谷直插魏國的重鎮長安，這在當時的情況下，絕對不失為一條出奇制勝的妙計。因為鎮守長安與蜀軍對壘的既不是久歷戎馬的大將軍曹真，也不是老奸巨猾的司馬懿，而是根本不知軍機的紈 子弟夏侯楙，這是千載難逢的機會。可惜，諸葛亮不採納魏延的建議，如果諸葛亮採納魏延之計，也許三國的歷史就會重寫。

街亭之戰，事關北伐的勝敗，諸葛亮放著魏延這位先鋒大將不用，卻用了只會紙上談兵的馬謖，魏延又一次地被諸葛亮手中的權力所壓制，只落得個在山後紮寨負責接應的差使。其實，馬謖早已被先主劉備看透，是個言過其實不可大用的庸才。諸葛亮視馬謖為心腹，派去鎮守街亭。結果，馬謖被殺得大敗，多虧魏延接應，才僥倖撿回一命，不僅丟失了軍事重鎮街亭，還讓諸葛亮在無奈之下唱了一齣提心吊膽的空城計。

街亭之敗，是統帥用人不當導致的，諸葛亮這位用兵之神令魏延這位久經沙場的猛將極其失望。自此，對於諸葛亮所發的將令，魏延的態度開始發生了變化，由過去的毫不懷疑變成了今日的將信將疑，這犯了諸葛亮的大忌。在諸葛亮眼中，「腦後反骨之說」開始化為現實。

「諸葛一生唯謹慎」，不知諸葛亮是真的謹慎還是膽子小，為什麼只認定了祁山這條路，這自然不得而知，但六次北伐均無功而返卻是不爭的事實。連年征戰，耗費了大量的人力、物力、才力，諸葛亮不但沒有實現《隆中對》的宏論，就連自己也被司馬懿拖死在了五丈原裡。自知不久於人世的諸葛亮臨死之前也沒有忘記魏延，他決定在自己死後除掉魏延。為了除掉魏延，他委重任於楊儀。楊儀何許人也，不過是個不見其功的普通幕僚，同時找了馬岱做幫手，諸葛亮對兩人密授了錦囊妙計。

諸葛亮死後，魏延拒不撤軍，他燒棧道阻靈柩抗拒命令，於是，楊儀陣前痛罵，馬岱背後揮刀，魏延這位久經沙場，屢建奇功的南鄭侯漢中太守，蜀國的征西大將軍，最終被扣上了謀反的帽子，陣前被砍掉了頭顱。

被諸葛亮委以重任的楊儀素來與魏延不睦，他以為自己依諸葛亮之命除掉魏延，立有大功，應可得高位，誰知只得了一個「中軍師」的職務，「於是怨憤形於聲色，」悔恨地說：「往者丞相亡沒之際，吾若舉軍以就魏氏，處世寧當落度如此邪！令人追悔不可復及。」（《三國志．蜀書．楊儀傳》）。諸葛亮過早地去世了，至死還信任著楊儀。他在《出師表》中，曾勸誡劉禪「親賢臣，遠小人」，但小人就在他身邊，自己卻不能分辨。

當馬岱將魏延的人頭送給楊儀時，楊儀對魏的仇恨未消，用腳踏著魏延的頭說：「庸奴，復能作惡不？」咬牙切齒，溢於言表，直到「夷延三族」，才解心頭之恨。可見，楊儀才是一個不折不扣的小人。

其實，仔細分析，魏延是冤枉的，在撤軍與不撤軍的問題上，魏延總共說了兩句話，一是：丞相雖死，但某還活著！豈可因一人之死廢國家大事？二是：楊儀何等人也？大丈夫豈可被書生所制？這哪裡是謀反，最多也就是發發牢騷而已。

前一句無非是要繼續北伐，完成統一的大業；後一句則直接反映出功勳卓著的魏延瞧不起楊儀這種無能之輩，根本不願意為其所左右。

從魏延的一生中可以看出，他並沒有謀反之意。可以說，他的死不是由謀反造成的，而是因他長了一塊所謂的「反骨」。

60 不計小怨，以德服人

寬宏大量是做人的美德，不僅能夠感化與自己有衝突的人，還能夠感化自己的仇人，能夠發揮化敵為友的作用。如果一位領導者能常常寬厚對待自己的下屬，便能夠將自己的工作順利推展下去。

曹操雖然被世人稱為奸雄，但他也有以德報怨的時候：

其一：

袁紹起兵討伐曹操時，陳琳起草了討曹檄文。在檄文中，他說曹操「贅閹遺醜，本無懿德，好亂樂禍」。陳琳不僅大罵了曹操，而且罵了曹操的祖父曹滕、父親曹嵩。他說曹滕「與左棺、徐璜並作妖孽，饕餮放橫，傷化虐民」，說曹嵩「乞口攜養，因贓假位，輿金輦璧，輸貨權門，竊盜鼎司，傾覆重器」。

曹操當時患頭風，見了檄文後「毛骨悚然，出了一身冷汗，不覺頭風頓癒，從床上一躍而起」。後來，曹操捉住了陳琳提起了檄文的事情：「汝前為本初作檄，但罪狀孤可也；何乃辱及祖父耶？」陳琳卻回答道：「箭在弦上，不得不發耳。」然而曹操並沒有殺他，而是把他留在曹營中任事。

其二：

官渡一戰，曹操以少勝多，把袁紹的七十萬大軍打得潰不成軍。曹操非常高興，將從袁紹處得到的戰利品賞給了軍士。在袁紹營中，曹操與眾將領發現了一束書信。這些書信都是許都和軍中的一些人寫給袁紹的，是曹軍中的叛徒與袁紹勾結的證據。於是，眾將領說道：「可以將這些書信作者一一查對，然後一併按軍法殺之。」曹操卻說道：「他們之所以這樣做，是因為那時袁紹的實力雄厚，連我自己都不能自保，更何況他人呢？」然後他便命人燒掉了這些書信，不再過問此事。

以德報怨是一種管理的大智慧，不僅能夠安撫人心，而且還能夠化敵為友。

武則天作為中國歷史上唯一的女皇帝，以其心術權謀、手段殘忍為人所怵，但她惜才、愛才之舉卻為世人所稱道。

上官婉兒是李唐時期五言詩「上官體」的鼻祖上官儀的孫女。上官儀是唐初重臣，曾一度官任宰相，後參與高宗的廢后行動被武則天發覺，上官儀與其子被斬，上官婉兒與母淪為宮婢。婉兒十四歲的時候，太子李賢與大臣裴炎、駱賓王等策劃倒武政變，婉兒為了報仇也積極參與，後事情敗露，太子被廢，裴炎被斬，駱賓王亡命天涯。但上官婉兒則被武則天所赦。

上官婉兒十四歲時曾作了一首《彩書怨》的詩，被武則天無意中發現。武則天不相信這麼好的詩會出自一位女孩之手，便以室內剪綵花為題，讓她即興作出一首五律詩，並且要用《彩書怨》同樣的韻。婉兒略加凝思，很快寫出：

密葉因裁吐，新花逐翦舒。
攀條雖不謬，摘蕊詎知虛。
春至由來發，秋還未肯疏。
借問桃將李，相亂欲何如？

武則天看後，連聲稱好，並誇她是一位才女。但對「借問桃將李，相亂欲何如」裝作不解，問婉兒是什麼意思。婉兒答：「是說假的花，足以亂真。」

「妳是不是有意含沙射影？」武則天突然問道。婉兒十分鎮靜地回答：「天后陛下，我聽說詩是沒有一定解釋的，要看解釋的人心境如何。陛下如果說我在含沙射影，奴婢也不敢狡辯。」

「答得好！」武則天不但沒生氣，還微笑著說：「我喜歡妳這個倔強的性格。」接著她又問婉兒：「我殺了妳祖父，也殺了妳父親，妳對我應有不共戴天之仇吧？」婉兒依舊平靜地說：「如果陛下以為是，奴婢也不敢說不是。」武則天又誇她答得好，還表示正期待著這樣的回答。接著，武則天讚揚了其祖父上官儀的文才，指出上官儀起草廢后詔書的罪惡，希望婉兒能夠理解她、效忠她！

但是，事與願違，婉兒不僅沒有效忠武則天，反而又參與了政變。執法大臣提出按律「應處以絞刑」；若念其年幼，也可施以流刑，即發配嶺南充軍。而武則天認為：據其罪行，應判絞刑，但念她才十幾歲，若再受些教育，是可以變好的。所以，不宜處死。而發配嶺南，山高路遠，環境又惡劣，對一個少女來說，也等於要了她的命。所以，也太重了些。尤其她很有天資，若用心培養，一定會成為非常出色的人才。為此，武則天決定對婉兒處以黥刑，在她的額上刺一朵梅花把朱砂塗上。並決定把婉兒留在她的身邊，「用我的力量來感化她」。武則天還表示：如果我連一個十幾歲的女孩子都不能感化，又怎麼能夠「以道德感化天下」呢？

武則天不但沒有殺婉兒，反而將她留在自己身邊，這使婉兒非常感動。在以後的日子裡，武則天經常對婉兒進行精心的指導，不斷地去感化她、培養她，並重用她。婉兒也從武則天的言行舉止中，瞭解了她的治國天才、博大胸懷和用人藝術，漸漸地對她徹底消除了積怨和誤解，代之以敬佩、尊重和愛戴，並以其聰明才智，替她分憂解難，為她盡心盡力，成了她最得力的助手。

其實，感化一個人並不難，難的是不願意去這樣做。更何況，一個領導者的周圍並沒有那麼多的敵人，只要能夠用自己的德行去感化人，便能夠得到人心。

61 用人不疑，疑人不用

「用人不疑，疑人不用。」疑人不用的目的是為了確保不會出現節外生枝的情況，而用人不疑是為了給予被用者更大的發揮空間，同時也能表明領導者對他的信任和認同。

孫權殺了關羽後，派諸葛瑾前去劉備處調解糾紛。張昭對孫權說：「諸葛子瑜知蜀兵勢大，故假以請和為辭，欲背吳入蜀。此去必不回矣。」孫權卻自信地說道：「孤與子瑜，有生死不易之盟；孤不負子瑜，子瑜亦不負孤。昔子瑜在柴桑時，孔明來吳，孤欲使子瑜留之。子瑜曰：『弟已事玄德，義無二心；弟之不留，猶瑾之不往。』其言足貫神明。今日豈肯降蜀乎？孤與子瑜可謂神交，非外言所得間也。」正說話間，有人來報說諸葛瑾已回。孫權順勢反問張昭，張昭「滿面羞慚而退」。

孫權手下之所以有眾多的人才，正是因為他遵循了「用人不疑，疑人不用」的原則。其實，無論在什麼時候，一位領導者都應該做到這一點。只有如此，才能夠減少對下屬的束縛，從而使得下屬有發揮能力的充分空間。

戰國時期，烽煙四起。各國為了自己的利益，紛紛討伐其他國家，魏國也不例外。魏文侯在位時，樂羊在魏國做臣子。一日，魏文侯決定攻打中山國，欲在眾大臣中挑選一位大將擔此重任。論帶兵打仗，在魏國中很難找出能力超過大臣樂羊的。但關鍵問題在於，樂羊之子樂舒是中山國的大臣。如果派樂羊前去作戰，他難免要與自己的兒子交鋒。在這種情況下，樂羊是選擇父子之情還是保持忠君之心便很難預料。眾謀士和大臣議論紛紛，魏文侯一時也拿不定主意。經過幾天的思索後，魏文侯宣佈命樂羊為主帥，領軍征討中山國。

樂羊率領大軍來到中山國後，中山國上下頓時緊張起來。中山國國君得知魏軍主帥是大臣樂舒的父親，便讓樂舒迎戰，想利用兩人的父子之情迫使樂羊退兵。為了能夠順利攻下中山國，樂羊向眾將士下令，將中山國城池團團圍住，暫且不採取進攻。幾個月過去了，樂羊仍然按兵不動，中山國自然沒有被攻下來。於是，朝中的一些大臣心中焦躁，認為樂羊貪戀父子之情，背叛了國君。魏文侯聽到了許多傳言，也收到了許多奏章，但他並沒有因此浮躁。為了鼓舞士氣，魏文侯特地派人向前線將士送去酒肉，以表犒勞。不僅如此，魏文侯還在樂羊大軍的駐紮地為樂羊蓋了一座別墅，以表支持。又過了些時日，樂羊見時機成熟，於是發兵攻城，一舉將中山國功克。

樂羊凱旋而歸，魏文侯興高采烈。為了獎賞功不可沒的樂羊，魏文侯擺了盛宴。酒過三旬後，魏文侯派人取來了一個封好的錢箱，然後把它賞給了樂羊。樂羊以為魏文侯獎給他的不過是一些金銀珠寶，誰知回到家中打開一看，竟然是滿滿一箱貶斥他的奏章。

看到這些奏章後，樂羊心生感慨，非常感激魏文侯對自己的信任。如果魏文侯沒有絕對相信自己，就有可能接受眾大臣的進諫，既不能破城，又會背上不忠的罵名，難以保身。

作為一位公司的領導者，既然任用了某位員工擔任某項職務，表示這位員工在某方面值得稱讚，在工作中能夠產生一定的作用，那麼身為領導者就應該充分相信員工。如果對員工起了懷疑之心，說明領導者懷疑的並不是員工的能力，而是在懷疑自己的眼光。一旦領導者產生了懷疑心理，多多少少會對員工產生負面想法，影響工作的順利進行。

作為公司的領導者，主要工作是負責決定公司的重大決策，引導公司向更好的方向發展，如果把主要精力集中到懷疑員工的能力上，勢必會影響其他方面的工作。俗話說：「耳不能雙聞而清，目不能雙視而清。」一旦分了心，自己原有的工作就不能處理得像以前一樣妥當了。這樣，員工對你的能力也將會產生懷疑。

如果你充分相信自己挑選的人才，把權力交給他們，讓他們發揮自己的潛能。他們定會不遺餘力，把自己分內的事情做得妥妥當當，這樣做何樂而不為呢？

62 拒絕他人有技巧

當自己的利益受到侵犯或自己不願意同意某些事情時，這時候就要學會拒絕。一個不會拒絕的人，只會生活在無窮盡的苦惱與鬱悶中。但知道拒絕是不夠的，因為不當的拒絕方式常常會破壞自己的人際關係。要想能夠恰到好處的拒絕別人，要善於運用拒絕技巧。

三國演義中有這樣兩次經典的拒絕：

其一：

周瑜讓諸葛瑾說服諸葛亮為東吳效力，諸葛瑾立即去驛亭見諸葛亮。兩人相見，相互哭訴闊別之情。諸葛瑾哭著對諸葛亮說：『弟知伯夷、叔齊乎？」孔明暗思哥哥是來遊說的，於是回答道：「夷、齊古之聖賢也。」諸葛瑾說：「夷、齊雖至餓死首陽山下，兄弟二人亦在一處。我今與你同胞共乳，乃各事其主，不能旦暮相聚。視夷、齊之為人，能無愧乎？」

諸葛亮順勢說道：「兄所言者，情也；弟所守者，義也。弟與兄皆漢人。今劉皇叔乃漢室之胄，兄若能去東吳，而與弟同事劉皇叔，則上不愧為漢臣，而骨肉又得相聚，此情義兩全之策也。不識兄意以為何如？」諸葛瑾本來想遊說諸葛亮，沒想到卻被諸葛亮遊說了，此時無言以對，只好離開了。

其二：

曹軍在三江口與吳軍對陣，因不悉水戰大敗，死傷無數。於是，曹操令蔡瑁、張允操練水軍。於是，蔡、張二人立下水寨，沿江設置了二十四座水門，將大船停泊在周邊作為城牆，將小船安置在大船內部作為交通工具。每到晚上，船上都點上燈火，照得滿天通紅。

周瑜得知火光來自曹營後，第二天親自前往視探。他發現曹軍在練習水戰的時候很有章法，大驚道：「此深得水軍之妙也！」從左右口中得知曹軍的水軍都督是蔡瑁、張允後，周瑜暗思：二人久居江東，諳習水戰，吾必設計先除此二人，然後可以破曹。正在此時，曹軍發現了他們，他們急忙逃走。

曹操知道水軍操練被周瑜偷窺後，招來眾將商議。他說：「前幾天剛剛戰敗，傷了我軍銳氣；如今，剛剛操練水軍，又被周瑜偷窺。我該用什麼計謀來打敗吳軍呢？」這時，蔣幹主動請纓，他說他在幼年時是周瑜的同窗，願意憑三寸不爛之舌前去勸降，並能夠保證馬到成功。曹操大喜，遂派蔣幹渡河過江東。

蔣幹徑直來到周瑜寨中，周瑜大擺筵席招待他。在席上，周瑜對眾官說道：「蔣幹是我的同窗好友，雖然是從江北來的，但它並不是曹操的說客，你們且莫猜疑。」然後將佩劍交給太史慈，讓他監酒，並吩咐道：「今日宴飲，但敘朋友交情；如有提起曹操與東吳軍旅之事者，即斬之！」蔣幹驚愕，不敢提及勸降之事。

席中，周瑜讓眾官開懷暢飲。他說：「我從領軍以來，滴酒不沾。今天見了故人，又無疑忌，應該一醉方休。」於是，席上觥籌交錯，一派歡樂景象。酒至半醉，周瑜拉著蔣幹的手走出帳外。他先後帶蔣幹參觀了吳軍的雄壯軍士和充足糧草，然後裝醉對蔣幹說道：「當年與你一同求學時，我不曾想過會有今天。」蔣幹說道：「憑你的才能，能夠有今天的成就根本不足為過。」接著，周瑜告訴蔣幹「大丈夫處世，遇知己之主，外託君臣之義，內結骨肉之恩，言必行，計必從，禍福共之」，然後表明自己的心跡：「假使蘇秦、張儀、陸賈、酈生複出，口似懸河，舌如利刃，安能動我心哉！」說完大笑。蔣幹聽了周瑜的一席話後，「面如土色」，將勸降的念頭徹底打消了。

無論是諸葛亮拒絕兄長，還是周瑜拒絕蔣幹，他們都有一個共同點：先發制人。不過，對待不同的人，針對不同的情況，他們先發制人的方式有些不一樣。諸葛亮身在東吳，再加上要拒絕的對象是自己的兄長，所以顯得比較平和；而周瑜身在東吳，蔣幹到自己的地盤上來勸降，於是他以氣勢和軍威壓住了蔣幹，讓蔣幹不敢提及勸降的事情。

生活中，為了能夠擺脫一些無謂的糾纏或自己不願意做的事情，一個人也要敢於拒絕他人。不過，在拒絕他人的過程中要講究方法。

1.在拒絕他人時，關鍵要態度和藹。不要在他人剛開口要求時，就斷然拒絕他；不要對他人的請求迅速採取反駁的態度，或流露出不高興的表情，或者去藐視對方，堅持永不會妥協的態度等，這都是不妥當的方式。應該以和藹可親誠懇的態度，用別人可以接受的方式應對。

2.拒絕對方時，要明確說出事實，不要採取模棱兩可的說法，這樣會導致對方摸不清你的真正意思，而產生許多誤會，這就容易使彼此之間產生一種隔膜，關係越來越淡。

3.拒絕時，千萬不要傷害對方的自尊心。特別是對你有過幫助的人來拜訪你，要你幫他做事。為了情面，的確是非常難以拒絕的。不過，只要你能表示出尊重對方的意願，率直地講出自己的難處，相信對方也會理解你、諒解你。

4.拒絕對方，也要給對方留一個退路，留一個臺階下，也就是說要給對方留面子，要能讓他自己下梯子。你必須自始至終耐心地聽對方把話說完，當你完全聽完對方的話後，心裡有了主意時，再來說服對方，就不會使對方難堪了。

5.在拒絕人時，如果自己很有把握可以拒絕對方，盡管與對方面對面相坐。如果要拒絕的是一個難搞的人，拒絕他時，最好不要和他視線直接接觸，選擇位置時要以斜、橫為佳。

當你知道怎樣選擇地點來拒絕對方時，你還要注意到時機問題。有時候，拖延一段時間，選擇一個好機會，再予以拒絕，會使得原來緊張的局面完全改觀，這也是一種拒絕人的技巧。

63 情緒的感染

泰戈爾曾經說過：「當你向世界微笑時，世界也會向你微笑。」好心情能夠感染每一個人。對於一個領導者來說，能夠用自己的好心情帶來下屬的好心情是非常有用的。下屬如果在工作中保持一份好心情，就能夠運用活躍的思維創造出更多的價值。

曹操初見典韋時，就被典韋的勇猛所折服，稱之為「古之惡來」，遂命他為帳前都尉。典韋不負曹操所望，對曹操忠心耿耿。曹操敗師淯水後，典韋為保護他而慘死。另外，曹操愛侄曹安民和長子曹昂也先後為保護他而死。

曹操召集眾將殺退追兵後，設祭壇祭祀典韋。曹操「親自哭而奠之」，並對諸將說道：「吾折長子、愛侄，俱無深痛；獨號泣典韋也！」眾將聽後，感慨萬分。

第二年，曹操再戰張繡，又以失敗告終。經過淯水時，曹操忽然在馬上放聲大哭。眾人大驚，問其原因。曹操說：「吾思去年於此地折了吾大將典韋，不由不哭耳！」於是再次設祭壇祭奠典韋，他「親自拈香哭拜」，然後才祭奠其侄子和長子，同時一併祭奠了去年在此地陣亡的軍士。

曹操不僅哭了典韋，還哭了郭嘉。

從華容道脫險後，曹操在南郡安歇。為了給曹操解悶，曹仁陪曹操飲酒，當時眾謀士都在。曹操端著酒樽，然後仰天大哭。眾謀士問道：「丞相於虎窟中逃難之時，全無懼怯；今到城中，人已得食，馬已得料，正須整頓軍馬復仇，何反痛哭？」曹操說道：「吾哭郭奉孝耳！若奉孝在，決不使吾有此大失也！」接著，曹操繼續大哭起來。他邊哭邊歎道：「哀哉，奉孝！痛哉，奉孝！惜哉！奉孝！」眾謀士聽後，都「默然自慚」。

劉備同樣是一個擅長哭的領導。他哭著從隆中接來了諸葛亮，又哭著送走了徐庶。他的哭換來了諸葛亮的盡心盡力，換來了龐統對他的忠貞不二。

在這個時代，苦已經顯得不合時宜。不過，作為一個領導，可以選擇其他的方式來感化下屬。保持愉快心情便是一種既簡單又有效的方式。一個人在心情愉快的時候，便會自然地將微笑掛在自己的臉上。

湯瑪斯•愛德華是一家上市公司的負責人，也是一位擁有億萬財富的富翁。在他取得成功之前，他只是一家公司的教職員，不善言談、表情呆板、不受大家歡迎。後來，他決定改變自己，於是他經常把開朗的、快樂的微笑放在臉上。

以後的日子裡，所有的人都意識到了愛德華的與眾不同了。他每天早上都對他太太微笑。結果正是微笑改變了他的生活，兩個月中他在家所得到的幸福比以往一年還要多。

他對每個人都用笑臉相迎，對大樓的電梯管理員如此；對大樓門廊裡的警衛如此；對清潔人員還是一樣的，他在公司對所有的同事微笑，對那些陌生的客戶微笑。自然，每個人回報給他的當然也都是微笑。

就這樣，以前討厭他的人也逐漸的改變了觀點，與他也拉近了距離，他變成了一個受人歡迎的人，現在很棘手的問題，在他這裡都能順利的解決。

愛德華的事例清楚地體現了微笑的重要作用，也是他後來取得成功的一個原因。

64 知人善任，宏觀調控

如果一個領導者不能充分瞭解下屬的能力，就會導致用人不當，要嘛下屬的能力不能夠得到發揮，要嘛下屬不能夠勝任自己的工作；如果一個領導者不能調節下屬之間的矛盾，就不能夠讓下屬在沒有障礙的條件下全心全意工作。為了避免出現這類現象，領導者不僅要做到知人善任，人盡其才，而且要善於調節下屬間的矛盾，使下屬能夠才盡其力。

曹操平定漢中時，孫權引兵攻破了皖城。張遼見皖城無力挽回，遂撤回合淝。苦悶之際，張遼收到了曹操派人送來的木匣。木匣上面有曹操的封條，旁邊有曹操的留言：賊來乃發。第二天，孫權親自率領十萬大軍前來攻打合淝。張遼見賊兵已到，打開木匣看了曹操的信。信中寫道：「若孫權至，張、李二將軍出戰，樂將軍守城。」張遼把信拿給李典、樂進看。樂進問張遼有什麼意見，張遼說：「主公遠征在外，吳兵以為破我必矣。今可發兵出迎，奮力與戰，折其鋒銳，以安眾心，然後可守也。」

李典與張遼一向不合，聽完張遼的話後「默然不答」。樂進見李典不說話，於是說道：「賊眾我寡，難以迎敵，不如堅守。」張遼聽後說：「公等皆是私意，不顧公事。吾今自出迎敵，決一死戰。」李典見張遼如此瞧不起自己，便起身說道：「將軍如此，典豈敢以私憾而忘公事乎？願聽指揮。」

隨後，張遼誘敵，李典埋伏，將孫權的先鋒部隊打得落花流水。

在多次作戰指揮中，曹操只是簡明地下達任務，但這次卻不同。他不僅下達了任務，而且還對任務的執行者做出了明確的安排。這是為什麼呢？原因有三：

第一，樂進、李典自曹操在陳留起兵時便跟隨曹操作戰，與曹操關係甚為密切；而張遼是在呂布被擒後才為曹操效力的。張遼雖為主將，但如果令其指揮戰爭，李、樂二人很有可能因對張遼不服而不聽命令。於是，為了避免自亂陣腳，曹操親自安排了各自的任務。

第二，樂進做事穩健，張遼驍勇善戰。曹操令樂進守城，令張遼出戰，正好發揮了他們各自的長處。

第三，李典雖然與張遼不合，但還是一個懂得輕重緩急的人，不會因私忘公。為了不使張遼孤軍作戰，曹操安排李典來輔助他。

要想做一個成功的領導，必須做到以下兩點：

（1）瞭解下屬的才能

春秋戰國之交，齊國的田常本想在齊國作亂，但由於害怕齊國的高、國、鮑、晏等幾位重臣，於是移兵攻打魯國。孔子聽說後，對門下的弟子說：「魯國是我們的祖國，如今國難當頭，形勢危急，你們有誰願意為國出力啊？」子路、子張、子石紛紛請出，孔子都不答應。接著子貢請出，孔子表示同意。子貢接受任務後，立即出發了。

子貢先去了齊國，遊說田常說：「依我看來，你討伐魯國是個錯誤。魯國是一個難以討伐的國家，因為該國的城牆不僅薄而且低，國土狹窄而且短淺，君主昏庸而且毫無仁德，大臣擅長欺詐而毫無用處，士兵和百姓又非常厭惡打仗。因此，您不應該與這樣的國家交戰。不過，討伐吳國倒是一個很好的決策。吳國的城牆高而厚，國土寬闊而且深長，軍備精良，士兵精神飽滿，守城的大夫也很精明，這樣的國家更容易討伐。」

田常聽完子貢沒有邏輯的話後，頓時怒形於色，生氣地說道：「你認為難做的事情，人們都認為容易；你認為易做的事情，人們都認為很難。你如此開導我，這是為什麼呢？」

子貢說：「我聽說，如果令自己擔憂的問題在國內，就應該攻打強大的國家；如果令自己擔憂的問題在國外，就應該攻打弱小的國家。如今，您的憂患正是在國內。我聽說您自封三次都不成功者，之所以會出現這種情況，是因為大臣中有人對你不服。如果您攻破了魯國，勝仗會讓君主感到驕傲，破國會顯示出群臣的尊貴。你在上使得君主驕傲，在下使得群臣放縱，而且，君主一旦驕傲就會變得放縱，臣子一旦尊貴就會相互爭權奪勢，如此看來，您不僅會與君主產生隔閡，還會受到大臣們的排擠和傾軋，不要提成大事，就是以後想在齊國立足也會成為問題。在這種形勢下，您的功勞不僅不會給您成大事帶來實際作用，而且會成為您成大事的阻礙。所以，與其攻打魯國，不如攻打吳國。如果攻達吳國，即使不能取勝，也有利於您成大事。因為戰敗的結果是民人死於吳軍之手，大臣為了自保而使朝內變得空虛。此時，在上沒有強臣與您作對，在下沒有民人指責您，您便成了唯一能夠控制齊國的人了。」

田常說：「這的確是個好主意。但我的軍隊已經壓向魯國，如果此時移兵前往吳國，大臣們一定會懷疑我，這該怎麼辦呢？」

子貢說：「您先按兵不動，待我南見吳王，讓他攻打齊國來救援魯國，然後您便可以迎戰吳軍了。」田常答應了子貢，讓子貢前往吳國。

子貢來到吳國後，對吳王說：「我聽說，要想成為王者，就不應該遺世獨立；要想成為霸主，就不應該允許強勁的敵人存在。所謂『千鈞之重加銖兩而移』，如今齊國雖是一個萬乘之國，卻打算攻取只能稱得上千乘之國的魯國，其目的就是為了與吳國爭強，我私下為吳國的命運擔憂。此時，救援弱小的魯國，可以在泗水北岸的各諸侯國中樹立威望，能夠顯大名；討伐殘暴的齊國，可以鎮服強大的晉國，能夠得大利。而且，救魯伐齊名義上是為了保存即將被滅掉的魯國，實際上是為了困住實力強大的齊國。只要是智者，都會毫不猶豫地這樣做的。」

吳王說：「好。不過我軍曾經在會稽大敗越軍，此後，越王一直厲兵秣馬，整頓軍隊，估計有起兵攻打我國的念頭。待我討伐越國後再按照你的建議行事。」

子貢說：「越國的實力最多與魯國相當，而吳國的實力最多與齊國相當，如果大王暫且把齊國放在一邊而去攻打越國，待大王歸來後，齊國已經平定了魯國。何況，大王本想通過保存亡國樹立威望，結果卻因此事使得泗水北岸的諸侯國認為吳國害怕秦國的強大，所以只敢討伐小小的越國，進而認同吳國的膽怯。勇者不會逃避困難，仁者不會違背約定，智者不會失去時機，王者不會遺世獨立，他們這樣做的目的就是為了證明自己的內涵，為了讓人們肯定地認為他們是真正的勇者、仁者、智者或王者。救魯伐齊，既可以保存越國顯示出吳國的仁德，又可以使得吳國的威望勝於晉國，各諸侯一定會向吳國稱臣，成就霸業指日可待。如果大王認為越國會乘虛而入，我願意東見越王，讓越王出兵隨大王前去攻打齊國，大王就不會擔心越國乘機攻打吳國了。」吳王非常高興，於是讓子貢前往越國。

子貢到了越國後，越王勾踐令人打掃道路，然後親自到郊外恭迎子貢。回宮後，越王問子貢：「我國不過是個偏遠小國，大夫為什麼願意忍辱負重、屈身前來呢？」

子貢說：「我建議吳王救魯伐齊，吳王本想同意，但擔心越國乘機偷襲，於是打算先討伐越國。照此看來，越國很快就要面臨亡國的命運。沒有報復之心卻引起了他人的懷疑，這意味著笨拙；有報復之心卻被人發現，這意味著危險；還沒有行動就被人打聽到將要行動的消息，這意味著滅亡。這三者都是成大事的禍患。」

越王低頭向子貢行禮，然後說道：「我曾經沒有正確分析自己的實力，在會稽與吳軍交戰時，被吳軍圍困多時。當時，我身受重傷，有刻骨之痛，再加上連續幾日口乾舌燥，只想與吳王同歸於盡。」說完這些後，越王詢問子貢如何救越。

子貢說：「吳王為人兇猛殘暴，群臣難以忍受；經歷數次敗仗，士卒難以忍受；百姓們怨聲載道，大臣們準備發動政變；伍子胥因為忠諫而被處死，如今太宰伯嚭當權，一味奉承吳王的過錯來為自己謀得利益，這些現象都意味著吳國的衰敗。大王可以通過誠意起兵增援激發他的志向，通過呈獻貴重寶物來拉攏他的心，通過謙卑的言辭來表達對他的尊重，有了這三種方法，吳王一定會攻打齊國。如果吳王不能戰勝齊軍，這將是大王的福分。如果吳王戰勝了齊軍，必定會讓晉君稱臣於他。我願意北見晉君，讓晉軍做好攻打吳國的準備，到時候吳國的勢必必定會被削弱。吳國的銳兵在齊國已經被消滅殆盡，大量的軍備又用在與晉國的戰爭上，這時候大王就可以制服國內空虛的吳國。」越王非常高興，同意了自貢的建議。子貢臨走的時候，越王重禮送他，子貢沒有接受。

子貢離開越國時，先返回吳國報告吳王：「我把大王的話告訴了越王，越王非常害怕。他向我提起了會稽之戰，表示對大王的恩情至死不忘，更不敢對吳國有任何圖謀。」吳王聽了子貢的話後，少了幾分擔心。五天後，越國大夫文種來到吳國叩見吳王。他對吳王說：「我是越國的使者文種，奉越王勾踐之命前來叩見大王。越王聽說大王要伸張大義，誅牆救弱，困擾殘暴的齊國使周室安定，於是將國內的三千士卒全部召集起來，並準備親自征戰沙場，為大王助威。另外，越王令我將越國先人珍藏的各種器皿、二十領鎧甲、鈇屈盧矛、步光劍等呈獻給吳國，以此來犒勞或嘉獎軍士。」吳王興奮，問子貢道：「越王準備隨我一起討伐齊國，可以嗎？」

子貢回答說：「不可以。大王如今接受了越國的眾多寶貝，而且動用了越國全部的軍隊，如果還要讓越國的國君陪同你去打仗，則是不義之舉。大王可以接受越國的禮物；同意越軍的參戰，但不可以接受越王的追隨。」於是，吳王按照子貢的意見做了。不久，吳王發動九郡的軍隊全力攻打齊國。

子貢又趕往晉國，對晉君說：「我聽說，計謀不成熟不可以應卒，不能先辨清軍事形勢不可以戰勝敵人。如今齊國與吳國交戰，如果吳國戰敗，吳國國內一定會大亂；如果吳國獲勝，一定會兵臨晉城。」晉君頓時擔憂，問子貢怎麼辦。子貢說：「修身養息，靜待吳軍到來。」晉君認可了子貢的建議。

然後，子貢回到了魯國。吳王與齊軍在艾陵交戰，結果大敗齊師。然後正如子貢所料，吳王沒有立即返回吳國，而是率領大軍直逼晉國，與晉軍在黃池以北相遇。晉人嚴陣以待，見吳軍前來，立即全力回擊，大敗吳師。越王知道後，立即涉江襲吳。吳王見後方受襲，立即率軍回朝。吳越交戰，吳王三戰全敗，最後連城門都守不住了。越軍接著便包圍了王宮，將吳王夫差和他的大臣通通殺掉。三年後，越國便稱霸於東方。

子貢一出，魯國安然無恙，齊國內部大亂，吳國被滅掉，晉國更加強大，越國成為新霸主。

孔子之所以答應讓子貢來擔當救助魯國的大任，就是因為他知道子貢有能言善辯的特長。結果，在子貢的多方遊說下，魯國得以保全。

（2）調節內部矛盾

唐朝女皇武則天在位時，狄仁傑和婁師德二人同在朝中做宰相，共同處理朝中事務。然而，狄仁傑的肚量並不大，他雖然表面與婁師德和平相處，暗地裡卻屢屢排擠他。

一天，武則天在與狄仁傑聊天時問道：「狄仁傑，知道我為什麼要重用你嗎？」狄仁傑義正詞嚴地回答道：「我文才出眾，品德高尚，被朝廷選中並加以任用，後來便憑著自己的實力一步步走到今天。」

聽完狄仁傑的這番話後，武則天對他說：「你說得自然有道理，不過有些片面。當初朝廷宣你入朝為官，並不是因為朝廷知道你有多大的才能。如果沒有婁師德的推薦，朝廷也許不會發現你，你也不會有今天了。」

狄仁傑感到驚奇，很難相信武則天的話。為了讓狄仁傑相信，武則天令人找來了數本奏章給他看。狄仁傑發現這些奏章都是婁師德為推薦自己寫給武則天的，頓時感到羞愧。他不能原諒自己的忘恩負義，跪地向武則天請罪。武則天並沒有治他的罪，只希望他以後好好表現。

就這樣，在武則天的輕鬆調解下，狄仁傑對婁師德的成見便消失了。武則天在他們二人的合力輔佐下，治理朝政得心應手。

職場生活

01	公司就是我的家	王寶瑩	定價：240元
02	改變一生的156個小習慣	憨氏	定價：230元
03	職場新人教戰手冊	魏一龍	定價：240元
04	面試聖經	Rock Forward	定價：350元
05	世界頂級CEO的商道智慧	葉光森 劉紅強	定價：280元
06	在公司這些事，沒有人會教你	魏成晉	定價：230元
07	上學時不知，畢業後要懂	賈 宇	定價：260元
08	在公司這樣做討人喜歡	大川修一	定價：250元
09	一流人絕不做二流事	陳宏威	定價：260元
10	聰明女孩的職場聖經	李娜	定價：220元
11	像貓一樣生活，像狗一樣工作	任悅	定價：320元
12	小業務創大財富一直銷致富	鄭鴻	定價：240元
13	跑業務的第一本Sales Key	趙建國	定價：240元
14	直銷寓言--激勵自己再次奮發的寓言故事	鄭鴻	定價：240元
15	日本經營之神松下幸之助的經營智慧	大川修一	定價：220元
16	世界推銷大師實戰實錄	大川修一	定價：240元
17	上班那檔事--職場中的讀心術	劉鵬飛	定價：280元
18	一切成功始於銷售	鄭鴻	定價：240元
19	職來職往--如何找份好工作	耿文國	定價：250元
20	世界上最偉大的推銷員	曼尼斯	定價：240元
21	畢業5年決定你一生的成敗	賈司丁	定價：260元
22	我富有，因爲我這麼做	張俊杰	定價：260元
23	搞定自己 搞定別人	張家名	定價：260元
24	銷售攻心術	王擁軍	定價：220元
25	給大學生的10項建議：祖克柏創業心得分享	張樂	定價：300元
26	給菁英的24堂心理課	李娜	定價：280元

國家圖書館出版品預行編目資料

三國演義的人生 64 個感悟 / 秦漢唐 作--
一版. -- 臺北市 :廣達文化, 2014.02
面 ; 公分. -- (文經閣)
ISBN 978-957-713-445-5(平裝)
1.三國演義 2.研究考定 3.人生哲學
191.9 102024431

書山有路勤為經
學海無涯苦作舟

三國演義的人生64個感悟

作者：秦漢唐
文經閣
出版者：廣達文化事業有限公司
Quanta Association Cultural Enterprises Co. Ltd
編輯執行總監：秦漢唐
發行所：臺北市信義區中坡南路287號4樓
電話：27283588　傳真：27264126
E-mail：siraviko@seed.net.tw
本公司經臺北市政府核准登記.登記證爲
局版北市業字第九三二號
印　刷：卡樂印刷排版公司
裝　訂：秉成裝訂有限公司
上　光：全代上光有限公司
代理行銷：創智文化有限公司
23674新北市土城區忠承路89號6樓
電話：02-2268-3489　傳真：02-2269-6560
CVS代理：美璟文化有限公司
電話：02-27239968　傳真：27239668
一版一刷：2013年12月
定　價：280元

書山有路勤為徑

學海無崖苦作舟

文經閣

書山有路勤為徑

學海無崖苦作舟

文經閣